5/08

 P9-CAO-965

WITHDRAWN

WEST PALM BEACH PUBLIC
LIBRARY
100 CLEMATIS STREET
WEST PALM BEACH, FL 33401

El regreso del idiota

El regreso del idiota

PLINIO APULEYO MENDOZA
CARLOS ALBERTO MONTANER
ÁLVARO VARGAS LLOSA

PRÓLOGO DE MARIO VARGAS LLOSA

DEBATE

El regreso del idiota

Primera edición en México, 2007
Primera edición para EE.UU., 2007

© Plinio Apuleyo Mendoza, Carlos Alberto Montaner, Álvaro Vargas Llosa, 2007
© Mario Vargas Llosa, 2007, por el prólogo
© Derechos exclusivos de edición en español reservados para todo el mundo.

D. R. 2007, Random House Mondadori, S. A. de C.V.
        Av. Homero No. 544, Col. Chapultepec Morales,
        Del. Miguel Hidalgo, C. P. 11570, México, D. F.

www.randomhousemondadori.com.mx

Comentarios sobre la edición y contenido de este libro a:
literaria@randomhousemondadori.com.mx

Random House Mondadori México
        ISBN-13: 978-970-780-544-6
        ISBN-10: 970-780-544-7
Random House Inc.
        ISBN-13: 978-0-307-39151-3

Impreso en México / *Printed in Mexico*

Distributed by Random House, Inc.

ÍNDICE

Prólogo

Piedra de toque
El regreso del idiota

Por Mario Vargas Llosa

Hace diez años apareció el *Manual del perfecto idiota latinoamericano* en el que Plinio Apuleyo Mendoza, Carlos Alberto Montaner y Álvaro Vargas Llosa arremetían con tanto humor como ferocidad contra los lugares comunes, el dogmatismo ideológico y la ceguera política que están detrás del atraso de América Latina. El libro, que golpeaba sin misericordia, pero con sólidos argumentos y pruebas al canto, la incapacidad casi genética de la derecha cerril y la izquierda boba para aceptar una evidencia histórica —que el verdadero progreso es inseparable de una alianza irrompible de dos libertades, la política y la económica, en otras palabras de democracia y mercado—, tuvo un éxito inesperado. Además de llegar a un vasto público, provocó saludables polémicas y las inevitables diatribas en un continente «idiotizado» por la prédica ideológica tercermundista, en todas sus aberrantes variaciones, desde el nacionalismo, el estatismo y el populismo hasta, cómo no, el odio a Estados Unidos y al «neoliberalismo».

Una década después, los tres autores vuelven ahora a sacar las espadas y a cargar contra los ejércitos de «idiotas» que, quién lo duda, en estos últimos tiempos, de un confín al otro del continente latinoamericano, en vez de disminuir parecen reproducirse a la velocidad de los conejos y cucarachas, animales de fecundidad proverbial. El humor está siempre allí, así como la pugnacidad y la defensa a voz en cuello, sin el menor complejo de inferioridad, de esas ideas liberales que, en las circunstancias actuales, parecen particularmente impopulares en el continente de marras.

Pero ¿es realmente así? Las mejores páginas de *El regreso del idiota* están dedicadas a deslindar las fronteras entre lo que los autores del libro llaman la «izquierda vegetariana» con la que casi simpatizan y la «izquierda carnívora», a la que detestan. Representan a la primera los socialistas chilenos —Ricardo Lagos y Michelle Bachelet—, el brasileño Lula da Silva, el uruguayo Tabaré Vázquez, el peruano Alan García y hasta parecería —¡quién lo hubiera dicho!— el nicaragüense Ortega, que ahora se abraza con, y comulga con frecuencia de manos de su viejo archienemigo, el cardenal Obando. Esta izquierda ya dejó de ser socialista en la práctica y es, en estos momentos, la más firme defensora del capitalismo —mercados libres y empresa privada—, aunque sus líderes, en sus discursos, rindan todavía pleitesía a la vieja retórica y de la boca para fuera homenajeen a Fidel Castro y al comandante Chávez. Esta izquierda parece haber entendido que las viejas recetas del socialismo jurásico —dictadura política y economía estatizada— sólo podían seguir hundiendo a sus países en el atraso y la miseria. Y, felizmente, se han resignado a la democracia y al mercado.

La «izquierda carnívora» en cambio, que, hace algunos años,

parecía una antigualla en vías de extinción que no sobreviviría al más longevo dictador de la historia de América Latina —Fidel Castro—, ha renacido de sus cenizas con el «idiota» estrella de este libro, el comandante Hugo Chávez, a quien, en un capítulo que no tiene desperdicio, los autores radiografían en su entorno privado y público con su desmesura y sus payasadas, su delirio mesiánico y su anacronismo, así como la astuta estrategia totalitaria que gobierna su política. Discípulo e instrumento suyo, el boliviano Evo Morales, representa, dentro de la «izquierda carnívora», la subespecie «indigenista», que, pretendiendo subvertir cinco siglos de racismo «blanco», predica un racismo quechua y aymara, idiotez que, aunque en países como Bolivia, Perú, Ecuador, Guatemala y México carezca por completo de solvencia conceptual, pues en todas esas sociedades el grueso de la población es ya mestiza y tanto los indios y blancos «puros» son minorías, entre los «idiotas» europeos y norteamericanos, siempre sensibles a cualquier estereotipo relacionado con América Latina, ha causado excitado furor. Aunque en la «izquierda carnívora» por ahora sólo figuran, de manera inequívoca, tres trogloditas —Castro, Chávez y Morales—, en *El regreso del idiota* se analiza con sutileza el caso del flamante presidente Correa, del Ecuador, grandilocuente tecnócrata, quien podría venir a engordar sus huestes. Los personajes inclasificables de esta nomenclatura son el presidente argentino Kirchner y su guapa esposa, la senadora Cristina Fernández (y acaso sucesora), maestros del camaleonismo político, pues pueden pasar de «vegetarianos» a «carnívoros» y viceversa en cuestión de días y a veces de horas, embrollando todos los esquemas racionales posibles (como ha hecho el peronismo a lo largo de su historia).

Una novedad en *El regreso del idiota* sobre el libro anterior es que ahora el fenómeno de la idiotez no lo auscultan los autores sólo en América Latina; también en Estados Unidos y en Europa, donde, como demuestran estas páginas con ejemplos que producen a veces carcajadas y a veces llanto, la idiotez ideológica tiene también robustas y epónimas encarnaciones. Los ejemplos están bien escogidos: encabeza el palmarés el inefable Ignacio Ramonet, director de *Le Monde diplomatique,* tribuna insuperable de toda la especie en el Viejo Continente y autor del más obsecuente y servil libro sobre Fidel Castro —¡y vaya que era difícil lograrlo!—; y lo escolta Noam Chomsky, caso flagrante de esquizofrenia intelectual, que es inspirado y hasta genial cuando se confina en la lingüística transformacional y un «idiota» irredimible cuando desbarra sobre política. La Madre Patria está representada por el dramaturgo Alfonso Sastre y sus churriguerescas distinciones entre el terrorismo bueno y el terrorismo malo, y los Premios Nobel por Harold Pinter, autor de espesos dramas experimentales raramente comprensibles y sólo al alcance de públicos archiburgueses y exquisitos, y demagogo impresentable cuando vocifera contra la cultura democrática.

En el capítulo final, *El regreso del idiota* propone una pequeña biblioteca para desidiotizarse y alcanzar la lucidez política. La selección es bastante heterogénea pues figuran en ella desde clásicos del pensamiento liberal, como *Camino de servidumbre,* de Hayek, *La sociedad abierta y sus enemigos,* de Popper, y *La acción humana* de von Mises, hasta novelas como *El cero y el infinito,* de Koestler, y los mamotretos narrativos de Ayn Rand *El manantial* y *La rebelión de Atlas.* (A mi juicio, hubiera sido preferible incluir cualquiera de los ensayos o panfletos de Ayn Rand, cuyo incandescente individualismo desbordaba el liberalismo y tocaba el anarquismo, en vez de sus novelas que, como toda literatura edificante y propagandística, son ilegibles.) Nada que objetar en cambio a la presencia en esta lista de Gary Becker, Jean-François Revel, Milton Friedman y (el único hispano hablante de la selección) Carlos Rangel, cuyo fantasma debe sufrir lo indecible con lo que está ocurriendo en su tierra, una Venezuela que ya no reconocería.

Pese a su buen humor, a su refrescante insolencia y a la buena cara que sus autores se empeñan en poner ante los malos vientos que corren por América Latina, es imposible no advertir en las páginas de este libro un hálito de desmoralización. No es para menos. Porque lo cierto es que a pesar de los casos exitosos de modernización que señala —el ya conocido de Chile y el promisorio de El Salvador sobre el que aporta datos muy interesantes, así como los triunfos electorales de Uribe en Colombia, de Alan García en el Perú y de Calderón en México que fueron claras derrotas para el «idiota» en cuestión—, lo cierto es que en buena parte de América Latina hay un claro retroceso de la democracia liberal y un retorno del populismo, incluso en su variante más cavernaria: la del estatismo y colectivismo comunistas. Ésa es la angustiosa conclusión que subyace en este libro afiebrado y batallador: en América Latina, al menos, hay una cierta forma de idiotez ideológica que parece irreductible. Se le puede ganar batallas pero no la guerra, porque, como la hidra mitológica, sus tentáculos se reproducen una y otra vez, inmunizada contra las enseñanzas y desmentidos de la historia, ciega, sorda e impenetrable a todo lo que no sea su propia tiniebla.

LIMA
Febrero de 2007

Quién es, cómo se le reconoce

Vuelve, sí. Se le oye decir en España y otros países de Europa toda suerte de tonterías muy suyas a propósito del terrorismo, de la globalización, del neoliberalismo, de la alianza de civilizaciones o de los matrimonios *gay,* pero es en América Latina donde su regreso tiene más resonancia. Creemos haber pintado bien al personaje en el *Manual del perfecto idiota latinoamericano.* En aquel libro, publicado hace algo más de diez años, trazamos su retrato de familia, dibujamos su árbol genealógico, analizamos su sacrosanta Biblia y demás libros que configuran y nutren su ideología e intentamos dar réplica a sus dogmas a propósito de la pobreza, el papel del Estado, los yanquis, las guerrillas, Cuba, el nacionalismo o lo que él considera el diabólico modelo liberal. Mostramos cómo había logrado ponerle las sotanas de la venerable Compañía de Jesús a su Teología de la Liberación, teología que en vez de propagar la caridad y el amor cristiano encuentra excusable la lucha armada (es decir, asaltos, atentados, muerte) para liberar a nuestros pueblos de la pobreza. Hicimos también mención de ciertos amigos suyos con tanto renombre como despiste: escritores, dirigentes políticos, sociólogos o académicos que en Europa e incluso en Estados Unidos, por obra de la distancia o de los espejismos de la ideología, dan títulos de respetabilidad a sus disparates.

¿Ha cambiado nuestro personaje de entonces a hoy? Sí y no. Sus dogmas se mantienen, claro está. Pero algunos, como vamos a verlo, han sufrido maquillajes. El retrato de familia que de él hicimos debe modificarse porque ahora nos encontramos con una nueva generación de perfectos idiotas, generación no mayor de treinta años en estos umbrales del siglo XXI, que tiene muchas cosas en común con la de sus padres pero también perceptibles diferencias.

Cosas en común: como ellos, provienen en su mayoría de la estrujada clase media; han dejado atrás la vida provinciana de sus abuelos y viven ahora en barrios periféricos de las ciudades; no dejan de comparar su condición con la clase alta, cuya vida social encuentran frívolamente desplegada en diarios y en revistas *light*. A ese sordo resentimiento, el populismo y la izquierda le suministran una válvula de escape. La *vulgata* marxista, siempre viva y al alcance de su mano en las universidades estatales por obra de profesores, condiscípulos, cartillas o folletos, pondrá siempre por cuenta de la burguesía —o de la oligarquía, como ahora prefieren llamarla— y del imperialismo la responsabilidad de la pobreza y de estas vistosas desigualdades existentes en su país. Proviene de Marx y de Lenin la identificación de tales culpables, pero de Freud la necesidad psicológica de descargar en otro o en otros sus amargas frustraciones. Por algo decíamos en el *Manual del perfecto idiota* que si a este personaje pudiésemos tenderlo en el diván de un psicoanalista encontraríamos ulcerados complejos y urgencias vindicativas.

Como sus padres, los jóvenes idiotas guardan intacto el

16

mito —y el póster— del Che Guevara, pero seguramente la revolución cubana no tiene el mismo significado que tuvo para los idiotas de la generación anterior. Es natural, pues el asalto al Cuartel Moncada, la leyenda del Granma, de la Sierra Maestra y la llegada de los barbudos a La Habana son cosas que quienes entonces eran jóvenes siguieron paso a paso y guardan sobre estos episodios recuerdos subliminales, mientras que para sus hijos son algo así como cuentos de hadas, sucesos ocurridos antes de su nacimiento. Todo lo que han percibido de Cuba es la realidad poco romántica del barbudo octogenario que hasta hace poco presidía un país lleno de penurias, que razonaba con lentitud y que con torpezas de anciano, bajando una escalera, daba un traspié y se fracturaba una rodilla. Por el mismo inexorable paso del tiempo, nuestro joven idiota prefiere Shakira a los mambos de Pérez Prado y no canta ya *La Internacional*, ni *la Bella Ciao*, ni *Llegó el comandante y mandó a parar*. Pero, idiota al fin, otros serán sus cánticos, emblemas y gritos. Ahora, en Venezuela, vestirá las boinas y camisas rojas de las huestes chavistas; buscará integrarse con desfiles indígenas en Bolivia o en Perú si es seguidor de Evo Morales o de Humala; dará gritos contra el TLC (Tratado de Libre Comercio) en las plazas de Ecuador y Colombia; seguirá impugnando en el Zócalo de Ciudad México el desfavorable resultado en las urnas de su líder López Obrador, y en España, considerándose un *progre* irremediable, asistirá con entusiasmo a los mítines de apoyo a Rodríguez Zapatero, aplaudirá a los pájaros tropicales del otro lado del Atlántico que no aceptaría en su propio país y estará convencido de que puede conseguirse la paz con ETA solamente a base de diálogos.

SU NUEVO LÍDER

A Chávez, eso sí, nuestro joven idiota lo verá como el sucesor de Castro en una versión más atrevida y folclórica. Es natural, pues en él, en el presidente venezolano Hugo Chávez Frías, todos los ingredientes que participan en la formación de nuestro personaje se juntan: los vestigios arqueológicos del marxismo recibidos en cartillas y folletos, el nacionalismo de himno y bandera, el antiimperialismo belicoso y el populismo clásico que en nombre ahora de una supuesta revolución bolivariana ofrece milagros estableciendo el clásico divorcio entre la palabra y los hechos, entre el discurso y la realidad. El nuevo idiota, como el viejo —no lo olvidemos— es un comprador de milagros. El sueño, ya lo dijimos, es para él un escape a frustraciones y anhelos reprimidos. La ideología le permite encontrar falsas explicaciones y falsas salidas a la realidad. Por algo se ha dicho que la historia de Hispanoamérica es la de cinco siglos de constantes mentiras. Cuando algunas se derrumban de manera visible, otras vienen en sustitución suya.

De estas últimas, Chávez ha aportado unas cuantas que ahora recorren el continente de Norte a Sur para júbilo de idiotas de todas las edades. La más extravagante sostiene que si bien es cierto que el llamado socialismo real se derrumbó en Europa cuando fue demolido el Muro de Berlín, ahora hay del otro lado del Atlántico uno nuevo, más promisorio: el socialismo del siglo XXI. Nadie, ni el propio Chávez, ha podido explicar en qué consiste, pero para nuestros amigos suena bien como elemento generador de sueños y esperanzas. Dos principios nuevos intervienen en su fabricación. Uno es de carácter étni-

18

co: la reivindicación indigenista representada ahora, mejor que nadie, por Evo Morales en Bolivia, con prolongaciones en el Perú y Ecuador. El otro es institucional y busca rediseñar el papel de los militares.

La reivindicación indigenista es una máscara que las organizaciones de extrema izquierda reunidas en 1990 en el primer Foro de Sao Paulo, por iniciativa de Castro, resolvieron ponerle en América Latina a su alternativa marxista leninista, con el fin de hacerla más viable y de mayor penetración un año después de la caída del Muro de Berlín.

Apoyada por Chávez, ha sido una estrategia con más éxito que todas las empleadas por el castrismo en otro tiempo o la que todavía intenta la guerrilla en Colombia. Primero, porque efectivamente logra unir en torno a un caudillo a la población indígena, autóctona de un país, mayoritaria en Bolivia y todavía considerable en el Perú o en Ecuador. Segundo, porque agrupando en un solo partido a los sectores más pobres y atendiendo reivindicaciones no sólo económicas sino también culturales (lengua, costumbres, ritos) de indios y aun de cholos, se consigue que los incorregibles amigos de nuestro personaje en Europa no vean al lobo tras de la piel de oveja y sólo adviertan la irrupción en el poder de una mayoría desposeída desde siempre y por primera vez dueña de su destino. La realidad es otra: se fractura un país, se establece un racismo en el sentido contrario y se impone un régimen que repite los ruinosos desvaríos de Castro con nacionalizaciones, expropiaciones y quiebra de la empresa privada.

La segunda variante en los tradicionales presupuestos ideológicos del perfecto idiota, tal como los diseñábamos en nuestro *Manual,* se le debe también a Chávez y tiene que ver con el papel del Ejército. En los años sesenta los militares latinoamericanos eran vistos por los devotos de la revolución cubana como «gorilas» aliados de los terratenientes y de las oligarquías, de modo que la lucha armada era vista por los Teólogos de la Liberación y otros ideólogos muy cercanos a nuestro personaje como una forma de necesaria insurgencia y liberación de los pueblos. Hoy cabe en la cabeza de todos ellos una opción distinta. Sea por su raíz social, sea por catequización ideológica o por privilegios y prebendas, los militares pueden convertirse, como en Libia, Cuba y de pronto en la propia Venezuela, en socios privilegiados del cambio propuesto. ¿Sueños? Quizás. En todo caso la experiencia se está intentando, y el propio Chávez ha llegado a proponer, para inquietud y algo de risa en el Sur del continente, la creación de un solo ejército suramericano. Debe pensar que es la realización de un sueño de Bolívar.

Por cierto, la apropiación del nombre de Bolívar para una supuesta causa revolucionaria, apoyada en reivindicaciones étnicas y en confrontación de clases, es la última, la más reciente mentira que afiebra al perfecto idiota latinoamericano. No sabe o no quiere recordar él que si a algo se opuso el Libertador Simón Bolívar, como lo explicaremos en el capítulo sobre Chávez, fue a lo que él llamó la «guerra de colores» (razas) y a la guerra de clases promovida por el español José Boves, pues estuvo a punto de quebrar la unidad de Venezuela.

SU ÚLTIMA MENTIRA

Otra nueva causa del idiota es la lucha contra la globalización, que según él hace más ricos a los países ricos y más pobres a los países pobres. Hay ideólogos de izquierda que escriben libros y ensayos para demostrarlo, pero al lado de estos ejercicios intelectuales lo que en realidad tiene alguna repercusión política para nuestro personaje son las movilizaciones en calles y plazas con lemas, consignas, gritos, carteles y otros alborotos. La reiteración y no precisamente la demostración es lo que le permite presentar como un mal y una conjura del capitalismo lo que es sólo una realidad de los tiempos, con ventajas para quien sepa aprovecharlas, como la apertura de mercados y la libre circulación de capitales, mercancías, tecnología e información. Contando con la ignorancia y el legado del oscurantismo religioso en grandes capas de la población, Stalin hizo de la reiteración un arma predilecta, arma que los comunistas y luego la izquierda no comunista y el populismo adoptaron como propia y utilizan cada vez que necesitan acreditar una mentira ideológica. Así, del mismo modo que en otro tiempo idealizaron a Castro y aún ensombrecen la política exterior de Estados Unidos con el frecuente anatema del imperialismo, sus enemigos señalados y satanizados ahora son la globalización y el neoliberalismo. A ellos se les deben los males del mundo. Esta aseveración, mil veces repetida, es uno de los signos que permiten reconocer en todas partes a nuestros perfectos idiotas. Y para fortuna suya, encuentran un soporte intelectual en libros, diarios y tribunas en Europa y Estados Unidos, lo que confirma la sospecha de Jean-François Revel de que el conocimiento es inútil y de que la primera de las fuerzas que dirigen el mundo es la mentira.

Dos ejemplos. El irredimible director de *Le Monde Diplomatique*, Ignacio Ramonet, sostiene que «el avance dramático de la globalización neoliberal va acompañado de un crecimiento explosivo de las desigualdades y del retorno de la pobreza.

Si tomamos el planeta en su conjunto, las 358 personas más ricas del mundo tienen una renta superior a la renta del 45 por ciento más pobre». Un catedrático de la Universidad de Columbia, que ha dictado clases de economía en Harvard, Xavier Sala-i-Martin, señala que Ramonet comete un error en el cual no incurriría uno de sus alumnos de primer año al comparar riqueza con renta. «Es un error conceptual —afirma— decir que las 358 personas más ricas del mundo tienen la misma riqueza que la renta de los 2,600 millones más pobres de la humanidad.» Pero aparte de este tropiezo producido por un mal manejo de los términos, la tesis central de Ramonet en el sentido de que la desigualdad y la pobreza han crecido durante el periodo de la globalización la pregona a los cuatro vientos el conocido catedrático, escritor y lingüista norteamericano Noam Chomsky, icono de la izquierda al lado de un Eduardo Galeano o de un José Saramago, quien ha hecho de la lucha contra esta nueva realidad del mundo la bandera de su vida.

Pese a estos ilustres nombres, la realidad es otra y la recuerda muy bien en diversos escritos suyos la presidenta de la Comunidad de Madrid, Esperanza Aguirre. «La libertad económica y el libre comercio internacional —dice ella— han sido, son y serán siempre mucho más eficaces en la lucha contra la pobreza que el intervencionismo, el nacionalismo económico o cualquier variedad conocida o por conocer del populismo, del socialismo o el comunismo.» Los mejores ejemplos que pueden citarse en este sentido son los de China e India. Desde 1978, cuando se abrió a la economía de mercado y rompió el encierro en que la había confinado el modelo comunista, China ha registrado índices espectaculares de crecimiento: el PIB se ha multiplicado por diez y la economía crece hoy al ritmo casi del

10 por ciento anual. De 1991 a hoy, el PIB de India ha aumentado al doble y su crecimiento anual es superior al 7 por ciento gracias a la apertura y la globalización de la cual aprovecha enormes ventajas. En el resto del mundo, ¿ha aumentado la pobreza? Falso. En 1970, el 44 por ciento de la población mundial vivía con menos de dos dólares por día y hoy, gracias a la globalización, sólo un 18 por ciento vive esta penuria. De su lado, Xavier Sala-i-Martin muestra que la miseria de África no se debe a la globalización sino exactamente a lo contrario: la falta de circulación de capital, de inversiones extranjeras, de comunicación con el mundo y la poca o nula llegada de tecnologías. En síntesis: lo que caracteriza el milagro de países asiáticos como India y China es precisamente haber entrado de lleno en el área del comercio mundial y la miseria de África el haber permanecido al margen de él (con excepciones crecientes). Una vez más, es la realidad la que refuta a nuestro perfecto idiota.

TERROR AL MERCADO

Fuera de estas novedades, los dogmas de nuestro perfecto idiota permanecen intactos. Creíamos haberles dado cristiana sepultura, pero ahí están, reiterados en discursos, foros, congresos, artículos y entrevistas cada vez que se habla de la pobreza en los países subdesarrollados y se buscan sus culpables. A éste respecto, hicimos en el árbol genealógico que aparece en el *Manual* un recuento de cuántas mentiras redentoras se han intentado en el pasado para disfrazar o explicar el retraso latinoamericano frente a Estados Unidos y el ahora llamado Primer Mundo. Varias de ellas corrieron por cuenta de pensadores hispanoamericanos como José Enrique Rodó, Ricardo Rojas o José Vasconcelos. Para el primero, nuestras élites sociales y culturales serían depositarias de valores culturales muy altos en oposición al vulgar pragmatismo mercantil de los estadounidenses. Para el segundo seríamos dueños de una especie de superioridad telúrica donde los valores autóctonos prevalecen sobre los foráneos. Para Vasconcelos seríamos el puente y la síntesis, triunfadora en última instancia, entre el mundo blanco y desarrollado y los pueblos de Asia y de África. Todos ellos, pues, nos asignan un destino excepcional, redentor de humillaciones y fracasos.

Se trata, en realidad, de pobres consuelos, si los comparamos con esa maravillosa medicina que significó para el ego maltratado de nuestro perfecto idiota el marxismo. Fue al fin —escribió el venezolano Carlos Rangel— una respuesta coherente, persuasiva y verosímil dada no exactamente por Marx sino por Lenin en su ensayo sobre el imperialismo. Al buscar explicar por qué no se había cumplido la predicción de Marx sobre el colapso del capitalismo, Lenin edificó la más grande mentira del siglo XX: somos pobres porque los países ricos nos explotan. El desarrollo de las metrópolis tendría como condición el atraso y la pobreza de los países dependientes. Así, pues, podemos estar tranquilos: la culpa no es nuestra. De esta manera las tesis recogidas por el uruguayo Eduardo Galeano en su libro *Las venas abiertas de América Latina* son a la vez nietas de Marx, hijas de Lenin y sobrinas de Freud, gracias a esta providencial transferencia de la culpa.

Llamando a este libro la Biblia del idiota en uno de los capítulos iniciales de nuestro *Manual,* le hicimos honor a sus más vistosos disparates. Recordemos el principal. Según Galeano, «la región (América Latina) sigue trabajando de sirvienta. Continúa existiendo al servicio de necesidades ajenas como fuente y reserva de petróleo y hierro, el cobre y las carnes, las frutas y el café, las materias primas y los alimentos con destino a los países ricos, que ganan consumiéndolos mucho más de lo que América Latina gana produciéndolos». En su momento, nos tomamos el trabajo de mostrar cómo detrás de estas aseveraciones subsiste por una parte la teoría medieval del precio justo y, en Galeano más que en nadie, el horror al mercado, que no es otra cosa que la decisión democrática que toman las personas cada día comprando y vendiendo de acuerdo con sus preferencias. Para él —decíamos— las transacciones económicas no deberían estar sujetas a la infame ley de la oferta y la demanda, sino a la asignación de valores *justos* (su palabra favorita) a los bienes y servicios. Nunca supimos dónde estarían los arcangélicos funcionarios dedicados a decidir qué era y qué no era justo en las transacciones, cuánto debería pagarse por el café o el petróleo, cuánto por los automóviles. Galeano no llegó a decírnoslo. Pero la mejor refutación a su tesis la ha dado la realidad en este nuevo siglo. ¿Será acaso víctima Venezuela de los precios alcanzados por el petróleo? ¿Tiene quejas de ello el presidente Chávez cuando ahora no sabe qué hacer ni a quién más beneficiar con las multimillonarias sumas de petrodólares que maneja como patrimonio personal? ¿Quién le ha impedido a México, Japón o Taiwán convertirse en ventajosos competidores de Estados Unidos en la producción de telerreceptores o a los argentinos en la creación de programas de *software* o el desarrollo de transgénicos? La realidad demuele mentiras ideológicas. Pero nuestro idiota no tiene remedio. Y Galeano como su principal exponente en el campo intelectual, tampoco. ¿Prueba? Una última y reciente perla suya que cita la ensayista española Edurne Uriarte en su libro *Terrorismo y democracia tras el 11-M*. Escribe ahora Galeano: «Tiempos de miedo. Vive el mundo en estado de terror, y el terror se disfraza: dice ser obra de Saddam Hussein, un actor ya cansado de tanto trabajar de enemigo, o de Osama Bin Laden, asustador profesional. Pero el verdadero autor del pánico mundial se llama Mercado. [...] Es un todopoderoso terrorista sin rostro que está en todas partes, como Dios, y cree ser, como Dios, eterno». Ya lo vemos, los atentados en Nueva York, Madrid y Londres, tienen, según Galeano, ese verdadero culpable, distinto al fundamentalismo islámico. Y dentro de su lógica, la mejor manera de acabar con él sería derogar la funesta ley de la oferta y la demanda.

Claro que la pobreza en América Latina es real y reales las desigualdades. Siempre lo hemos dicho. Sólo que en vez de reconocer nuestra propia culpa en esos males, el perfecto idiota latinoamericano nos deja oír su viejo tango en el que, al lado de sus quejas desgarradoras, aparecen muchos y sucesivos malvados culpables de las desventuras que sufrimos. De ellos, por cierto, hicimos un completo inventario en el capítulo del *Manual* titulado «Somos pobres: la culpa es de ellos». A todos los cubre la ideología del tercermundismo, cuyo objetivo es acusar de nuestra miseria a las sociedades desarrolladas y en primerísimo término a las trasnacionales, vistas por nuestro amigo el idiota como pérfidos agentes porque buscan para ellas beneficios, ganar dinero en vez de regalarlo en nobles gestos de filantropía. Para escándalo suyo, dijimos que no es ningún pecado que Ford, Coca-Cola, General Motors o la francesa Carrefour ganen millones con sus inversiones, pues nos traen dinero, tecnología y trabajo. Lo han comprendido los chinos pero no aún los idiotas de nuestras latitudes. ¿Saben ellos que los países más pobres del planeta son precisamente los que carecen de inversiones extranjeras? Sólo el 20 por ciento de los capitales del mundo van a países en vías de desarrollo, de modo que hacerle ascos a lo poco que queda disponible para países pobres es facilitarle la tarea al competidor y condenarse uno mismo al atraso. Pero como el tango es tango y sin dolencias no tiene gracia, para ellos las trasnacionales son malvadas y malvados quienes hacen negocios comprándonos materias primas. De nada vale recordar que hoy la economía mundial se apoya sobre todo en el área de servicios y que desde los años noventa América Latina le saca tanto provecho comercial al mercado norteamericano como Estados Unidos al mercado latinoamericano.

La visión de nuestro querido idiota es otra. Ve la riqueza como una tarta que basta repartirla bien para acabar con la pobreza. Castro lo hizo: repartió lo que había en Cuba y, con excepción de la burocracia dirigente que tiene toda clase de privilegios, los cubanos de la isla se volvieron pobres todos. Su penuria, sus cartillas de racionamiento y hasta los autos de algunos afortunados tienen más de cuarenta y cinco años. La prostitución es el medio desesperado de un gran número de muchachas. El mercado negro es el recurso rey para obtener artículos de primera necesidad. Lo dijo muy bien Carlos Franqui: «Para sobrevivir hay que robar, mentir, ser vago, tener doble cara e incluso prostituirse». Bella conquista, ¡viva la igualdad! Finalmente en el tango de culpables y desdichas quedó la deuda externa, pero no por la mendicidad de muchos gobiernos nuestros que la contrajeron de manera irresponsable, sino por cuenta de quienes otorgaron los recursos. Por decirlo y por recomendar mejor manejo fiscal, el Fondo Monetario Internacional tuvo también su prontuario. Otro culpable.

En cambio, el Estado… Sí, para el personaje que retratamos en el *Manual,* es el bueno de la película. Representa el bien común frente a los intereses privados. No nos resultó difícil demostrar allí que, al contrario, es el remedio que mata. Basta mirar el panorama continental para descubrir en la historia del pasado siglo que, en vez de corregir desigualdades, el Estado las intensificó siempre. Cuanto más espacio confiscó a la sociedad civil, más creció la desigualdad, la corrupción, el clientelismo, el desempleo, la burocracia, los malos servicios, las altas tarifas y muchas otras fallas. Eso lo dijimos entonces y lo realidad no ha hecho sino seguir confirmándolo. En el paraíso socialista de Cuba, el Estado cubano dejó al país con uno de los ingresos per cápita más bajos del continente, mientras recibió de la Unión Soviética 100 mil millones de dólares en tres décadas. Rico es, y muy rico por cierto, el Estado venezolano. Siempre lo ha sido y ahora lo es mucho más, gracias al precio del petróleo, pero la pobreza, en el paraíso populista de Chávez, sigue igual. La realidad demuestra que el Estado socialista, el Estado populista o el Estado clientelista es igual que un pésimo gerente: beneficia sólo a los suyos y en vez de crear riqueza la dilapida de manera irresponsable.

TEMAS DEL PASADO

Hay cosas que escribimos diez años atrás y que hoy, demolidas también por la realidad, no tienen vigencia alguna. La lucha armada, por ejemplo. Subsiste en Colombia, es cierto, como una anacrónica y sangrienta representación de los delirios revolucionarios de los años sesenta, cuando todo el continente, por empeño de Castro, se llenó de guerrillas. Convertida en terrorismo puro y duro, esa acción de las FARC y del ELN colombianos carece de todo respaldo popular y subsiste gracias a los millonarios recursos del narcotráfico y a las particulares condiciones geográficas del país. Lo único que guarda una vaga similitud con este sueño oloroso a pólvora de nuestro idiota son los desaforados empeños armamentistas de Chávez: los 100 mil fusiles Kalashnikov, los treinta aviones de combate tipo SU-30.53 y los cincuenta y tres helicópteros M17, también de combate, que compró a Rusia en julio del 2006, por valor de 3,000 millones de dólares, y la fábrica de fusiles que se propone montar en el Estado de Maracay. Todo ello, según dice, para enfrentar supuestas «amenazas del imperialismo». Su delirio no es el de crear uno, dos, tres, cien Vietnam, como deseaba el Che Guevara, sino el de librar, en caso de ataque, lo que llama «una guerra asimétrica», siguiendo el ejemplo de los islamistas de Irak.

Tampoco entra en el viejo esquema guerrillero el encapuchado subcomandante Marcos y sus rebeldes de Chiapas, cuyo discurso y demás efectos mediáticos sólo tienen impacto en personajes europeos como la señora Danielle Mitterrand y otros consumidores de mitos románticos en la otra orilla del Atlántico.

¿Seguirá siendo Cuba, para el perfecto idiota de todas las latitudes, un viejo amor que no se olvida ni se aleja? Todo es posible, aunque también aquí interviene la realidad para pulverizar sueños y hacer de este modelo comunista, como del de Corea del Norte, una rezagada reliquia de algo que ya tuvo en Europa su partida de defunción después de haber hecho un tránsito macabro en la historia del siglo XX. A esa reliquia volvemos en este libro para registrar sus últimos días y ver, desaparecido el dictador, las cicatrices que dejará en la sociedad cubana.

Otra declinante fabricación ideológica que tuvo su momento de auge en América Latina a la sombra del Concilio Vaticano II y luego de la II Conferencia General Episcopal Latinoamericana de Medellín en 1968, es la Teología de la Liberación. A ella nos referimos ampliamente en el capítulo del *Manual* titulado «El fusil y la sotana». Mostramos cómo era hija de la teoría de la dependencia y, en general, de la mitología tercermundista. Quedan, desde luego, unos cuantos herederos del cura Camilo Torres y del cura Manuel Pérez, quienes hablaban de la sociedad sin clases soñada por Marx como una manera de hacer más eficaz y posible el amor cristiano, eliminando el litigio entre explotadores y explotados. Lo único malo es que para lograr este objetivo, ellos mismos y más tarde los teólogos de la liberación acabaron por santificar una lucha armada cuyos medios de acción son asaltos, asesinatos, minas antipersona, autos y paquetes bomba, secuestros, voladura de oleoductos y torres de energía y otras bellezas por el estilo. Sus principales víctimas en Colombia, en Perú y en Centroamérica fueron precisamente los campesinos que querían liberar.

A tiempo lo comprendió bien el papa Juan Pablo II, quien condenó sin reservas esta concepción. De su lado, Benedicto XVI la ha rebatido en sus libros y les ha cerrado las puertas del Vaticano a los trasnochados eclesiásticos que aún andan, como Fray Betto, haciendo causa común con nuestros idiotas, así participen en encuentros como los de Porto Alegre o el llamado Foro Social Mundial, reunido en Caracas en enero de 2006, y escuchen alborozados vivas desenfrenadas a la revolución cubana, a la revolución bolivariana y a la revolución latinoamericana. Pese a su sintonía con estas muchedumbres, es evidente que para estos teólogos de la liberación su cuarto de hora ya pasó.

Las guerras santas, inspiradas en credos religiosos, ahora corren por cuenta de los fundamentalismos islámicos y tienen un tinte medieval.

El antiimperialismo, en cambio, en vez de apaciguarse en este nuevo siglo, es cada vez más fuerte en todas las latitudes. Según Jean-François Revel, quien estudió el sentimiento antiamericano en uno de sus últimos libros, las razones que lo mueven son distintas en cada continente. En Europa, dirigentes e intelectuales tanto de derecha como de izquierda no se resignan a ver que una potencia sin sus valores culturales es la que tiene más peso en el ámbito político y económico. Quisieran que Europa siguiera siendo el centro del mundo. En el Medio Oriente, las razones son religiosas. Los integristas o fundamentalistas islámicos señalan a Estados Unidos como el imperio del mal. Es el enemigo odiado: el infiel. En nuestro caso, el de América Latina, dicho sentimiento tiene múltiples raíces. Lo examinamos como un signo distintivo de nuestro idiota en el capítulo del *Manual* titulado «Yanqui, go home». Cuatro razones animan el antiyanquismo en estas latitudes y no pertenecen sólo a la izquierda sino también a cierta derecha nacionalista. La primera razón es de orden cultural propia de una tradición hispanocatólica; la segunda, económica, responde al viejo tango que entona un Galeano sobre nuestra condición dependiente y los privilegios del «imperio»; la tercera, histórica, deriva del mal recuerdo que nos dejaron las intervenciones de Estados Unidos en diversos puntos del continente y el apoyo que alguna vez gobiernos de ese país dieron a dictadores militares; y la cuarta, psicológica, está dictada por la envidia que produce el éxito de una nación desarrollada frente a nuestro viejo fracaso.

¿Qué ha cambiado? Durante muchas décadas las diatribas

contra el imperialismo se le oyeron a un Perón, a un Castro, a un Daniel Ortega. Con el tiempo sólo fueron de Castro. Formaban parte del gastado discurso de un caudillo solitario y crepuscular, discurso lanzado siempre sin réplica posible dentro de su isla de infortunios. Pero he aquí que al doblarse la página de un siglo esa diatriba la hace suya primero Chávez, luego Evo Morales, con ecos en el Perú (Ollanta Humala), en México (López Obrador), Argentina (Maradona), Ecuador (organizaciones indígenas como la CONAIE o Rafael Correa), Colombia (FARC y radicales del Polo Democrático) y en foros que reúnen a veces a más de setenta mil personas de todo el mundo. ¿Nuevas razones? No, si acaso nuevos pretextos. Pero —fenómeno de nuestra historia circular— lo que sale a flote en alocuciones y declaraciones son los viejos, viejísimos dogmas del idiota con discursos indigenistas de ochenta años atrás y con los tangos de siempre. Asistimos, pues, al regreso de una epidemia.

Y con ella, su compañero fiel: el nacionalismo. Mal endémico también, ligado a otro fenómeno que reaparece entre nosotros a medida que viejos partidos se hunden en el descrédito y con ellos el mundo político. Nos referimos al fenómeno del caudillo. Describimos el matrimonio entre caudillo y nación (o nacionalismo) en otro capítulo del *Manual* titulado «Qué linda es mi bandera». Hoy nos parece haber obedecido a un misterioso espasmo premonitorio cuando mencionamos cómo nuestro personaje, el caudillo populista, buscaba apropiarse de una figura como Bolívar viéndolo como una especie de protorrevolucionario marxista, sin tomar en cuenta el infinito desprecio que Marx, en carta a Engels, demostró por El Libertador y el rechazo que éste mostró a la guerra de clases y colores. Recordábamos que el caudillo busca siempre envolver en el nacionalismo su apetito desaforado de poder absoluto, para lo cual suele apropiarse de una figura histórica (también de un Zapata o un Sandino) dibujándola a su acomodo. El presente nos sorprende ahora con un ejemplo de Chávez y su revolución bolivariana, no previsto hace diez años cuando se publicó el *Manual*. Sí, es nuestra irremediable historia circular. Hablábamos en el *Manual* del pasado sin saber que nos estábamos anticipando a un inmediato futuro.

El enemigo que los une

El lobo feroz, que diez años atrás obligaba al idiota a dar gritos de alerta, no ha cambiado. Es para él el mismo depredador sin alma de siempre: el neoliberalismo. Así lo llama. Entonces, a mediados de los años noventa, era combatido por los más diversos personajes: teólogos de la liberación, comunistas cerriles, ideólogos de las FARC, Galeanos y Benedettis, pero también por obispos, profesores, presidentes socialdemócratas como el colombiano Ernesto Samper e incluso demócratas cristianos como el venezolano Rafael Caldera y por esos octogenarios que se resisten aún a abandonar el modelo de desarrollo hacia adentro promovido en su hora por Raúl Prebish y la CEPAL para América Latina. Hoy la impugnación de ese modelo la corean, con acento del Caribe, Castro y el inevitable Chávez; con acento porteño o de Patagonia, Maradona y Kirchner; con acento de Tabasco y a gritos en el Zócalo, López Obrador; en aymará y con adornos y atuendos de indígena precolombino, Evo Morales. Pero igual letanía se les escucha a Zapatero y los socialistas españoles y a la izquierda caviar o *gauche divine* de Francia en *Le*

Nouvel Observateur y en *Le Monde Diplomatique* de Ignacio Ramonet, así como a los célebres escritores Saramago, Chomsky o Günter Grass, que se quedaron en la retaguardia de los tiempos, convencidos de estar en la primera línea de una avanzada intelectual.

Dijimos en su momento en nuestro *Manual* algo que todavía posee plena vigencia. Todos ellos tienen como base de sus impugnaciones una ideología que considera la libertad económica como antagónica a la inversión social en beneficio de los pobres. Así, a tiempo que condenan el mercado como un ente sin corazón, se han quedado con la utopía en acero inoxidable del ruinoso Estado Benefactor. No han descubierto, en última instancia, que el liberalismo o neoliberalismo, como lo llaman, no obedece a ideología alguna (no cree en ellas) sino a una lectura de la realidad cuyas más elementales comprobaciones son las siguientes: la riqueza se crea y su creación depende más de la empresa privada que del Estado; para avanzar en el camino de la modernidad y dejar atrás la pobreza, se requiere ahorro, trabajo, educación, control del gasto público, inversiones nacionales y extranjeras, multiplicación de empresas grandes, medianas y pequeñas, así como también eliminación de monopolios públicos y privados, del clientelismo, la corrupción y la burocracia vegetativa; supresión de trámites, subsidios e inútiles regulaciones; una Justicia rigurosa, seguridad jurídica y, en general, respeto a la ley y a la libertad en todos los órdenes. Estos aspectos, a fin de cuentas, constituyen los perfiles del modelo liberal.

Tan obvio es que uno se pregunta por qué desata tantas furias e impugnaciones. Veremos en este libro que ello proviene obviamente del populismo y de una vieja izquierda (credos favoritos de nuestro idiota) y en algunos países como Francia también de una derecha estatista, pero no, por fortuna, de una izquierda moderna que no rechaza sino que aprovecha las ventajas del libre mercado.

Las objeciones parten, pues, de una visión esencialmente ideológica. Es decir, de una construcción teórica que le asigna al Estado un papel redentor y ve en la búsqueda del beneficio no el motor de la economía desde tiempos inmemoriales sino un privilegio egoísta. Es que la ideología, que tiene algo de religión, ofrece a sus creyentes una triple dispensa: una, de carácter intelectual, consiste en retener sólo los hechos favorables a la tesis que sostiene y omitir cuantos la refutan; la otra dispensa es práctica: permite despojar de todo valor a los fracasos que inflige la realidad; y, con frecuencia, tratándose de ideologías revolucionarias o totalitarias, hay una dispensa moral mediante la cual todo se justifica en aras de una revolución, incluyendo prisión para los disidentes o el pelotón de fusilamiento, como en la Cuba castrista en fecha tan reciente como marzo de 2003.

Pero para despiste y sobresalto del idiota, los infundios sobre el liberalismo, dictados por el mencionado prejuicio ideológico, han continuado siendo refutados minuciosamente por la realidad. Bastaría preguntarse cuál fue el modelo que permitió a Corea del Sur, Taiwán, Singapur y otros «tigres» o «dragones» asiáticos llegar al Primer Mundo, cuando disponían hace cuarenta o cincuenta años de un ingreso per cápita inferior al de cualquier país latinoamericano. O indagar de qué manera llegaron a la situación actual países como España, Nueva Zelanda o Irlanda. O detenerse a examinar si fue con populismo, nacionalizaciones, monopolios, rígido intervencionismo de Estado, subsidios y protecciones aduaneras, expropiación de tierras, discursos demagógicos o, al contrario, con un modelo típicamente liberal como

Chile ha llegado a ser el país mejor situado del continente, con un millón menos de pobres que hace treinta años. O cómo El Salvador, después de haber sido escenario de una guerra atroz, ha logrado disminuir a la mitad el índice de pobreza de hace quince años, así como a muy bajo nivel el desempleo y el analfabetismo, gracias también al modelo liberal.

De esas nuevas realidades daremos cuenta en este libro para confrontarlas con la otra representada precisamente por el regreso del idiota con sus dogmas y teorías equivocadas, y entre todas ellas su despropósito mayúsculo de promover en la región el advenimiento de un socialismo del siglo XXI, como si el del siglo XX hubiese sido, con sus 100 millones de muertos y sus regímenes totalitarios, algo digno de imitar.

Hace diez años terminamos el *Manual del perfecto idiota latinoamericano* con un recuento de los diez libros que conmovieron a éste último, nuestro personaje. O sea, los libros que contribuyeron a dejarlo en ese estado. En este libro, al contrario, vamos a señalarle los diez libros que refutan sus dogmas y creencias. Pueden ofenderlo. O de pronto —milagros se han visto— pueden salvarlo, si es joven y acepta lavarse el cerebro de las tonterías que ahora regresan con los Chávez, Zapateros, Evos, Humalas, Kirchner y AMLOs. ¿Acaso no hemos dicho que lo malo no es haber sido idiota sino continuar siéndolo?

Cuidado, ya regresa

De un tiempo a esta parte, América Latina ha girado a la izquierda. En lo que va de esta primera década del siglo XXI, hemos visto a diversos movimientos, partidos y líderes de izquierda de regreso en el poder (Venezuela, Argentina, Brasil, Uruguay, República Dominicana, Bolivia, Perú y Nicaragua). También hemos visto a otras organizaciones de izquierda colocarse en situación expectante de cara a comicios inminentes. En el caso de Chile, se ha producido la reelección del socialismo. Y, desde España, el socialismo gubernamental celebra, desdoblado por la nostalgia, esta versión trasatlántica de la izquierda que alguna vez fue también la suya. Una década después de la aparición de nuestro *Manual del perfecto idiota*, este viraje populista parece indicar que nuestros reincidentes lectores no están dispuestos a dejarnos ir.

DOS IZQUIERDAS

Sin embargo, un vistazo sereno a América Latina (ejercicio muy arduo) muestra que, aun cuando las orejas del lobo populista asoman por todas partes, hay en la izquierda dos tendencias dis-

37

tintas y que una de ellas le saca la lengua al populismo o al menos se aparta de sus peores manías. Una expresa a plenitud el síndrome del perfecto idiota y representa el populismo químicamente puro. La otra, a fuerza de tanto tropiezo, está marcada por la aceptación de la realidad, esa viejita terca que apunta con el bastón hacia el camino de la prosperidad: mercados libres, seguridad jurídica, educación.

El populismo es abrazado con lujuria por Hugo Chávez en Venezuela, Evo Morales en Bolivia, y, acaso con una pizca de pudor, por Néstor Kirchner en Argentina, y con menos pudor, Rafael Correa en Ecuador. Detrás de ellos y desde su otoño infinito, ejerciendo una influencia más mítica que práctica, está Fidel Castro, empeñado en desmentir a Benjamín Franklin cuando dijo que nada es seguro excepto la muerte y los impuestos. El populismo combina el autoritarismo y el desprecio por las reglas de juego del Estado de Derecho con la creación de grandes clientelas dependientes de las dádivas gubernamentales, el resurgimiento de paquidermos estatales a los que llaman, por alguna razón misteriosa, «empresas» públicas, la guerra de clases contra las empresas privadas y el capital extranjero, la inflación de la moneda y cañonazos verbales contra Estados Unidos. También se tiñe de indigenismo, que es un invento europeo asumido por agitadores latinoamericanos empeñados en negar el carácter mestizo de esta zona del mundo, y de nacionalismo, otra importación sospechosa. Se trata, en suma, de la resurrección de un bicho que ha atacado de manera intermitente a la región desde la Revolución Mexicana, a comienzos del siglo XX, y que parece resistente a todos los pesticidas (incluyendo, ay, a nuestro primer *Manual*).

Chávez ha abolido de un manotazo tropical los contrapesos democráticos en su país y se dedica a regar petrodólares en las «misiones» sociales que ha creado en los barrios marginales con fines más políticos que caritativos, a expropiar fábricas y fincas agrícolas que considera «improductivas», a cambiar las reglas del capital extranjero de la noche a la mañana para asfixiarlas mediante impuestos tremebundos, a buscar pendencias con todos sus vecinos latinoamericanos, a financiar movimientos radicales por todo el continente y a armarse hasta los dientes. Kirchner, por su parte, también concentra mucho poder en sus manos, aunque no tanto como Chávez, gracias a que ha logrado el control de la Corte Suprema. Su gobierno está inflando la moneda argentina para crear abundancia artificial: en los últimos dos años, la tasa de inflación ha sido más alta que en los ocho años previos. Ha construido, asimismo, una clientela local en la importantísima provincia de Buenos Aires mediante la masiva distribución de alimentos y de artefactos para el hogar, y de subvenciones mensuales que reparte en efectivo a millones de personas a través del programa Jefes y Jefas de Hogar entre soflamas contra el Fondo Monetario Internacional (al que por cierto le ha pagado toda la deuda con puntualidad albiónica). Mientras tanto, Evo Morales ha intentado nacionalizar las segundas reservas de gas más grandes del continente (calculadas en casi 50 billones de pies cúbicos), ha iniciado una reforma agraria contra las tierras que según él no están produciendo por dejadez de sus dueños y, siguiendo esa vieja vocación de sastres constitucionales que tienen nuestros caudillos, se hace ahora una Constitución a la medida para vestir su régimen populista con un impecable terno legal.

Juntos, estos líderes han organizado un aquelarre internacional al que llaman «Alternativa Bolivariana para las Américas», conocido por su acrónimo ALBA, cuyo propósito es desafiar las relaciones comerciales con Estados Unidos (hasta ahora la gran hazaña antiimperialista del ALBA es que Venezuela le da a Bolivia diesel barato a cambio de soja boliviana).

Frente a esa izquierda voluptuosa está la otra, la pragmática y políticamente asexuada, con líderes como la chilena Michelle Bachelet, el brasileño Luiz Inácio Lula da Silva, el uruguayo Tabaré Vázquez o el dominicano Leonel Fernández, que representan —salvo pequeños y esporádicos respingos progresistas para hacer un guiño a sus respectivas bases políticas— una tendencia más cuerda y moderna. La chilena ha preservado la herencia de los anteriores gobiernos de la alianza conocida como la «Concertación», incluyendo la apertura de mercados, la seguridad para las inversiones extranjeras, los tratados de libre comercio firmados por su antecesor y las buenas relaciones con Estados Unidos. Lula da Silva ha manejado las finanzas con una responsabilidad de tecnócrata sajón, gracias a lo cual ha evitado la inflación, ha eliminado el déficit fiscal, si exceptuamos el servicio de la deuda, y ha creado suficiente confianza, por ejemplo, para que unos 15 mil millones de dólares de inversión extranjera acudieran a su país el año pasado (tema distinto, por cierto, es el de la corrupción del partido del gobierno, que Lula no ha atacado como debería). El uruguayo Tabaré Vázquez, un hombre que venía de la izquierda troglodita, está hoy tan enfadado con el populismo nacionalista de Néstor Kirchner (responsable de una campaña calculadamente histérica contra la decisión de Montevideo de aceptar la construcción de dos fábricas de celulosa muy cerca de la frontera con Argentina) y ha coqueteado con la idea de negociar un tratado de libre comercio con Washington. Y Leonel Fernández ha devuelto a las finanzas de su país, la República Dominicana, un clima de serenidad después del huracán que significó el paso de su antecesor por el cargo, bajo cuya presidencia colapsó el primer banco del país, arrastrando a todo el sistema financiero. Gracias a ello, y a la mejora en el clima de negocios, su país avanza como ya no lo hace, por ejemplo, otra isla caribeña, Puerto Rico, donde la dependencia con respecto a las subvenciones de Washington ha adormecido el nervio creador de riqueza. El tratado comercial que ahora une a República Dominicana con Estados Unidos permitirá afianzar ese marco institucional.

Aun así, no puede negarse que, en líneas generales, hay un viraje a la izquierda y hacia al populismo. Aquellos gobiernos de izquierda que evitan el populismo lo hacen en contra de sus electores, no por obediencia a ellos. Más de uno elude hacer reformas que lo hagan pasible de ser acusado de «neoliberal» y prefiere la gestión de crisis y la administración de la herencia, combinadas con ambiciosos programas de asistencia social (como «Bolsa Familia» en Brasil, por ejemplo), antes que la continuación y expansión de las reformas de los años noventa. En ciertos países donde gobierna una versión más moderada del populismo, como el Perú, el otro populismo tiene enorme capacidad de presión por constituir la primera mayoría política en el Congreso y la mayoría social en dos terceras partes de las regiones del país. Los motivos de este vuelco continental tienen que ver con una combinación de factores históricos y otros inmediatos. Históricos: una concentración del poder en manos de las élites vinculadas al Estado que obstaculiza el tipo de movilidad social que solamente una sociedad libre puede generar. Inmediatos: las recientes —y mal llamadas— reformas «neoliberales» de América Latina, que no llegaron muy lejos y que consistieron en la venta de activos gubernamentales pero no generaron las condiciones para que se crearan mercados competitivos y se reconocieran los derechos de propiedad más allá del ámbito de los intereses allegados a los diversos gobiernos. Sumémosle a esto la división cultural, vieja herencia colonial, que todavía pasa por conflicto «étnico» en varios países andinos, y se tendrá una idea de lo que está aconteciendo.

EL COCO DE LOS AÑOS NOVENTA

Detrás del rebrote populista está la frustración popular por el relativo fracaso de los años noventa, una década de reformas bajo gobiernos de centro derecha que, se suponía, iban a catapultar a la región hacia el desarrollo. A pesar del éxito de varios de estos gobiernos en contener la inflación y liberar algunas zonas de la economía, el desarrollo no llegó, a diferencia de otros países (por ejemplo, los de Europa central y oriental, donde unos 40 millones de personas han abandonado la pobreza en los últimos años). En lugar de la descentralización y de la creación de una economía libre y competitiva, y de sólidas instituciones legales abiertas a todos, lo que se dio en esos años fue más bien un capitalismo mercantilista —es decir dependiente de los nexos con el poder político— y un cierto autoritarismo, además de una abundante corrupción. Guardando las muchas diferencias, se dio un capitalismo «a la rusa» más que «a la irlandesa».

Nada de esto quita lo importante que fue la reducción de la inflación, la liberación de muchos precios y la desestatización de muchas empresas, gracias a lo cual hoy en día, en un contexto de bajas tasas de interés internacionales y altos precios por los *commodities* latinoamericanos, la región registra un crecimiento económico promedio de 4 por ciento desde hace tres años. Si no hubiese habido reformas, las cosas serían infinitamente peores (y los populistas no tendrían hoy toda esa recaudación fiscal que les permite financiar sus delirios). Por tanto, cuando el escenario internacional varíe —por ejemplo, si siguen aumentando las tasas de interés en Estados Unidos por el temor a la inflación—, las debilidades del modelo populista —las verrugas disimuladas con coquetos polvos femeninos— empezarán a notarse de horrenda manera en países como Venezuela y Argentina.

Las reformas fueron mucho más consistentes en Chile, por cierto, donde empezaron mucho antes que en el resto de América Latina. Ese país goza hoy de una libertad de comercio bastante mayor que en otras partes, con un arancel promedio que, en la práctica, debido a numerosos tratados de libre comercio, no sube de 3 por ciento, con pocas excepciones. La propiedad se ha extendido de muchas formas, en especial mediante la privatización de las viviendas municipales y de las pensiones. Esta última ha engordado el ahorro interno y, lo que es más importante, ha dado a los ciudadanos del montón acceso a la propiedad y el capital, y por tanto generado en ellos un interés creado en la preservación del modelo. El gasto público, aunque es alto, no excede el 25 por ciento del PIB, y Chile es, sin lugar a dudas, el país que ofrece la mayor seguridad para los contratos. La inversión anual equivale un 25 por ciento del PIB, es decir a la cuarta parte del volumen total de su economía, y los chilenos exportan más del 45 por ciento de su producción, cifra muy superior a la de sus vecinos. Con uno de cada cinco chilenos todavía en situación de pobreza, y una prosperidad sólo relativa, aún distante de la de una Irlanda o una Nueva Zelanda, es obvio que ese país necesita un nuevo impulso reformista. Pero es una feliz excepción en el continente: los chilenos podrían superar el subdesarrollo en el 2020 si su economía creciera hasta entonces un promedio de 6 por ciento al año.

EL DICHOSO CONTEXTO INTERNACIONAL

Un factor que ha favorecido los experimentos populistas en estos últimos años es el hecho de que el contexto internacional ha permitido disimular los problemas. El crecimiento económico alcanzó el 9.2 por ciento en la Argentina el año pasado, e incluso Venezuela experimentó una alta tasa de crecimiento. Ni Bolivia, a pesar de que ha espantado el capital foráneo con matamoscas, ha dejado de exhibir cifras de crecimiento más o menos aceptables. El «rebote» de América Latina debe mucho a las favorables circunstancias internacionales, desde las bajas tasas de interés en los últimos años en los Estados Unidos hasta la insaciable demanda de materias primas latinoamericanas por parte de China y de la India (los dichosos «términos de intercambio» a los que antaño se culpaba por los males de los países subdesarrollados).

Después de atravesar en estado catatónico el periodo 1998-2003, las economías de la región se han beneficiado por el alto precio del petróleo (Argentina, Ecuador, México, Venezuela, Brasil, Colombia), de los minerales (Perú, Colombia, Bolivia, Chile) y de otros productos como la soja (Argentina, Brasil). Gracias a los países asiáticos, los términos de intercambio de América Latina ─los mismos que antes hacían tronar al perfecto idiota─ han mejorado más de un 30 por ciento desde los años noventa. Pero los niveles de inversión son aún bastante tímidos: equivalen a entre 15 y 20 por ciento del producto interno bruto, comparado con el aproximadamente 25 por ciento en Asia del Este durante las dos décadas pasadas y el 30 por ciento en algunos países en la actualidad (sólo Chile tiene una tasa de inversión comparable en América Latina).

Es decir: los demás corren, los iberoamericanos gatean. Con excepción de Chile, la pobreza no está disminuyendo. Entre 2003 y 2006, ella se redujo no más de un 4 por ciento si se toma a toda la región en su conjunto, aun cuando hubo reducciones mayores en México y Brasil gracias a que el aumento de la recaudación de ambos gobiernos se ha destinado a programas de alivio social que han logrado —de forma temporal— sacar de la miseria a personas indigentes (al no haber un aumento sustancial de la inversión es muy difícil que esto se pueda sostener en el tiempo porque depende estrictamente de los ingresos que ahora obtiene el gobierno por las exportaciones gracias al buen contexto mundial). En el fondo es un birlibirloque que consiste en decir que la indigencia disminuye porque a alguien que ganaba un dólar al día el gobierno le da dos o tres dólares diarios. Ese alivio estadístico no equivale al desarrollo aun cuando, lógicamente, permite sobrevivir a quien recibe el subsidio directo.

Estas causas —la lentitud del desarrollo, lo insuficiente de las reformas de los noventa, el hecho de que los gobiernos responsables prefieran hoy vivir de las exportaciones tradicionales antes que hacer grandes cambios institucionales— son las que han ayudado a alimentar el populismo, siempre presto a exacerbar la impaciencia de un público angustiado por la pobreza.

Como se ha dicho, una gran división se da hoy, en América Latina, entre la izquierda que, como la mujer de Lot que se negaba a romper emocionalmente con Sodoma, mira hacia el pasado y la que, aguijoneada por el ejemplo de los estonios, los eslovenios, los indios o los chilenos, tiende las pupilas hacia el porvenir. La división no es, como se cree, entre gobiernos «proestadounidenses» y «antiestadounidenses». Si ése es el término de referencia, América Latina es incurablemente cipaya de los yanquis, ya que a lo largo del último año hasta veintinueve gobiernos se mostraron favorables a la creación del Área de Libre Comercio (ALCA) promovida por Washington (por ahora está suspendida debido a la oposición de algunos países del MERCOSUR, que andan peleando entre ellos como gato y ratón). La división tampoco es entre los partidarios del «ultraliberalismo» y los socialistas. Si ése es el criterio, todos los gobiernos son socialistas, incluido el de Chile, donde el Estado es dueño de la principal fuente de ingresos del país, el cobre, donde es difícil y costoso despedir trabajadores y donde los tributos son elevados (las manifestaciones estudiantiles de mediados del 2006 evidencian también que la educación estatal no ha ido a la par con el desarrollo de la economía). Y no es, por último, entre la izquierda y la derecha a secas porque —con la excepción de México, El Salvador, Guatemala, Honduras, Colombia y el caso ambiguo de Paraguay— la derecha o centro derecha están fuera del poder en toda la región. Y las disputas entre los gobiernos izquierdistas son mucho más intensas de lo que alguna vez fueron los rifirrafes entre gobiernos democráticos de derecha y de izquierda (por ejemplo, en la década de lo años ochenta). Basta ver las caricias verbales que se prodigan Chávez y Alan García, Morales y Lula, o Kirchner y Váquez para comprobar lo animadas que están las gónadas ideológicas al interior de la izquierda.

SINIESTRA VERSUS SINIESTRA

La verdadera división se da dentro de las filas de la siniestra, que atraviesa una enternecedora crisis de identidad, muy parecida a la de los Partidos Laboristas de España, Gran Bretaña y Nueva Zelanda en los años ochenta. La contienda enfrenta a los «carnívoros» (la izquierda radical) con los «herbívoros» o «vegetarianos» (la izquierda moderada). Hasta ahora, los herbívoros llevan la delantera, pero como no se llegan a enfrentar abiertamente a los carnívoros ni tienen la misma efusividad retórica que ellos, no lo parece.

Sólo Fidel Castro, Hugo Chávez y Evo Morales son carnívoros probados, Rafael Correa va en vías de serlo, mientras que las entrañas de Kirchner dudan entre la carne —cuya exportación el mandatario ha prohibido— y la hierba, que lo indigesta un poco (de allí su antipatía con el herbívoro Tabaré Váquez). El resto han resultado vegetarianos aun cuando la retórica es a veces carnosa.

No hace falta una tonelada de neuronas para darse cuenta de que el modelo de la izquierda populista tiene pies de barro. Cuba, el modelo izquierdista por excelencia, vive hoy de la limosna del gobierno de Caracas, que subvenciona al régimen de Castro con 100,000 barriles de petróleo diarios. Como se sabe, tras el fin del subsidio soviético, Cuba entró en un «periodo especial» en los años noventa (periodo *especialmente* largo: ha durado hasta el año pasado). Se permitió, con limitaciones tremendas, algunas actividades privadas. Surgieron unos 200 mil trabajadores por cuenta propia, por lo general en las casas particulares, pero las restricciones han vuelto y se han cerrado buena parte de esos negocios porque Castro sospechó que por ese camino se llega a la abundancia, condición altamente sospechosa. También las inversiones privadas que, en calidad de *joint venture,* fueron permitidas en los años noventa, están siendo limitadas ahora, de modo que más de cien han cerrado. El régimen cubano ha encontrado en Hugo Chávez el reemplazo del antiguo subsidio soviético y por tanto la fórmula para impedir la conspiración satánica que se venía gestando en la sociedad: el surgimiento de una pequeña clase emprendedora. Gracias a que algunos cubanos trabajaban para los inversores extranjeros, obtenían propinas de manos de turistas o regentaban «paladares» (restaurantes privados en sus casas), empezaron a ganar dos o tres veces más de lo que ganaban los empleados estatales. Pero eso empezó a ofender la premisa básica de la Revolución según la cual sólo la casta gobernante puede vivir bien. La extensión del bienestar a cubanos ajenos al poder podía tener peligrosas ramificaciones políticas además de ser un insulto al Máximo Líder. Por ello, Castro, aceitado por la petrodiplomacia chavista, ha decidido que la isla vuelva a la ortodoxia (para no perder las buenas costumbres, mantiene en la cárcel a decenas de periodistas y activistas de derechos humanos apresados en 2003).

En el caso de Bolivia, Evo Morales se encargó, cuando estaba en la oposición, de impedir, mediante asonadas callejeras furibundas, la explotación de una impresionante riqueza gasífera: su país tiene la segunda reserva de gas natural de Sudamérica. A fines de los noventa, los inversores extranjeros, principalmente europeos y luego brasileños, habían invertido más de 3 mil millones de dólares para desarrollar ese recurso con miras a la exportación (para colmo fueron las empresas privadas las que habían descubierto esas reservas de gas natural). Tanto México, donde el Estado controla los hidrocarburos y los administra con tanta eficiencia que ha convertido a ese país en importador de recursos que abundan en sus entrañas, como Estados Unidos, donde la creciente demanda apunta a una expansión de sus importaciones gasíferas en los años que vienen, tenían interés en el gas boliviano. Pero los movimientos radicales liderados por el MAS, el partido de Morales, bloquearon desde la oposición la posibilidad de exportárselo, por lo que las inversiones se paralizaron. Ahora, olvidando que dos veces en su historia Bolivia nacionalizó los hidrocarburos sin éxito alguno, Morales, ya con la banda presidencial cruzándole el pecho, ha capturado esos recursos para el Estado boliviano otra vez, aunque ha tenido que retroceder varios pasos.

En el caso de Kirchner, aun cuando el auge de las exportaciones agrícolas está disimulando las cosas y da la apariencia del éxito económico, la tendencia populista también es notable. Desde los controles de precios —que ya provocaron escasez de gas y obligaron a reducir las exportaciones a Chile, en abierto incumplimiento de los contratos— hasta la creación de nuevas empresas estatales, el gobierno está practicando con beata obediencia el *Manual del perfecto idiota*. La decisión de prohibir la exportación de carne para provocar una abundancia en el mercado interno a fin de bajar los precios, así como las imágenes de los ministros y asesores del Presidente recorriendo supermercados para negociar los precios con los vendedores en medio de bramidos contra el abuso de los comerciantes, nos pintan un *déjà vu* cómico y espeluznante en la patria de Borges.

ESTA PELÍCULA YA LA HEMOS VISTO

Todo esto constituye la repetición de una película que hemos visto. Es necesario detenerse por un momento en la experiencia populista del siglo XX para entender qué es exactamente y qué consecuencias tuvo para el continente. Sólo así entenderemos lo nefastas que pueden ser las consecuencias del experimento que reviven hoy un Hugo Chávez, un Evo Morales y, en cierta forma, un Néstor Kirchner, y que podría mañana saltar a Perú si Alan García vuelve por sus viejos fueros u Ollanta Humala lo obliga a hacer concesiones, o a México si López Obrador dicta la pauta desde la calle.

El gran escritor liberal estadounidense H.L. Mencken definió al demagogo como «aquel que predica doctrinas que sabe falsas a hombres que sabe que son diotas». Podríamos definir al populista, exquisita variante latinoamericana del demagogo, como aquel que despilfarra dineros que sabe ajenos en nombre de aquellos a quienes se lo expropia —y para colmo entre aplausos de foca de las propias víctimas—. O, si preferimos una fórmula más amplia, aquel que se empeña en abolir el derecho en nombre de todos los derechos, sabiendo que todos son lo mismo que ninguno porque los beneficios están siempre concentrados y los costos dispersos, de modo que nadie se da cuenta de que le paga la factura al vecino y se está quedando más pelado que Yul Brynner.

Los populistas fueron, al menos en la primera etapa, la resaca del siglo XX contra el siglo XIX, caracterizado por la república oligárquica. El populismo del siglo XX, que ya en la Constitución mexicana de 1917 inaugura un nuevo tipo de texto fundamental poniendo énfasis no en la limitación del poder, como había hecho la Constitución estadounidense, sino en una feria de reclamos sociales, pretendió la participación del pueblo en los asuntos antes reservados a la élite. Esa «participación» no fue tal, sino una nueva oligarquía: la de los supuestos representantes del pueblo en la esfera de lo público.

El populismo gobierna contra la oligarquía tradicional, incluso después de que ella ha muerto, extraño acto de necromancia política. Del brasileño Getulio Vargas al argentino Juan Domingo Perón, del mexicano Lázaro Cárdenas al primer Carlos Andrés Pérez en Venezuela, y de éste al peruano Alan García de los años 80, el populista busca liberar al «pueblo» del sometimiento a la «oligarquía». Esa oligarquía la forman terratenientes, banqueros, industriales, militares y curas.

La impugnación contra la oligarquía viene acompañada del fuetazo contra el «imperialismo». Todos nuestros populistas latigan sin cesar el dorso del imperio. El «imperio» es casi siempre Estados Unidos. Practican con ello el «tercermundismo» del que hablaba el escritor venezolano Carlos Rangel, que convierte la lucha de clases marxista entre ricos y pobres en una lucha entre países explotadores y países explotados.

El populismo no propugna la captura de todos los medios de producción, pero, al estilo de las «teleocracias» de las que hablaba Bertrand de Jouvenel, los teledirige desde el poder para trazarles fines distintos de aquellos que sus dueños, bajo el imperio de consumidores y clientes, se fijarían a sí mismos. Sólo quiere adueñarse las empresas «estratégicas» (según la enigmática definición). Por eso, Juan Domingo Perón hablaba de una «tercera vía» —mucho antes de Anthony Giddens, tardío copión involuntario—, ajena tanto al capitalismo como al comunismo (el peruano Haya de la Torre decía: «Ni Washington ni Moscú, sólo el APRA salvará al Perú»).

La «tercera vía» del populista esconde una idolatría del Estado. Pasa por otorgar al Estado responsabilidades productivas y comerciales, y convertirlo en agencia de empleos. El populismo mexicano practicado desde Lázaro Cárdenas llevó al Estado a gastar, hacia mediados de la década de 1980, 61 por ciento del producto interno bruto. El populismo venezolano segregó un Estado que gastaba más del 50 por ciento de la riqueza nacional por esas mismas fechas. El populismo peruano, que alcanza por primera vez un apogeo con Velasco Alvarado y se repite tragicómicamente con Alan García en los años ochenta, acabó generando un déficit anual de 2 mil millones de dólares por vía de las empresas públicas. El populismo brasileño de Vargas sobrevivió a su creador: hacia fines de los años setenta, el país ya tenía un Estado con 560 empresas públicas, dueño de la tercera parte de las industrias y capaz de gastar anualmente 40 por ciento de la riqueza de los ciudadanos.

El populismo también arruinó la agricultura. Muchos de los problemas de los países con raíces indígenas vienen de la descapitalización del campo provocada por reformas agrarias populistas. No fue el campesino sino el Estado el gran beneficiario de las expropiaciones de latifundios y haciendas. La entrega de tierras a la burocracia estatal —como en el caso de las 600 cooperativas creadas por el Perú en los años 70— engordó a los burócratas y enflaqueció a los campesinos. En México, las grandes reparticiones de ejidos —desde Cárdenas hasta Luis Echeverría— no permitieron el desarrollo de una economía de mercado rural con plenos derechos de propiedad por parte de los campesinos; lo que resultó de esta transferencia fueron propiedades limitadas y poco productivas.

La sustitución de importaciones fue otra hazaña populista. Su premisa era que existían unos injustos «términos de intercambio» entre los países desarrollados que exportaban productos acabados muy caros y los países subdesarrollados que exportaban materias primas baratas (los chinos, hoy grandes travestis ideológicos, no nos compraban entonces soja y petróleo…). Como los países ricos —se decía— monopolizaban el capital y la tecnología, y los países pobres no generaban suficientes divisas para adquirirlas, había un problema «estructural» en la economía mundial.

Hasta 1990, el «estructuralismo» fue la jerga enigmática que justificó el nacionalismo económico. América Latina se pobló de barreras arancelarias, cuotas, tipos de cambio diferenciados y toda clase de mecanismos jurídicos para canalizar los recursos de los ciudadanos hacia aquellas áreas —ciertas industrias, por ejemplo— que el Estado quería privilegiar. Por eso no surgieron economías y sociedades modernas.

Cuando fue evidente, hacia los años setenta, que el «estructuralismo» no lograba corregir los dichosos términos de intercambio, surgió la «teoría de la dependencia», nueva elucubración para justificar el fracaso con el argumento de que existía una «dependencia» tan profunda con respecto a los países ricos que sólo una masiva redistribución de recursos internacionales mediante la ayuda exterior lograría el cometido. Así, apelando a la mala conciencia de los países ricos, América Latina se inundó de créditos y donaciones multimillonarias del extranjero (y luego vino la jeremiada de la deuda externa).

El resultado de todo esto fueron las siete plagas de Egipto. Incluso en los momentos en que los países ricos canalizaron más recursos hacia América Latina, los niveles de inversión anual no superaron el 15 por ciento del PIB, la mitad del nivel alcanzado por los países del Sudeste asiático en su hora de despegue. Los capitales huyeron despavoridos (más rápido de lo que viajaba la ayuda exterior hacia América Latina), de modo que en la década de 1980 se produjo una salida de 220 mil millones de dólares, cuatro veces más que todos los créditos otorgados por el Fondo Monetario Internacional a los países subdesarrollados a lo largo de esos mismos años. La Venezuela «saudita» tenía a fines del siglo XX un ingreso por habitante 25 por ciento menor que en 1976, fecha emblemática en que Carlos Andrés Pérez había «nacionalizado» el petróleo.

En las primeras décadas del siglo XX, todo había parecido ir muy bien. Entre los años cuarenta y los setenta del siglo pasado, gracias al surgimiento de nuevas industrias, Brasil acabó con la dependencia de sus exportaciones con respecto al café, mientras que la economía de México creció en promedio 6 por ciento cada año. Toda sociedad que concentra sus energías en ciertas actividades, y que entrega mercados cautivos a un conjunto de empresas, obtiene logros al comienzo. Alexis de Tocqueville apunta en *La democracia en América* que el dirigismo —la «centralización administrativa»— puede reunir las energías y recursos para un objetivo inmediato, pero no puede reproducirlos sistemáticamente para generar prosperidad. Como Brasil tiene un mercado interno grande por su población, es lógico que el nacionalismo económico produjera el crecimiento artificial de muchas industrias locales. Pero luego el artificio quedó expuesto y se comprobó que, sin un conjunto de instituciones protectoras de derechos individuales que incentivaran una sociedad de contratos y no de mandatos, resultaba imposible una prolongada acumulación de capital. Otros países más pequeños descubrieron estas realidades más rápido.

En resumidas cuentas, casi un siglo después de la Revolución Mexicana, la pobreza abarca entre 40 y 45 por ciento de la población latinoamericana. La indigencia es la condición de uno de cada cinco latinoamericanos. Ésa es la hazaña social del populismo latinoamericano. La otra hazaña es institucional. Como todos los populistas desprecian la ley —porque creen, como la ranchera mexicana, que ellos son «el rey»— han contribuido a impedir la creación de un auténtico Estado de Derecho. Nuestros populistas se diferencian en mucho, pero en eso son, como Tweedledee y Tweedledum, los famosos personajes de Lewis Caroll, inseparables. Todos han debilitado la democracia liberal como práctica y como cultura.

LAS CAUSAS DEL DESARROLLO

La pobreza latinoamericana desmiente muchas elucubraciones acerca de las causas del desarrollo. Estas nubladas teorías atribuyen el desarrollo a factores como una abundancia de recursos naturales, unos términos de intercambio favorables, una baja densidad de población, la cantidad de capital disponible o la educación estatal.

Venezuela es el quinto exportador de petróleo en el mundo y sin embargo la mitad de su población malvive en la pobreza. El porcentaje de pobres ha subido de 44 a 53 por ciento en cinco años y ahora anda por 45 por ciento aun cuando en ese mismo periodo el precio del barril de petróleo se ha quintuplicado (Caracas manipula la estadística eliminando del porcentaje de pobres a quienes reciben un estipendio gubernamental a través de las «misiones»). Los recursos naturales y los términos de intercambio no son *per se* un factor determinante del desarrollo.

Argentina, un vasto territorio con las tierras más fértiles del hemisferio, tiene una densidad de población de sólo 11 personas por kilómetro cuadrado y sin embargo se las ha arreglado para pasar de ser una de las doce naciones más prósperas del mundo a comienzos del siglo XX a producir poco más de ciento ochenta mil millones de dólares al año en la actualidad, casi seis veces menos que España, un país con un número de habitantes no muy superior. La baja densidad poblacional tampoco es el secreto del éxito.

Si la educación por sí sola, y especialmente la estatal, fuese la clave del desarrollo, la disparidad productiva entre Argentina y España sería harto difícil de explicar, pues Argentina tuvo durante la mayor parte del siglo XX un nivel educativo superior y una vida cultural más intensa que la de la madre patria. Uno puede subirse a un taxi en el aeropuerto bonaerense de Ezeiza y oír, boquiabierto, al taxista recitar poemas de Walt Whitman o explicar en detalle la teoría de la relatividad. Pero ese humillante nivel educativo (humillante para el pasajero del taxista, claro) por sí solo no impide que en Argentina un 40 por ciento de la población sea pobre.

España ha pegado un salto cultural, pero nadie puede sostener que el cambio relativo de fortuna económica fue precedido por un cambio notable en los respectivos niveles educativos gracias al Estado (ciertamente el taxi madrileño no es un ambiente especialmente poético, y mucho menos en horas punta). Numerosos estudios señalan que el gasto español en educación, tanto estatal como privado, era menor que el de la mayor parte de las otras naciones de la Organización para la Cooperación y el Desarrollo Económico (OCDE) en los años ochenta y noventa, periodo en el que la economía de ese país creció a un ritmo superior al de la mayoría de las demás economías europeas.

¿Es acaso el *stock* de capital, es decir la cantidad de capital con que cuente un país en determinado momento, un factor determinante del desarrollo? En la década de 1990, más de 400 mil millones de dólares de inversión extranjera acudieron presurosos a la región, que se había puesto de moda. Sin embargo, la economía creció apenas 1.5 por ciento al año por habitante en promedio y la pobreza no disminuyó. Como anotó el economista liberal Peter Bauer hace treinta y cinco años, «aun cuando el aumento del capital sea un factor concomitante del desarrollo económico, no es una condición suficiente para que se produzca». Los hechos confirman su conclusión de que «afirmar que el capital se va creando con el proceso mismo del desarrollo se ajusta más a la verdad que la afirmación según la cual el desarrollo se debe a la acumulación de capital».

Por tanto: si los recursos naturales, los términos de intercambio, el número de habitantes por kilómetro cuadrado, la educación y el *stock* de capital no son en sí mismos la madre del desarrollo, ¿qué factor lo es? Aun cuando algunos de estos elementos, en especial la acumulación de capital, son síntomas del desarrollo, y otros, como la educación, permiten explotar mucho mejor sus posibilidades, las causas de este proceso, como lo han comprendido muchos estudiosos, tienen mucho que ver con el clima institucional. ¿Qué es el clima institucional? No tiene nada que ver con la meteorología. Se trata, más bien, de las reglas que gobiernan la vida en común y la estructura de premios y castigos dentro de la cual se desenvuelve la actividad humana, expresadas tanto en las leyes y normas de la sociedad como en los valores que informan la conducta de la gente.

Si el clima institucional es impersonal, tiende a descentralizar el poder y ofrece a los ciudadanos un alto grado de seguridad con respecto a su propiedad y sus contratos, el resultado suele ser un crecimiento económico sostenido y por tanto prosperidad a mediano plazo. Si las reglas limitan la capacidad de los gobernantes o de terceros de violentar el espacio soberano del individuo, el efecto será por lo general un marco que brinda incentivos para la iniciativa creadora de pequeños, medianos y grandes emprendedores, y por tanto para el ahorro y la inversión, precipitando el aumento de la productividad, que es lo que permite fabricar la riqueza de forma perpetua. Algunas investigaciones recientes han concluido que el PIB per cápita es dos veces superior en las naciones que protegen mejor la propiedad (23,796 dólares) que en las naciones que garantizan una protección sólo parcial (13,027 dólares). En aquellos países en los que la protección es pobre, el PIB per cápita cae en picada (4,963 dólares).

La actividad empresarial puede ser constructiva o parasitaria, dependiendo de las reglas que gobiernan la vida económica y de qué recompensas ellas ofrecen para las distintas actividades empresariales. Ésa es la razón por la cual ciertos periodos de la historia —por ejemplo, la Revolución Industrial— muestran una explosión de la capacidad empresarial, mientras que otros —como la China medieval— delatan un prolongado marasmo. En Iberoamérica, aunque ha habido periodos excepcionales, la norma ha sido un clima en el que se ha recompensado a los parásitos antes que a los emprendedores porque el éxito o el fracaso eran resultado de la competencia en el mercado político en lugar del mercado económico. El sociólogo Stanislav Andreski se refería precisamente a este tipo de sistema cuando escribió que las instituciones tradicionales de la mayoría de países latinoamericanos constituyen «una involución parasitaria del capitalismo», a la que definió como «la tendencia a buscar beneficios y alterar las condiciones del mercado por la vía política en el más amplio sentido de la palabra».

El populismo ha sofocado el espíritu de empresa impidiéndole realizar su potencial. Un potencial expresado, por ejemplo, en el hecho de que los latinoamericanos que han emigrado a los Estados Unidos generan suficiente capital como para enviar a casa unos 40 mil millones de dólares cada año. Sin embargo, esos mismos latinoamericanos no pueden generar riqueza equivalente en sus países de origen. Ayer y hoy, el sistema parasitario ha impedido el desarrollo. Y ese sistema se ha traducido por lo general en una maniática y compulsiva fabricación de leyes y normas, sin percatarse de que, a más leyes, más pobreza. Un estudio reciente de la Facultad de Derecho de la Universidad de Buenos Aires, en Argentina, indica que la acumulación de leyes en ese país hace que 85 por ciento de ellas no se puedan siquiera aplicar porque se contradicen o porque existen duplicidades absurdas. En muchos casos, siguen figurando en el papel aun cuando ya han sido tácitamente derogadas. Este laberinto normativo hace que los ciudadanos no sepan cuál es la ley y a menudo la desobedezcan. Según el estudio, hay en la actualidad unas 26,000 leyes y normas, pero sólo 4,000 son aplicables. Ése es el resultado del desenfreno normativo (incluyendo decretos del Poder Ejecutivo y el presidente) de varios gobiernos sucesivos, democráticos o dictatoriales.

Cualquier esfuerzo de reforma que vaya en serio y pretenda liberar a los ciudadanos de la descomunal acumulación de poder por parte del Estado y de la inseguridad jurídica imperante, así como dejar correr sin cortapisas la energía creativa actualmente maniatada por las malas instituciones y la deformación del Estado de Derecho, deberá purgar la legislación y transferir numerosas responsabilidades a la población. Esta transferencia permitirá que las instituciones oficiales se acerquen mucho más a la realidad, es decir a las costumbres y deseos de gente que ha ido generando a lo largo del tiempo, a modo de supervivencia, instituciones paralelas y precarias. Una vez que las instituciones sean despojadas de sus dimensiones socializantes y autoritarias, ellas cesarán de expropiar las pertenencias de la gente del común, de sofocar su espíritu de empresa mediante barreras que les impiden competir en los mercados y ser consumidores soberanos, y de redistribuir matonescamente la riqueza. Ello no supondrá en ningún caso la abolición del altruismo sino su privatización, es decir su tránsito del ámbito de la coacción al ámbito voluntario. Los países más prósperos son también los más generosos, como lo muestran los volúmenes fantásticos de recursos que mueven las actividades benéficas en países como Estados Unidos y el Reino Unido.

El patriarca del idiota

En agosto de 2006 Fidel Castro cumplió ochenta años y muchos idiotas, llenos de ternura, se conmovieron. Fidel se les había hecho un ancianito entre las manos rojas de aplaudir. Más que un tirano, era una costumbre. Ya hay idiotas que son hijos y nietos de idiotas que también corearon aquel pareado profundo y mal concordado de: «Fidel, seguro, a los yanquis dale *(sic)* duro». Son familias más unidas por los editoriales de *Granma* que por el ADN. Como en el microcuento de Augusto Monterroso, cuando despertaron, «el dinosaurio todavía estaba allí». Y cuando se acostaron. Y cuando se volvieron a levantar. El dinosaurio ha estado allí siempre, como las pirámides de Egipto, los dibujos de las cuevas de Altamira o los sones de Compay Segundo, otro fenómeno sorprendentemente incombustible.

De ese largo periodo, Castro lleva casi cincuenta en el poder. Nadie ha tenido tanto éxito en la historia de la mano dura. Su cumpleaños fue saludado con poemas y ditirambos, como corresponde al rol de los escritores *orgánicos* en ese tipo de gobierno. Sin embargo, un par de informaciones, publicadas poco antes de la fiesta, le agriaron la ocasión al viejo dictador: primero, la prestigiosa revista *Forbes*, tras una compleja investigación, lo catalogó como uno de los gobernantes más ricos del mundo —más, incluso, que la familia real inglesa—, adjudicándole una fortuna de unos novecientos millones de dólares, mientras los periodistas independientes dentro de la Isla divulgaron la lista de las residencias oficiales conocidas del eterno presidente de los cubanos: cincuenta y nueve suntuosas viviendas dispersas por todo el territorio nacional, con sus correspondientes dotaciones de criados y guardias siempre alertas, situadas en las playas más bellas, en las montañas y valles, en la ciénaga, en las ciudades y pueblos importantes de la Isla, más tres cotos particulares de caza, un suntuoso yate de pesca (regalado por el obsecuente Parlamento) y dos modernos y enormes aviones rusos de uso casi privado, para los viajes internacionales, adquiridos por decenas de millones de dólares. En suma: ningún gobernante, incluido el extravagante Kim Il Sung, que depositaba en museos las sillas en las que colocaba sus egregias nalgas, ha disfrutado más los privilegios del poder. Ninguno se ha divertido tanto.

El anciano tirano —a quien le irrita que le recuerden que es el malversador más tenaz de la historia cubana— montó en cólera y retó a sus adversarios a que demostraran que disponía de un solo dólar depositado a su nombre en el exterior, a lo que los expertos en estos tejemanejes respondieron describiendo la densa telaraña de cuentas cifradas y testaferros que custodian celosamente el inmenso tesoro del Comandante. Es obvio que su dinero no aparece a su nombre. Aparece a nombre de otros. Tirios y troyanos, sin embargo, estaban de acuerdo en que Fidel Castro no quería su fortuna para comprar diamantes en Tiffany o palacios en Europa (sus gustos pertenecen a una estética agropecuaria, muy lejana de esas banalidades), sino para satisfacer lo que ha sido su permanente pasatiempo desde que era un alocado matón juvenil a fines de los años cuarenta: «hacer la revolución» y destruir al pérfido capitalismo occidental encabezado, claro, por Estados Unidos. En cualquier caso, el rifirrafe entre Castro y la prensa libre, a las ocho décadas de su nacimiento, dejaba al descubierto que bajo la austera guerrera verde oliva, la dentadura movediza y esquiva, como si tratara de escapar en balsa, y la barba fiera de guerrillero, teñida de un gris plomizo, se escondía un político hedonista que había vivido como un jeque petrolero durante todo el tiempo que ha ejercido el poder en Cuba, pese a la terca pobreza de sus compatriotas: once millones de cubanos que, cuarenta y ocho años después del triunfo revolucionario, continúan con los alimentos, la ropa, el agua y la electricidad minuciosamente racionados.

Poco después de estos episodios, la enfermedad de Fidel Castro obligó al dictador a ceder el mando a su hermano Raúl y designar a Hugo Chávez algo así como su médico de cabecera. El mito de la salud pública cubana se vino abajo de inmediato: La Habana tuvo que mendigar medicinas y asistencia médica a España.

EL TERCER ACTO DE LA OBRA

Como en el teatro clásico, el castrismo es una obra estructurada en tres actos. El primero fue relativamente corto y duró del primero de enero de 1959, fecha en que Batista huyó y comenzó la revolución, a enero de 1964, cuando el flamante presidente norteamericano Lyndon B. Johnson, apenas sesenta días después del asesinato de su predecesor John F. Kennedy, firmó una orden con la que puso fin a los intentos por derrocar el gobierno comunista instalado en la Isla, apenas a 140 kilómetros de las costas americanas.

Desde ese momento, asegurado Castro en su poltrona, y hasta 1992, trascurrió el segundo acto, que fue el de la creciente sovietización de Cuba, proceso que se aceleró a partir de 1970, tras el hundimiento económico de la Isla en medio de la inflación y el desabastecimiento, desbarajuste producido por el llamado «modelo guevarista» de los años sesenta. Finalmente, tras la desaparición de la URSS en 1992, y con ella la del enorme subsidio soviético otorgado al improductivo castrismo durante tres décadas, calculado en más de 100 mil millones de dólares por la historiadora rusa Irina Zorina, hasta hoy, sucede el tercero, último, y todavía inconcluso acto de este largo y extravagante episodio histórico que ha sido la instalación de un régimen comunista en las idílicas playas del Caribe.

En efecto. Estamos al final de la puesta en escena de la dictadura más prolongada de la historia de América Latina, aunque nadie sabe exactamente cuándo comenzará el desmantelamiento del régimen. El propio —y agonizante— Comandante le ha llamado a esta etapa el «periodo especial». Pero para Castro es *especial* no porque sea el último, sino porque durante esta larga fase, que ya dura más de quince años, ha tenido que recurrir a los más pintorescos ardides para conseguir la supervivencia del modelo comunista, incluidas algunas concesiones menores a los odiados enemigos capitalistas, pero todas en el terreno económico, dado que en el político ha mantenido firmes y sin fisuras sus inquebrantables controles estalinistas.

Los noventa, y hasta entrado el siglo XXI, fueron los tiempos en los que, a regañadientes, se toleraron ciertas actividades privadas, el envío de remesas desde el exilio, la libre circulación del dólar, el turismo masivo y las inversiones *mixtas*, nombre que se les dio a las asociaciones entre empresarios extranjeros inescrupulosos y el gobierno, dedicadas a explotar la mano de obra increíblemente barata y dócil de unos trabajadores cubanos carentes de derechos sindicales y de la posibilidad de protestar por la confiscación de hasta el 95 por ciento de sus salarios por medio de un cambio tramposo: los inversionistas extranjeros le pagaban al gobierno 400 dólares por los servicios de cada obrero, mientras el gobierno, a su vez, remuneraba al trabajador con 400 pesos cubanos. El cambio oficial era, aproximadamente, 25 a uno; el salario real, pues, era de 16 dólares mensuales.

Pero esas mínimas aperturas comenzaron a clausurarse paulatinamente a partir de 1999, cuando Castro sintió que el régimen, tras tocar fondo, había comenzado a recuperarse, aunque los niveles de consumo todavía estuvieran muy por debajo de los que existían en 1989. La cuenta era muy simple: como el gobierno había decretado la pobreza más austera calificándola como virtud revolucionaria, mientras declaraba que el consumismo era un crimen de lesa humanidad, todo lo que supuestamente requerían los cubanos para lograr la felicidad total era un mínimo de comida y ropa para subsistir, y eso se podía lograr con una magra combinación entre las exportaciones de níquel, los ingresos por turismo, las remesas de los exiliados y otras minucias. Lo revolucionario, pues, no era vivir confortablemente, sino sobrevivir a duras penas, consigna que, además, le garantizaba al gobierno la existencia de una ciudadanía apática y sin expectativas, perfecto estado de ánimo para obedecer sin chistar.

EL FACTOR CHÁVEZ

Y en eso apareció Hugo Chávez. A fines de 1998 el teniente coronel fue electo presidente de los venezolanos y no tardó en anudar las mejores relaciones comerciales con Castro. Enseguida comenzó una suerte de colaboración entre los dos países basada en un intercambio de bienes por servicios ideada para beneficiar económicamente a Cuba y políticamente a un gobernante venezolano necesitado de galvanizar a su clientela política dentro de la vieja tradición populista latinoamericana. Castro proporcionaba médicos y personal sanitario para trabajar en las barriadas pobres de las ciudades, y recibía a cambio petróleo, comida y materiales de construcción.

Las relaciones entre Castro y Chávez, sin embargo, eran más profundas de lo que aparentaban en la superficie. El venezolano había llegado a Cuba por invitación expresa de Fidel Castro en diciembre de 1994 —después de ser amnistiado por el presidente Rafael Caldera tras su cruento intento de golpe de Estado de 1992— para pronunciar un discurso en la Universidad de La Habana. En ese momento Chávez era un confuso ex militar, situado bajo la influencia ideológica de Norberto Ceresole, un argentino fascista procedente del peronismo, partidario del gobierno libio, donde un caudillo militar árabe utilizaba al ejército como correa de transmisión de su ilimitada autoridad. Ceresole, muerto en 2003 a los sesenta años, era quien había convencido al teniente coronel golpista de la infusa sabiduría recogida en *El libro verde,* pomposamente llamada por Chávez «la tercera teoría universal», mezcla de sofismas, socialismo, militarismo e islam.

Pero en abril de 2002 sucedió algo que modificó cualitativamente los vínculos entre Castro y Chávez: el extraño golpe militar que mantuvo al presidente venezolano prisionero durante cuarenta y ocho horas. En ese breve periodo, en el que Castro se movió frenéticamente tras bambalinas para devolverle el poder a su amigo y benefactor, Chávez comprendió que necesitaba algo más que médicos por parte de La Habana para continuar como inquilino en Miraflores: necesitaba toda la ingeniería represiva, el aparato de inteligencia y las técnicas propagandísticas que le permitieran mantenerse en el poder sin temor a que sus enemigos lo desplazaran de la casa de gobierno. Necesitaba, en suma, la técnica para sostenerse en el gobierno que Castro, a su vez, había aprendido de los soviéticos desde los años sesenta y setenta, cuando miles de asesores procedentes de la URSS y otros países del Este habían reformado totalmente la burocracia cubana hasta hacerla absolutamente imbatible por sus enemigos. El leninismo, a fin de cuentas, era eso: un puño implacable firmemente cerrado, un férreo procedimiento de gobïerno.

Tras recuperar el poder milagrosamente —sus enemigos, en medio del mayor desconcierto le devolvieron graciosamente la presidencia—, Chávez y Castro, que compartían personalidades mesiánicas y narcisistas, comenzaron a reunirse con frecuencia para reforzar mutuamente sus convicciones más delirantes, iniciando un proceso de simbiosis entre los dos gobiernos, basados en una premisa esencial: la «revolución», tanto la venezolana como la cubana, no podían *salvarse* en un mundo hostil dominado por Estados Unidos y las ideas «neoliberales». Como Rusia en 1917, que tuvo que enfrentarse al mismo dilema —los peligros del «socialismo en un solo país—, llegaron a la conclusión de que era necesario crear una red internacional de estados colectivistas y antiimperialistas capaces de hacerle frente a los «agresivos regímenes occidentales» liderados por Washington.

Ese punto de partida llevó a Castro y a Chávez a formular una nueva visión del destino de ambas naciones. El marxismo-leninismo, que había sufrido un durísimo golpe con la traición de los soviéticos y la desaparición del comunismo en casi toda Europa, estaba en fase de franca recuperación. Por supuesto, ya no le correspondería a Rusia o a la decadente Europa la tarea y la gloria de ser los abanderados de la lucha revolucionaria: Cuba y Venezuela, con el puño en alto y entonando una versión salsera de *La Internacional,* estaban llamadas a reemplazar al Moscú anterior a Gorbachov como faro de la humanidad en la lucha en contra del capitalismo y a favor de los pobres del mundo. Y esa tarea, naturalmente, comenzaba en América Latina, ámbito natural de expansión desde el que el aguerrido eje Habana-Caracas avanzaría hasta el aniquilamiento de sus enemigos.

Pero esta vez la estrategia de lucha sería muy diferente a la imaginada en su tiempo por Marx y luego perfeccionada por Lenin. Ya los humillados y empobrecidos obreros, movidos por la conciencia de clase y la certeza de ser los grandes motores de la historia, no paralizarían la economía con una huelga definitiva que liquidaría al Estado burgués. Tampoco había que reeditar la *epopeya* de Mao o Castro, donde una guerrilla rural llega al poder por medio de una insurrección que avanza hacia las ciudades. El método que se emplearía para lograr ese mismo objetivo era el practicado por Chávez a fines de 1998: unas elecciones democráticas, que darían paso a una nueva Constitución, tras lo cual el caudillo elevado a presidente iría desmantelando el andamiaje republicano, con su sistema de equilibrios y contrapesos, hasta tener el control de todas las instituciones. Junto a él, escoltando el proceso, un ejército de médicos y personal sanitario cubanos, pagados con petrodólares venezolanos, se dedicarían a prestar servicios gratuitos de salud en los barrios más pobres con el propósito de tratar de demostrar que el «socialismo del siglo XXI» era eso: compasión con los desamparados.

Castro y Chávez, evidentemente, lo tenían todo: primero, la supuesta necesidad de proteger la supervivencia de sus gobiernos dentro de un campo colectivista autoritario; segundo, una visión mesiánica de ellos mismos y de sus países, nuevo reemplazo de la URSS, que los inducía a dedicar sus vidas y esfuerzos a la redención de la humanidad dentro de los esquemas del socialismo; tercero, una metodología, puesta a prueba en Venezuela, para llevar adelante esa causa sagrada. Muy pronto, a fines de 2005, Castro y Chávez obtendrían en Bolivia su primera victoria con la elección de Evo Morales, aunque poco después, en junio de 2006, el triunfo de Alan García en Perú contra Ollanta Humala les aguaría la fiesta. Mientras tanto, la infatigable tribu de los idiotas, hábilmente orquestada por los servicios cubanos y los consabidos Institutos de Amistad con los Pueblos, aplaudía con entusiasmo delirante. Sobre la mesa de póquer se desplegaba todo un trío de ases: Fidel, Hugo y Evo. Eran los tres gloriosos chiflados de la revolución definitiva.

DEBILIDADES Y FORTALEZAS DE ESA ALIANZA

El matrimonio Castro-Chávez, a partir del 2003, tuvo un alto costo económico para los venezolanos: unos 100 mil barriles diarios de petróleo refinado (por los que La Habana nunca pagará, como les sucedió a los rusos), más créditos jugosos que sirven, entre otros objetivos, para el paradójico (aunque indirecto) fin de costear las importaciones norteamericanas de alimentos, calculadas en unos quinientos millones de dólares anuales. Venezuela, pues, no sólo comenzaba a suplantar a la extinta URSS en su viejo papel de madre y cuartel general de la revolución planetaria: también sustituía a la ex metrópoli en la tarea de subsidiar con largueza suicida a un régimen cubano tenazmente improductivo que apenas puede sostenerse sin la solidaridad de los donantes exteriores.

No obstante, esas dádivas tienen otro costo oculto para Chávez. Según todas las encuestas, a los venezolanos, incluidos los chavistas, esas muestras de caridad internacionalista con Cuba les irritaban tremendamente. ¿Por qué los venezolanos tenían que abonar una parte sustancial de los altísimos gastos de un gobierno empeñado en mantener un sistema probadamente ineficiente? Al fin y al cabo, más de la mitad de la sociedad venezolana era clasificada como pobre o miserable, y no tenía demasiado sentido contribuir a aliviar la miseria de los cubanos a cambio de operaciones de cataratas, mientras los naturales del patio vivían en la más palmaria indigencia. Tampoco les satisfacía la preponderante arrogancia de los asesores y diplomáticos cubanos, demasiado presentes en los medios de comunicación venezolanos con actitud de colonizadores políticos.

Curiosamente, desde la perspectiva cubana los acuerdos entre Castro y Chávez tampoco resultaban apreciados. Dentro de la Isla, molestaba tanto la emigración forzada de millares de médicos y dentistas hacia Venezuela, como la inmigración de decenas de miles de pacientes venezolanos y de otras nacionalidades a los que se les daba un tratamiento infinitamente mejor que el que recibían los cubanos de a pie, acostumbrados a ser atendidos en hospitales destartalados y carentes de medicinas o de equipos. Pero la incomodidad no se reducía al pueblo llano: la declaración del vicepresidente del Consejo de Estado cubano Carlos Lage en Caracas, en diciembre de 2005, cuando advirtió que Cuba tenía dos presidentes, Fidel Castro y Hugo Chávez, anunciando veladamente una hipotética federación entre los dos países, había molestado a mucha gente dentro de la cúpula dirigente que pensaba que el militar venezolano era un personaje poco serio y nada fiable que jamás sería aceptado como líder de los cubanos.

Además, la inconsulta renovación de los votos revolucionarios por parte de Fidel y Hugo en el momento de contraer nupcias políticas y jurarse fidelidad ideológica hasta la muerte había caído como un balde de agua fría en el entorno del general Raúl Castro, ministro de las Fuerzas Armadas, hermano menor de Fidel y su heredero a dedo desde la cesión de poderes a mediados de 2006 cuando el cáncer del Máximo Líder se aceleró, pese a ser un anciano cirrótico de setenta y cinco años, jugador de gallos y contador de chistes vulgares. Para Raúl, para su yerno, el teniente coronel Luis Alberto Rodríguez, y para los generales Julio Casas Regueiro y Abelardo Colomé Ibarra, una vez enterrado Fidel Castro, el poder económico y político del país sería colocado bajo la autoridad de unas Fuerzas Armadas que ellos ya controlaban celosamente, y partir de ese momento se ensayarían unas reformas *a la China* o a *la Vietnam*, encaminadas a alcanzar mayores niveles de eficiencia y crecimiento económico, cancelando cualquier proyecto delirante de conquista planetaria semejante a los que empobrecieron y ensangrentaron el país en las tres primeras décadas de la revolución. El castro-chavismo, sin embargo, liquidaba esa posible evolución política y los devolvía a la incertidumbre de los años sesenta y setenta, cuando Fidel Castro empleaba a decenas de miles de soldados y todos los recursos del país en la conquista de Angola, Somalia, Etiopía, Nicaragua o Bolivia, empeñado, como estaba, en ser la punta de lanza de la revolución planetaria.

LOS LÍDERES MUEREN, EL PARTIDO ES INMORTAL

¿Quién será el encargado de llevar adelante esos planes revolucionarios tras la muerte de Fidel? El propio Raúl Castro, muy a su pesar, se vio obligado a revelarlo en un discurso pronunciado en junio de 2006 ante la plana mayor del Ejército de Occidente, uno de los tres grandes cuerpos militares con que cuenta el país. En esa oportunidad, protegido, curiosamente, por un ostensible chaleco y gorra antibalas —una extraña medida si se tiene en cuenta que les hablaba a sus camaradas de armas—, Raúl explicó que ningún ser humano puede heredar la autoridad sin límites de Fidel. Esa tarea le tocará al Partido Comunista.

En realidad, si ello llega a suceder, si el PC, en efecto, después del entierro de Castro recibe la misión de gobernar y decidir el destino de los cubanos, será la primera vez que esto suceda, dado que durante casi medio siglo el papel que Fidel le tenía reservado era el de ejecutor de sus múltiples iniciativas personales: una mera correa de transmisión a la que jamás le consultó ninguna de las cuestiones trascendentales que afectaron sustancialmente la vida de los cubanos, desde la colocación de misiles atómicos soviéticos a principios de los sesenta, las prolongadas guerras africanas de los setenta, o los ataques a la *perestroika* y el distanciamiento de la URSS durante el gobierno de Gorbachov.

Eso explica el mínimo prestigio del Partido Comunista entre los cubanos, la debilidad doctrinal de sus cuadros dirigentes y hasta la propia apatía de quienes militan en la mayor organización de masas del país: todos los cubanos saben que los líderes y miembros del PC no han sido la vanguardia de la revolución, sino un instrumento dócil en las manos de un caudillo carente de escrúpulos. Eso explica por qué durante una década, desde 1997, Castro ni siquiera se ha preocupado de convocar a un Congreso, aun cuando en ese periodo ha expulsado del Comité Central y del Buró Político —el máximo órgano rector— a dos de los dirigentes más conspicuos, el ex canciller Roberto Robaina y a Juan Carlos Robinson, el más joven de los dirigentes y uno de los pocos negros instalados en la cúpula del poder, lo que no impidiera que lo condenaran a doce años de cárcel sin darles una explicación coherente a sus compañeros de partido.

Pero la falta de efectividad o de prestigio no es el único inconveniente que tendrá que afrontar el PC. Durante todo el tiempo que Fidel Castro ha estado al frente del gobierno ha ejercido el mando mediante una incesante sucesión de conflictos nacionales e internacionales artificialmente inducidos. Para el viejo Comandante, gobernar es pelear y polemizar. Lo ha hecho sin tregua contra Estados Unidos, pero también, en diferentes momentos, contra Rusia, China, la OEA, la ONU y numerosos gobiernos latinoamericanos: Vicente Fox, Ernesto Duhalde, el salvadoreño Francisco Flores, la panameña Mireya Moscoso, entre otros. La ha emprendido contra la Unión Europea, contra José María Aznar, el Banco Mundial, el Fondo Monetario Internacional o la Iglesia católica. Y la dinámica es siempre la misma: Castro airea desde la tribuna un conflicto cualquiera y, a continuación, pone todo el aparato de propaganda a atacar e insultar a sus adversarios. Finalmente, saca a los resignados cubanos a las calles a manifestarse masivamente contra el enemigo de turno agitando unas banderitas y coreando consignas revolucionarias con la certeza, un poco ingenua, de que esos ejercicios sirven para galvanizar la emoción revolucionaria.

¿Incurrirá el PC poscastrista en la misma estrategia *mitinera*, o, mejor aún, *motinera*, casi adolescente, de un Máximo *cheerleader* que nunca superó emocionalmente la etapa del líder estudiantil, que no logró convertirse en estadista responsable y se quedó atrapado en el papel del permanente agitador? ¿Se atreverán Raúl Castro, o los que le sigan, a inventarse periódicamente un «caso Elián» —el niño balserito convertido en objeto de una disputa internacional en torno a su custodia—, para entretener (y fatigar) a las masas con algún escándalo descomunal? Y si no lo hace, ¿cómo transitará el heredero de Castro, sea el Partido u otro caudillo, de la revuelta atmósfera legada por Castro al tipo de burocracia sosegada y plomiza propia de las dictaduras comunistas?

DESPUÉS DEL ENTIERRO DE CASTRO

En todo caso, lo previsible es que Castro, como sucedió con el caudillo español Francisco Franco, se lleve su régimen a la tumba. ¿Por qué? Porque, como se dice dentro de la jerga marxista, están dadas todas las condiciones objetivas y subjetivas para el cambio. En primer término, el conjunto de la sociedad, y especialmente los jóvenes, están cansados de un sistema que no les brinda la menor oportunidad de superación personal. No importa el talento que posean, o los deseos de trabajar que muestren, el modelo de Estado creado por Castro, colectivista e improductivo, no les permite mejorar la calidad material de sus vidas, o crear hogares mínimamente confortables, aunque hayan recibido una buena educación universitaria.

Un sistema que en medio siglo no sólo no ha conseguido solucionar, sino que ha agravado las carencias populares de comida, ropa, vivienda, transporte, agua potable y electricidad, no puede ser percibido con ilusiones por quien comienza a vivir su vida de adulto y desea conquistar una existencia mejor que la que han tenido que soportar sus progenitores. Agréguesele a esta miseria impuesta la imposibilidad de viajar y asomarse al mundo que tienen los jóvenes (que ni acceso a Internet se les permite) y se entenderá por qué el sueño de la mayoría consiste en emigrar. Naturalmente, en el momento en que esos jóvenes puedan contribuir a cambiar el sistema, como sucedió en todos los países comunistas de Europa, serán ellos quienes den el primer paso en esa dirección.

Este juicio pesimista sobre la naturaleza del sistema ni siquiera excluye a los cuadros y las bases del Partido Comunista. Después de medio siglo de experimentar con una variante tropical del estalinismo, la mayor parte de los militantes probablemente estaría dispuesta a propiciar alguna suerte de apertura que comenzará con un debate abierto dentro de la propia organización y, poco a poco, o rápidamente, derivará hacia una apertura política que incluirá a otras opciones de la oposición hasta que, pese a las infinitas dificultades propias de toda transición, se instale en el país una democracia plural y un sistema económico basado en el mercado y en la existencia de la propiedad privada.

Al fin y al cabo, como sucede en las sociedades dominadas por caudillos todopoderosos, con mucha frecuencia la lealtad real de los militantes no es a la ideología ni a las instituciones, sino a la persona colocada en la cúspide de la autoridad. Una vez desaparecida esa persona, con ella se desvanece también la lealtad partidista. Llegado ese momento, una parte sustancial de los comunistas reformistas se habrá integrado en formaciones políticas muy diferentes al PC tradicional, aunque siempre quedará un pequeño porcentaje de nostálgicos del viejo orden político introducido por Castro en la vida política nacional.

¿Qué hará Estados Unidos en ese momento histórico? Sin duda, lo que mejor cuadre a sus intereses, incluidos los de la apreciable comunidad cubanoamericana, una poderosa minoría que forma parte de *establishment* y cuenta con varios congresistas, un senador y suficientes votos en la Florida como para inclinar las elecciones en una u otra dirección. Y los intereses norteamericanos son, claramente, de dos tipos íntimamente relacionados: primero, necesitan que no se produzca un éxodo salvaje e incontrolado de la Isla hacia Estados Unidos; segundo, es fundamental que en Cuba se entronice un régimen democrático, económicamente sensato y estable, capaz de mantener el orden e inducir la prosperidad de manera permanente. Sólo eso le garantizaría a Estados Unidos una suerte de sosiego permanente en su frontera caribeña. En el pasado, Washington colaboró con dictaduras supuestamente amigas de Estados Unidos y el resultado fue nefasto: Batista le abrió la puerta a Castro y, en Nicaragua, Somoza dio paso a los sandinistas. Es impensable volver a incurrir en el contraproducente error de *our son of a bitch*. A largo plazo esa política siempre sale mal.

Por su parte, en contra de la versión difundida por el régimen, los exiliados serán un factor de moderación en medio de ese proceso. No es verdad que existan millares de personas dispuestas a vengarse o a tratar de recuperar sus propiedades violentamente. Una y otra vez, los principales grupos de la oposición externa han declarado su disposición a no reclamar las viviendas confiscadas, agregando, de paso, que esos hechos ocurrieron hace más de cuarenta años, y la generación de propietarios perjudicados prácticamente ha desaparecido. Es verdad que quedan sus hijos y descendientes, pero casi todos están perfectamente integrados a los niveles sociales medios y altos del mundo norteamericano, y seguramente no tendrán demasiado interés en tratar de recuperar unas propiedades totalmente dilapidadas por la incuria del socialismo. Incluso, lo probable es que, en los primeros años de la transición, sean muy pocos los exiliados que regresen a vivir en la Isla de forma permanente, aunque lo deseable sería que se fueran trenzando lazos económicos y sociales cada vez más densos y fuertes entre la comunidad radicada en el exterior y quienes viven en la Isla, porque ese factor aceleraría tremendamente la recuperación de los cubanos afectados por el vendaval comunista.

Sin embargo, lamentablemente, la desaparición física de Fidel Castro y el inicio de la transición no significa que las huellas morales y materiales de la etapa comunista se borrarán súbitamente. Durante tres generaciones los cubanos han tenido que adaptar su comportamiento a las arbitrariedades, presiones y atropellos de una dictadura totalitaria, y, como en todos los pueblos que han abandonado el comunismo, eso ha creado en la sociedad algunos hábitos negativos que costará mucho esfuerzo erradicar. Entre ellos, la mutua desconfianza, recurrir a la mentira, apropiarse de lo ajeno sin sentimiento de culpa y una cínica indiferencia ante las responsabilidades cívicas. A los cubanos les tomará cierto tiempo descubrir que en libertad se vive de otra manera.

El mejor discípulo

A la reina Isabel II intentó estamparle, a manera de saludo, un beso en la mejilla, para horror de los funcionarios del protocolo británico y de la propia soberana, quien logró esquivarlo a tiempo. A Vladímir Putin, cuando lo visitó por primera vez en Moscú, se le aproximó mimando el ataque de un karateca, mimo que por poco produjo en el presidente ruso y antiguo agente de la KGB un brusco reflejo defensivo, antes de comprender que era una simple e inesperada payasada de su visitante. Al emperador Ahikito del Japón le devolvió su respetuosa venia de saludo con un exuberante abrazo caribeño. Chávez, el teniente coronel Hugo Chávez Frías, presidente de la República Bolivariana de Venezuela (nombre con el cual él mismo resolvió rebautizar a su país), es conocido en todas partes por los aspectos folclóricos de su personalidad, los más vistosos y en última instancia los más inofensivos, si se tiene en cuenta que estamos hablando del hombre empeñado en llevar a su país y a otros tantos del continente, con ayuda de petrodólares, indígenas e idiotas de todos los pelajes, por el mismo camino de Cuba.

Sus desafueros histriónicos le han dado hoy en el mundo un aura muy especial, que algunos califican de populismo y sus admiradores de carisma, y que en todo caso le aseguran, vaya donde vaya, la primera plana de los diarios. Todos recordamos su memorable «show» en Mar del Plata, con motivo de una Cumbre de las Américas, cuando al lado de Evo Morales y del futbolista Diego Maradona, de espaldas a los gobernantes americanos y delante de una multitud de perfectos idiotas reunida en el estadio de esa ciudad, pidió un minuto de silencio para celebrar la defunción del ALCA. «A mí me gustan las mujeres, pero estoy enamorado de Chávez», había declarado Maradona después de conocerlo. «Dios los cría y ellos se juntan»: nunca fue más cierto el famoso proverbio. También se recuerda el fulminante discurso ante la Asamblea General de la ONU, en la que Chávez llamó a Bush «el diablo» y dijo que aún olía a azufre en el podio.

Al teniente coronel le gusta disfrazarse (de charro mexicano, de cirujano con blusa y gorra para explicar sus programas de salud o de uniforme verde oliva para acompañar a Castro) y cantar rancheras o joropos para satirizar al presidente Fox o al presidente Bush. Sus *gaffes* son memorables, tanto cuando produce alabanzas donde no debe o como cuando lanza insultos propios de un borrachito de cantina. En Rusia elogió a Stalin; en China, a Mao; en el Perú, a Velasco Alvarado y, para consternación del presidente chileno Lagos, pronosticó que muy pronto se bañaría en el mar de Bolivia. Con la misma desenvoltura, insinuó que Condoleezza Rice necesitaría un hombre como él, dijo que Hitler se le quedaría corto a Aznar, mandó al «cipote» (al carajo) a Blair, a Fox lo llamó «cachorro del imperialismo», a Alan García lo catalogó como canalla, tahúr y ladrón, al presidente Toledo, «muñequito de Bush» y al propio Bush le reservó otro racimo de insultos (ignorante, inmoral, genocida, cobarde, mentiroso, ridículo), además de llamarlo Míster Danger y de amenazarlo con suspender el suministro de petróleo a Estados Unidos (del que Caracas depende mucho más que Washington).

Sus fobias se extienden a los conquistadores españoles y al propio Cristóbal Colón por el pecado de haber descubierto a América, cuando según él todo el mundo en su tierra estaba feliz con el cacique Guaicaipuro y otros emplumados aborígenes. Bajo tal venenosa inspiración, sus partidarios derribaron en el año 2004 la estatua del Almirante en el parque Los Caobos, de Caracas, al grito de «Colón genocida». Parecida aversión ha mostrado hacia los judíos, a quienes aludió en un célebre discurso el 24 de diciembre de 2005, hablando de «unas minorías, descendientes de los mismos que crucificaron a Cristo y se adueñaron de las riendas del poder». Tal pronunciamiento antisemita fue condenado por trescientos intelectuales en un manifiesto con un sólo resultado de su parte: al ver que entre los firmantes aparecía Sofía Imber, judía y una de las más famosas promotoras del arte en Venezuela, hizo quitar su nombre del Museo de Arte Contemporáneo, la obra de su vida. Es simple: según él «quien no está conmigo está contra mí», y paga las consecuencias.

Por contraste, su idolatría por el Libertador Simón Bolívar tiene algo de culto religioso, tanto más que él se considera su fervoroso sucesor. Para sorpresa de quien lo visita en su despacho, allí suele tener a su lado una silla vacía destinada al espíritu del Padre de la Patria con cuyos retratos suele dialogar a solas. Tal fervor tiene, como todo lo suyo, inevitables brochazos folclóricos. En el carnaval de Río de 2006, la escuela de samba Vila Isabel recibió de la empresa petrolera estatal de Venezuela, Pdvsa, una suma que rondaba el millón de dólares para que su alegoría principal en el desfile fuera un muñeco de 13 metros de alto que representaba la figura de Bolívar y que avanzaba por las avenidas a ritmo de samba, sosteniendo en las manos un gran corazón de neón en vez de una espada. Los austeros miembros de la Academia de Historia de Venezuela protestaron por algo que les parecía un flamante irrespeto. Chávez les replicó en su programa radial *Aló, Presidente* del domingo 5 de marzo de 2006, con las siguientes palabras: «Bolívar no era blanco. Bolívar nació entre los negros, era más negro que blanco. No tenía los ojos verdes. Bolívar era zambo». Al parecer, zambo y samba iban muy bien juntos en un carnaval carioca.

Si no tuvo inconveniente en cambiarle de nombre a su país, menos lo tendría a la hora de revisar los símbolos patrios. Atendiendo una observación de su pequeña hija Rosainés, decidió que el caballo del escudo nacional no podía galopar hacia la derecha sino hacia la izquierda (como la gran mayoría de nuestros queridos idiotas) y no con la cabeza vuelta hacia atrás sino mirando al frente. También le agregó una estrella más a la bandera, y a las espadas que aparecían en el escudo le sumó un arco con flechas, arma indígena, y un machete campesino. Otra forma del populismo patriótico, por cierto muy costoso pues supone cambiar toda la papelería oficial del país, todos los emblemas de alcabalas y alcaldías y hasta los pasaportes.

Los menos sorprendidos con estas ocurrencias son los propios venezolanos obligados a escuchar a Chávez cada domingo durante tres, cuatro o cinco horas en su programa radial *Aló, Presidente* o en las transmisiones en cadena por la televisión, de una frecuencia inusitada. Allí habla de todo, de lo divino y de lo humano, de su Constitución (que siempre carga en una edición de bolsillo) o de su último corte de pelo, de sus viajes, de sus desvelos o de la manera como los maridos deben portarse con sus esposas el día de los enamorados. A sus devotos les devuelve el saludo jocosamente. Así, a una señora llamada Ana en el barrio caraqueño de La Charneca, le dice que saluda en ella a todas las Anas, y luego de un segundo de reflexión agrega: «Y de pronto también a todos los anos». Esta copiosa diarrea verbal, igual a la de Castro, ocupó en el año 2005 doscientas doce emisiones que duraron en total ciento seis horas. Según Marcel Granier, director de Radio Caracas, desde el año 1999 Chávez ha ocupado las pantallas de la televisión venezolana durante setecientas setenta y siete horas, nada menos.

Obedeciendo a sus repentinos caprichos, decidió que se editara por cuenta del Estado medio millón de ejemplares de la novela de Víctor Hugo *Los Miserables,* a fin de distribuirla gratuitamente entre los escolares. Él mismo acababa de leerla y estaba tan fascinado con ella que no tuvo inconveniente en reservarle un espacio en la copiosa emisión dominical de su programa *Aló, Presidente.* Sólo que olvidó el apellido de Jean Valjean, el protagonista de la novela, de modo que sólo llegó a balbucear: «Jean, Jean, ¿Jean qué? Bueno, el Jean ese…». Igual pasión la había mostrado en otro tiempo por *El oráculo del guerrero*, libro que consideraba de gran profundidad política hasta que un compatriota suyo, Boris Izaguirre, muy famoso en los programas de televisión de España y recién casado en Madrid con un compañero de muchos años, aclaró que era una obra cabecera del mundo *gay.*

¿Cómo explicar tanta exuberancia? Según una conocida psicóloga venezolana, la del teniente coronel, Chávez sería una personalidad narcisista histriónica. Claro que en su caso no es él quien la padece, sino sus compatriotas. La psiquiatra y tres colegas suyos de la Facultad de Medicina de California recuerdan que «los dueños de tal personalidad necesitan ser admirados, exageran sus logros y talentos y tienen una percepción tan inflada de sí mismos que ello los conduce a denigrar de los demás al menor reparo». Es obvio que el ejercicio ilimitado del poder agrava las condiciones de quienes sufren de esta dolencia.

Sólo cabe señalar un peligro: semejante exhibicionismo histriónico no les permite a muchos observadores internacionales ver de dónde sale, qué ideas tiene y qué propósitos delirantes persigue y está cumpliendo el personaje que hoy gobierna a Venezuela. Por cierto, el que mejor justifica el título de este libro.

TODO, MENOS LA DEMOCRACIA

¿Cuál es el bagaje ideológico que guarda nuestro teniente coronel en su cabeza, bajo la boina roja de paracaidista que tanto le gusta? En realidad, nada muy claramente definible. Como lo señalábamos en nuestro *Manual del perfecto idiota latinoamericano* cuando diseñábamos el retrato de este personaje, en su formación han intervenido los más variados y confusos ingredientes: de una parte, lo que Jean-François Revel llamaba los deshechos radioactivos del marxismo, sumados a un primario nacionalismo tricolor, mesianismo propio del clásico caudillo latinoamericano, populismo, sulfurosos alardes antiimperialistas y enseñanzas recibidas de personajes tan diversos como Fidel Castro, Muammar Gaddafi y hasta del ideólogo argentino de extrema derecha, Norberto Ceresole, todo ello con una etiqueta bolivariana que haría estremecer en su tumba al propio Simón Bolívar. En resumen, un truculento sancocho tropical que tiene de todo, menos de los ingredientes de una verdadera democracia, pues lo que busca, ante todo, es disfrazar de proyecto revolucionario un desaforado apetito de poder absoluto.

Al hurgar en su propia biografía, uno descubre que los desechos radioactivos del marxismo lo contaminaron desde muy joven, cuando aún no soñaba con ser presidente de su país sino una estrella de las grandes ligas americanas de béisbol. Tenía apenas doce años de edad, vivía con su familia en la población llanera de Barinas, donde nació, y sus mejores amigos eran los hijos de un barbudo profesor comunista llamado José Esteban Ruiz Guevara, tan devoto de los patriarcas del marxismo leninismo que al mayor de sus vástagos le puso el nombre de Vladimir —por Lenin— y al siguiente Federico —por Engels— y que tanto a ellos como a los Chávez —Hugo y su hermano Adán— no perdía ocasión de hablarles del materialismo histórico y otros fundamentos de la doctrina marxista de una manera tan obsesiva que su propia esposa, cuando entraba a la biblioteca para servirles café, exclamaba: «Estoy hasta aquí de oír hablar de comunismo».

Ruiz Guevara debió ser su Simón Rodríguez, o así debe recordarlo Chávez que en todo quiere seguir los pasos de Bolívar. El maestro comunista le infundió también la devoción por el caudillo federal Ezequiel Zamora y desde luego por la figura mítica de Bolívar, sólo que se las arregló para presentar al Libertador no como lo era en realidad, salido de una familia mantuana y opuesto a la guerra de clases y colores desatada por Boves, sino como un ejemplo recuperable para todo revolucionario empeñado en luchar por el socialismo (palabra que sirve de disfraz cuando en realidad se piensa en el comunismo). Con semejante adoctrinamiento, no es extraño que Chávez llegara a la Escuela Militar de Caracas con *El diario del Che Guevara* como libro de cabecera y que después, a través de los cursos de ciencia política recibidos cuando era cadete, se interesara muy especialmente en conocer el pensamiento de Mao.

Pese a ello, Chávez no llegó a ser como su hermano Adán o como sus amigos, los hijos del profesor Ruiz Guevara, militante comunista. Sólo fue un compañero de ruta, como lo es nuestro perfecto idiota latinoamericano. Gracias a esta vecindad ideológica con la extrema izquierda, él y otros cuantos jóvenes oficiales venezolanos formaron grupos clandestinos bajo toda suerte de etiquetas simultáneas o sucesivas (R-83, PRV, MRB, ARMA) pero con el proyecto común de tomarse un día el poder para darle al país un rumbo socialista. A través de su hermano Adán, Chávez tomó contacto en 1983 con el ex guerrillero Douglas Bravo. Fue una aproximación que tenía su lógica. Luego del fracaso de la lucha armada alentada por Castro en Venezuela en los años sesenta, Douglas Bravo había llegado a la conclusión de que el triunfo de una revolución socialista no podía contemplarse sin el apoyo de las Fuerzas Armadas, para lo cual era necesario buscar en la institución castrense a hombres que compartieran su pensamiento. Dentro de ese empeño, también había tomado contacto con William Izarra, alto oficial de la Fuerza Aérea Venezolana, dirigente del grupo ARMA y conspirador de talla, pues desde 1980 hasta 1985 había establecido contactos con los gobiernos de Irak, Libia y Cuba. Todos ellos pensaban entonces en un levantamiento popular apoyado por un sector de las Fuerzas Armadas. Chávez se apartó de esta línea para asociarse desde 1986 con otro oficial del Ejército, Francisco Arias Cárdenas, en torno a la idea de un golpe puramente militar, sin participación de civiles, proyecto que culminó en el sangriento y fracasado levantamiento del 4 de febrero de 1992 contra el presidente Carlos Andrés Pérez.

Todo parecería indicar, por estos antecedentes, que Chávez ha sido una especie de comunista encubierto. Pero no es el caso, aunque el partido fundado por él, el MVR (Movimiento Quinta República), sea, según palabras de Teodoro Petkoff, «una aglomeración de viejos izquierdistas, náufragos de todos los partidos de izquierda y hechos a la cultura 'preconciliar' de la izquierda, a la cultura marxista-leninista clásica, tradicional». Verlo sólo en esta línea de pensamiento político sería perder de vista, si no simplificar, la verdadera naturaleza de su carácter, de sus ambiciones y de su identidad política. Su caso tiene otra lectura. Chávez no está al servicio dócil de una ideología que requiera una larga estrategia con un partido orgánico, minuciosas jerarquías desde un Comité Central hasta militantes de base y la aceptación de lo que llaman los marxistas un proceso histórico. A todo esto, su apremiante ambición caudillista de poder personal absoluto es tan alérgica como a la boba democracia con su división de poderes y sus libertades básicas. De ahí que haya seguido con tanto interés los libros y enseñanzas de un ideólogo de extrema derecha más próximo al fascismo que al comunismo: el argentino, ya desaparecido, Norberto Ceresole. Quien lea el libro de Antonio Garrido titulado *Mi amigo Chávez (conversaciones con Norberto Ceresole)* se sorprendería encontrando en él conceptos como éstos, suscritos por el argentino: «Si Hitler y Mussolini hubieran triunfado, eso hubiera sido una gran ventaja para países como los nuestros» o «la democracia ha terminado por esquilmar a nuestros pueblos».

A primera vista parecería muy extraño que Chávez fuera a Buenos Aires en 1994 para conocer al autor de estas barbaridades y, para colmo, asesor de los «Carapintadas» y en años anteriores contratado como consejero por el general Viola, uno de los miembros de la dictadura militar de Argentina. Estrambótico que lo invitara luego a Venezuela y recorriera con él parte del país. ¿Cómo explicarlo? Pues bien, la clave de esa atracción por Ceresole fue su tesis de que hoy en nuestros países una verdadera revolución sólo puede realizarse uniendo tres elementos: caudillo, Ejército y pueblo. Nada de enfrentamientos con las Fuerzas Armadas como quiso Castro en los años sesenta. Nada de intermediarios distintos, ni de injerencia de otros poderes, ni de democracia representativa. Nada de una supuesta clase obrera al poder. Algo más simple; algo que podríamos llamar tranquilamente fascismo. O, como dice la escritora venezolana radicada en París Elizabeth Burgos: «Nacional populismo etnicista», que guarda semejanzas con Gaddafi y regímenes como el de Irán y otros del Medio Oriente con los cuales Chávez mantiene una estrecha relación.

De una olla donde mezcla ingredientes ideológicos de la extrema izquierda y de la extrema derecha, el Presidente venezolano ha sacado la propuesta de «un socialismo del siglo XXI». ¿Qué es? Si el socialismo (o el comunismo para darle su real nombre) produjo en el siglo pasado más de 100 millones de muertos, penurias sin nombre y regímenes atroces, no parece muy claro cuál sería el interés de reeditar el mismo mal en el nuevo milenio. Sería como hablar del cáncer del siglo XXI. Pero es bien claro que nuestro personaje es inmune a todo lo que contraríe sus sueños delirantes, y fórmulas tales como «revolución bolivariana» o socialismo permiten ignorar los límites incómodos de una democracia. Sobre el alcance de su propuesta Chávez nunca ha sido muy explícito. En le emisión de *Aló, Pre-*

sidente del 3 de marzo de 2005, Chávez declaró que «el socialismo es el único sistema político capaz de garantizar una vida digna para la mayoría».Y como quedara flotando algún interrogante sobre la naturaleza de su proyecto, se apresuró a identificarlo con la siguiente fórmula: «Que nadie quiera ser rico». ¿Qué le espera, pues, a Venezuela? ¿Expropiaciones, invasión de fincas, eliminación progresiva de la propiedad privada, estrangulamiento de los medios de comunicación? Así parece, pues el camino suyo ha sido señalado por el propio Castro y debe ser anhelable para Chávez, ya que en un célebre discurso habló del mar de felicidad en el cual se baña hoy Cuba.

Buscando fijar categóricas distancias entre el Presidente de Venezuela y la social democracia continental, el ex presidente de Brasil Fernando Enrique Cardoso prefiere definirlo como un «nacionalista» y también «un populista con tendencias autoritarias». Pero allegados de Chávez en el gobierno, como el ex embajador de Venezuela en México, Vladimir Villegas, intentan salvaguardar su perfil de socialista o comunista, afirmando que el único modelo fallido de este tipo de régimen fue el soviético, ignorando que parecido descalabro sufrió o ha sufrido dicho sistema en China, Vietnam, Corea del Norte, Rumania, Alemania Oriental, Libia y Cuba. Mejor dicho, en todas partes donde ha puesto su pie.

Lo que es cierto —y de ahí el regreso de nuestro idiota en América Latina— es que las ideologías sobreviven a sus propios fracasos. El II Congreso Bolivariano de los pueblos, celebrado en Caracas en enero de 2005, reunió la más vistosa galería de movimientos políticos y sindicales de la extrema izquierda latinoamericana, incluyendo a todos los partidos comunistas, movimientos indígenas, sandinistas, tupamaros, piqueteros, madres de Plaza de Mayo, teólogos de la liberación —mejor dicho, a cuantos hemos identificado como perfectos idiotas del continente— cuya declaración final recoge toda la verborrea revolucionaria de los años sesenta y cuyo grito final incluye vivas a la revolución socialista de Cuba, a la revolución bolivariana de Venezuela y a la revolución latinoamericana.

Un año después, 70,000 personas de 170 países fueron invitadas al llamado Foro Social Mundial de Caracas con el fin de mostrar que la epidemia propagada por Chávez, peor que la gripa aviar, alcanza a los cinco continentes. Explicando su presencia en este evento, una dama venezolana que vive en Suiza desde hace veintiséis años resumió el pensamiento de todos los presentes afirmando que «cuantos vinimos aquí estamos de acuerdo con la revolución bolivariana porque es la única alternativa para salir del neoliberalismo».

Lo único malo es que nadie sabe, ni sus propios adeptos, en qué consiste exactamente dicha revolución. Todo lo que se conoce de ella son los pasos dados por Chávez en los años corridos desde que asumió el mando, los desastres que ha ocasionado en su país y la manera como ha buscado extender su confuso modelo en todo el continente. No es algo como para reírse, pues bajo su plumaje folclórico lo que busca es liquidar, hasta donde alcancen su influencia, maniobras y petrodólares, todo modelo basado en una real división de poderes y la libertad política y económica.

TODOS LOS PODERES EN LA MANO

Aunque intente con astucia mantener la fachada de una democracia, Chávez, siguiendo los pasos de Castro, ha conseguido

gradualmente controlar todos los poderes de su república bolivariana: es enteramente suya la Asamblea Nacional (sin presencia de la oposición), suyos el sistema judicial, la Fiscalía, la Con-
traloría y los organismos electorales. Colocando en puestos de
mando de tropa a los oficiales que estaban muy cerca de él desde sus tiempos de conspirador y llenando de opulentas prebendas al resto de los altos mandos militares, ha conseguido tener
incondicionalmente de su lado a las Fuerzas Armadas. Y a través de medidas de estrangulamiento económico y de una famosa ley mordaza, tiene suspendida sobre los medios de comunicación una verdadera espada de Damocles con el fin de
neutralizarlos.

Pese a todo lo que se diga de los gobiernos que durante
treinta años lo antecedieron, pese al descrédito de los partidos y
de su dirigencia, la democracia venezolana había mantenido una
real separación de los poderes públicos, con una justicia independiente y un Poder Legislativo donde tomaban asiento todos
los sectores políticos y todos los matices de la opinión pública.
Desde la caída del dictador Pérez Jiménez, en enero de 1958, la
prensa había estado libre de coacciones y amenazas. ¿Cómo
consiguió Chávez un poder tan desmesurado? Tal vez la mejor
lección se la dieron los libros de Ceresole donde se pinta a la
democracia representativa como una farsa y se exalta una llamada democracia participativa en la que, a base de referendos, el
caudillo obtiene del pueblo los poderes que necesite. Siete consultas de este género en seis años le permitieron a Chávez, en
efecto, derogar la antigua Constitución y sustituirla por una cor-
tada a su medida como un traje, hacerse apto para ocupar la Presidencia por dos espacios consecutivos de seis años y disponer,
mediante decretos, de la facultad de intervenir y confiscar pro-

piedades, asumir el control de la educación pública para imponer en ella en nombre de la revolución bolivariana su línea ideológica y convertir en riesgo de delito penal críticas, denuncias y hasta bromas sobre su gobierno. El milagro es que todo esto lo consiguió a través de consultas en las que, por indiferencia de amplios sectores de la opinión pública, hubo siempre una considerable abstención.

El asalto al Poder Judicial lo realizó de manera terminante en el año 2004 cuando con una mayoría simple —y por ello mismo inconstitucional— los diputados oficialistas de la Asamblea Nacional aprobaron la Ley Orgánica del Tribunal Supremo de Justicia que elevó de veinte a treinta y dos el número de magistrados. Obviamente con este aumento Chávez logró imponer en este supremo órgano del Poder Judicial una mayoría favorable a su revolución bolivariana. Para que no quedara duda sobre este nuevo perfil, el magistrado elegido como presidente del Tribunal Supremo no tuvo inconveniente en declarar: «Todo juez que emita juicios en contra de los principios revolucionarios será destituido y anulada su sentencia». Fue una bien aprendida enseñanza de Castro y de la revolución cubana.

PRENSA Y OPINIÓN, AMORDAZADAS

La misma mayoría chavista en la Asamblea Nacional se apresuró a aprobar poco tiempo después una Ley de Responsabilidad Social de la Radio y la Televisión, mejor conocida en Venezuela como Ley Mordaza, que pone bajo el control del gobierno emisoras y canales de televisión, imponiéndoles horarios y programas o suspendiendo aquellos que puedan ser considerados como contrarios a la seguridad nacional. Seguidamente una reforma a la legislación penal estableció sanciones drásticas a la prensa escrita dándole el carácter de injuria o delito de «desacato» a críticas o acusaciones contra altos funcionarios, incluyendo desde luego al Presidente y al vicepresidente, pero también a los ministros, los gobernadores, los miembros del Consejo Nacional Electoral y los altos mandos militares. Una real mordaza, sí, pues las sanciones pueden representar hasta tres años de cárcel, y más si se consideran delitos reincidentes. Son tan drásticas estas medidas, que el presidente del Instituto Internacional de Prensa, Johan Fritz, las comparó a las empleadas por el ministro de Propaganda del Tercer Reich, Josef Goebbels.

De la mordaza tampoco se escaparon los ciudadanos que acostumbraban a expresar sus protestas al gobierno batiendo cacerolas en ventanas y balcones o haciendo sonar platos y cubiertos cuando un alto funcionario del gobierno entraba en un restaurante. En efecto, el artículo 508 de la ley que reformaba el Código Penal penaliza con un mes de arresto y multas a «todo el que, con gritos o vociferaciones, con abuso de campanas y otros instrumentos, o valiéndose de ejercicios o medios ruidosos, haya perturbado las reuniones públicas o las ocupaciones o el reposo de los ciudadanos».

Para no desmentir la sospechosa semejanza de estas medidas con las tomadas por regímenes de corte fascista, fuerzas de choque movilizadas por el gobierno han realizado toda suerte de atropellos a los medios de comunicación. El mayor de ellos tuvo lugar en la noche del 9 de diciembre de 2002 cuando en Caracas y otras ciudades del país, de manera nada coincidencial, partidarios de Chávez atacaron con palos y piedras periódicos y canales de televisión. Al mismo tiempo, periodistas muy conocidas, como Patricia Poleo, ganadora del Premio Rey de España, ha sido acusada de difamación y de autora intelectual del asesinato del fiscal Danilo Anderson.

OTRAS AMENAZAS

La propiedad privada no podía estar a salvo de quien sueña con establecer en su país un socialismo del siglo XXI. Ocupación y confiscación de tierras, cierre de fábricas, suspensión de contratos, congelación de precios, imposición por decreto de tasas de interés a los bancos, muestran ya las orejas el lobo. Según el Índice de Libertad Económica de 2006, presentado simultáneamente por The Heritage Foundation y por *The Wall Street Journal,* la de Venezuela quedó ubicada entre las doce más reprimidas del mundo, al lado de Cuba, Haití, Libia, Zimbabwe, Burma, Irán y Corea del Norte.

Amenaza de otro género, pero también inquietante, es la que representa el creciente armamentismo iniciado en los dos últimos años por el gobierno venezolano. Además de la creación de grupos militares de élite directamente bajo su control, Chávez ha decidido comprarle a Rusia 100 mil fusiles de asalto y helicópteros de transporte y ataque, cazabombarderos al Brasil, patrulleras y aviones militares a España y radares tridimensionales a China. Simultáneamente se ha hablado de la instalación de una fábrica de municiones y de la construcción en el territorio del Estado Amazonas de una nueva base militar soporte de una base aeroespacial en la misma región. Y como culminación de semejante delirio napoleónico, Chávez ha dispuesto que su revolución bolivariana debe darles instrucción militar a dos millones de reservistas voluntarios. En suma, uno de cada cinco venezolanos va a ser adiestrado militarmente. ¿Con qué fin? Ni el teniente coronel ni sus asesores militares tienen inconveniente en decirlo. Se trata, según ellos, de prepararse para librar una «guerra asimétrica» como la de Irak contra el agresor imperialista y sus eventuales aliados. Parecería ser sólo un brote de paranoia, digno de ser estudiado por psiquiatras, si no obedeciera a un proyecto inspirado por el propio Ceresole. Se trata de poner en el Ejército todo el peso del poder, fortaleciéndolo de manera desmesurada con el espantajo de una invasión. Reservistas adoctrinados por misiones cubanas y con posesión de armas constituyen el mejor soporte que Chávez pueda encontrar. Ceresole lo dijo de una manera muy clara en el libro *Mi amigo Chávez:* «La clave es ir encontrando un escalón de conflicto razonable, o sea, administrable. No es la guerra. Es ir buscando, dentro del escalón del conflicto una progresiva independencia regional–nacional, o nacional–regional. Y hay que apreciarla así». Se trata —advierte Elizabeth Burgos— de crear un eje de poder latinoamericano cuya cabeza revolucionaria sería el propio Chávez para enfrentarlo a los Estados Unidos.

Por lo pronto, la movilización de reservistas multiplica por cuatro los efectivos actuales y duplica los de la primera potencia mundial. Quienes, entre ellos, acrediten condiciones para la vida militar, serán destinados a los ejércitos de Tierra, Mar y Aire y a la Guardia Nacional. Los demás se integrarán a un nuevo órgano de apoyo a las Fuerzas Armadas llamada la Guardia Territorial.

El otro soporte del régimen, como sucede también en Cuba —su modelo— son los organismos de seguridad. Bajo el camuflaje de pertenecer a las misiones cubanas que cumplen tareas de alfabetización y asistencia médica, agentes castristas formados en la escuela soviética de otros tiempos intervienen en la creación de las llamadas Unidades de Defensa Popular, organismos equivalentes a los Comités de Defensa de la Revolución, que en Cuba constituyen células de vigilancia sobre la población. De su lado, los médicos y educadores cubanos cumplen, en efecto, una función asistencial en cerros y suburbios de Caracas, así como en los municipios, mediante puestos fijos o itinerantes. Camiones de Mercal venden alimentos a bajo costo, y funcionarios del gobierno renuevan cédulas de identidad o permisos de conducir. Sugerido por Castro cuando en las encuestas electorales el apoyo a Chávez empezó a descender, es una forma de populismo asistencial, que recuerda el de Evita Perón. Como más adelante veremos, no resuelve sino que disfraza el problema real de la pobreza de la población, pues la política de extorsión al sector privado incrementa los índices de desempleo tanto en el campo como en las ciudades. En última instancia, salvo el Estado que es enormemente rico por obra de los petrodólares, las clases medias y la clase trabajadora se van empobreciendo paulatinamente y los llamados beneficios sociales llegan sólo a los sectores marginales a los que se les moviliza con dinero y otras prebendas para participar en manifestaciones de apoyo al régimen.

Dentro del mismo propósito estratégico de crear un modelo de sociedad ajeno a las libertades democráticas, bajo el mote de socialismo del siglo XXI o de revolución bolivariana, la educación es tomada por asalto mediante una reforma que contempla la presencia en los establecimientos de educación primaria y secundaria de los llamados «supervisores itinerantes» encargados de garantizar la correcta enseñanza del mensaje revolucionario de Chávez. Otra disposición establece «cursos revolucionarios» para los maestros. El lavado de cerebro de la población estudiantil culmina en la Universidad Bolivariana, creada por Chávez, que prosigue a nivel superior, ciertamente sin costo, el mismo adoctrinamiento, bajo el control de un rector militar y con quince directivos salidos también del Ejército. Es una medida que obedece a las enseñanzas de Ceresole.

SU LARGA MANO EN EL CONTINENTE

Por supuesto, los sueños revolucionarios del teniente coronel no se quedan en casa. Su ambición es continental, ya que, seguro de estar habitado por el espíritu de Bolívar, considera que su destino es cambiar el mapa político de América Latina. Castro y el propio Che Guevara pensaron lo mismo en la década del sesenta, sólo que entonces el único medio que veían para propagar la revolución cubana eran los focos guerrilleros, en tanto que Chávez, su exótico discípulo, confía más en los petrodólares, en los alborotos indigenistas y en el incremento de toda suerte de grupos radicales que acuden a los foros bolivarianos.

Por lo pronto, el más inmediato y visible de sus propósitos es el de servirse del petróleo para crear a favor suyo una situación de dependencia económica —y a través de ella, política— de las naciones del Caribe y de la América Central. Al mismo tiempo, da apoyo técnico y financiero a grupos de la izquierda más radical en el continente, a las bravatas nacionalistas de Kirchner pero también a los piqueteros argentinos, a los movimientos indígenas, al Movimiento de Liberación Nacional de Puerto Rico, a los partidos comunistas, a los radicales del llamado Polo Democrático de Colombia, al ELN y a las FARC del mismo país y no ha tenido inconveniente alguno en intervenir en la política interna de Bolivia, Perú, Ecuador, Nicaragua, El Salvador o México para dar apoyo al candidato de sus simpatías. Su discurso antiimperialista, que suena como música celestial en los oídos de nuestro perfecto idiota, parece una resurrección de las más viejas diatribas del rancio comunismo de otros tiempos. Y como el propio continente latinoamericano parece resultarle pequeño, Chávez busca aproximaciones al mundo musulmán, y muy especialmente con países como Irán donde el fundamentalismo islámico se ha adueñado del poder. En dádivas y regalos ha despilfarrado algo más de 24 mil millones de dólares. Parte de ellos fueron gastados en buscar apoyo para su aspiración de poner un hombre suyo en el Consejo de Seguridad de la ONU. El resultado fue una derrota aparatosa. Luego de decenas de escrutinios, todos perdidos con excepción de un empate, Venezuela tuvo que aceptar a Panamá como solución de compromiso.

Con un barril de petróleo que en la segunda mitad de 2006 sobrepasaba los 70 dólares, Chávez dispone de recursos millonarios que maneja sin control alguno, como un patrimonio personal, y que le permiten ofrecer ayudas a diestra y siniestra y proponer proyectos faraónicos como el gigantesco gasoducto de 8,000 kilómetros, cuyo costo sería de algo más de veinte mil millones de dólares, y que se extendería desde Caracas hasta Buenos Aires, a través de la Gran Sabana y del corazón amazónico del Brasil, para abastecer de gas venezolano al propio Brasil, a Paraguay, Argentina, Uruguay, Chile y Bolivia, inclusive. Además, Chávez le obsequia a la Cuba castrista 100 mil barriles diarios de petróleo a cambio de médicos e instructores; suministra 200 mil barriles diarios a países de Centro América y del Caribe gracias a la creación de Petrocaribe, y ha comprado 1,250 millones de dólares en bonos de la deuda pública de Argentina y Ecuador.

Los desvaríos filantrópicos del Presidente venezolano no se detienen ahí. A Evo Morales, cuya campaña electoral financió generosamente, además de darle un apoyo inicial de treinta millones de dólares para ayuda social y de suministrarle todo el diesel que Bolivia necesita, le ha ofrecido ampliar la compra de soya para compensar los perjuicios que pudiera sufrir este país al retirarse Venezuela de la Comunidad Andina de Naciones. Como es bien sabido y como el propio Chávez no tuvo inconveniente en pregonarlo, esta medida fue tomada para castigar a Colombia y Perú por haber firmado con Estados Unidos un tratado de libre comercio. Profeta populista, dueño y señor de lo que alguna vez llegó a llamarse la Venezuela Saudita, ha ofrecido servicios gratuitos de oftalmología a 100 mil brasileños, sesenta mil colombianos, treinta mil ecuatorianos, veinte mil bolivianos y doce mil panameños. También —quién lo creyera— a ciento cuarenta mil norteamericanos de bajos recursos, así como combustible gratis.

DESASTRE Y POBREZA EN CASA

Empeñado en difundir su revolución a lo largo y ancho del continente, Chávez, de puertas para dentro, ha dejado intactos los viejos males del país. Algo peor: los ha incrementado, aparte de crear otros nuevos. Al igual que Nigeria, Venezuela presenta el dramático contraste de un Estado rico, con altos índices de corrupción, mientras la mayoría de la población permanece en inadmisibles niveles de pobreza. Aunque fue éste un rasgo endémico del país, el desperdicio de los millonarios ingresos petroleros por obra de un Estado que ha procedido siempre como un pésimo administrador y un gerente incapaz de manejar con orden tanta riqueza, ahora es más patente y escandaloso que nunca. El deterioro del nivel de vida en las clases medias y populares lo advierte cualquiera que haya conocido a Venezuela antes de Chávez y ahora, al cabo de siete años de gobierno bolivariano, regrese y observe el paisaje social del país. A esa realidad se suman otras igualmente catastróficas: el mal abastecimiento y los deficientes servicios de los hospitales públicos; la inseguridad con un índice nunca antes visto de crímenes y robos; el cierre de la autopista Caracas-La Guaira por el crítico estado de uno de sus viaductos, la prueba más dramática del abandono y el creciente deterioro de puentes, autopistas, puertos y redes eléctricas, estructuras básicas en otro tiempo flamantes y hoy en franca decadencia. El paracaidista Presidente se parece hoy a un excéntrico millonario que se permitiera fuera de casa toda clase de derroches mientras los suyos pasan las duras y las maduras.

¿Delirios de la oposición? ¿Infundios del imperialismo? ¿Conjuras de capitalistas enemigos de la revolución bolivariana? Todo eso pueden decirlo los servidores del régimen o el propio Presidente con su lenguaje salpicado de dichos e imprecaciones de alto colorido folclórico, pero las cifras y los hechos están ahí para demostrarlo. Veámoslo si no. La inflación (16 por ciento en noviembre de 2005) es la más alta de América Latina. La tasa de desempleo, en enero de 2006, era de 12.9 por ciento, según el Instituto Nacional de Estadística, lo que representaría 1.8 millones de personas sin empleo. Sin embargo, la Confederación de Trabajadores de Venezuela, según su presidente Jesús Coba, cree que este porcentaje ha sido maquillado. En efecto, hace dos años tal índice superaba el 19 por ciento y si parece disminuido es por el hecho de que el INE ha incluido como empleados a quienes han obtenido empleos o trabajos ocasionales en las llamadas misiones o cooperativas pagadas por el Estado. Se trata de simples ayudas asistenciales. Por otra parte, la población bajo la línea de pobreza que antes de Chávez era del 43 por ciento, que en cinco años subió a 54 por ciento y que hoy se mantiene en un 45 por ciento a pesar de los abundantes subsidios. Teodoro Petkoff, escritor y analista político, antiguo dirigente guerrillero, fundador del MAS (Movimiento al Socialismo), director del diario *Tal Cual* y candidato a la Presidencia, sostiene que «el abismo entre ricos y pobres se ha hecho más hondo durante la revolución bonita… Ni siquiera ese salón de belleza, con su sala de maquillaje, en que se ha transformado el Instituto Nacional de Estadística puede disimular esa realidad espantosa». El fracaso, según Petkoff, se debe a que en vez de crear fuentes de trabajo, alentando la inversión que genera empleo, Chávez, a lo largo de siete años, se ha dedicado a destruirlas.

Lo más grave de la situación económica del país es que ni siquiera su principal y gran fuente de riqueza —el petróleo— está a salvo de riesgos. Bajo el título «El caos petrolero», un artículo del periodista norteamericano Normal Gall, publicado en el diario *El País,* de España, señala el desorden, la corrupción y la ineptitud del propio Chávez como explicación de que la producción petrolera, a cargo de la empresa estatal Pdvsa, ha descendido de 1998 a hoy en un 22 por ciento. «Las repercusiones de este declive progresivo —dice el periodista— están enmascaradas por los elevados precios actuales y los gestos políticos del presidente». A raíz de una huelga contra el gobierno, que duró dos meses, de diciembre de 2002 a fines de enero de 2003, y en la cual de común acuerdo participaron trabajadores y ejecutivos de la empresa, Chávez despidió a 18,000 empleados de Pdvsa, entre ellos a toda clase de técnicos: geólogos, geofísicos e ingenieros de depósito. Fue una peligrosa pérdida de capital humano que ha tenido sus consecuencias. A esa situación se agrega otra igualmente alarmante: la empresa necesitaría una inversión anual de cuatro mil millones de dólares para mantener su nivel actual de producción, inversión que no se está cumpliendo, empeñado como está nuestro personaje en megaproyectos continentales y en regalos y ayudas incrementados en propagar continentalmente su confusa y estrepitosa revolución.

Dinero manejado sin control de nadie, una justicia politizada e inoperante, demagogia y un chavismo compuesto por aventureros y arribistas generan hoy en Venezuela niveles aparatosos de corrupción. Figuras tradicionales de la izquierda venezolana como Domingo Alberto Rangel han denunciado la aparición, a la sombra de la llamada revolución bolivariana, de tres grupos económicos privilegiados que controlan ahora bancos o empresas gracias a su proximidad al poder. Con nombre propio, ministros, gobernadores y altos militares han sido acusados de hacerse a grandes fortunas a través de testaferros que perciben contratos o reciben jugosas comisiones de contratistas privados. La corrupción alcanza los bajos niveles de la administración pública así como elementos de la Guardia Nacional. El propio ex vicepresidente José Vicente Rangel admitió en una entrevista que «la vieja corrupción se reproduce en la nueva; la corrupción es nuestro peor enemigo, aparte de Bush».

En un reciente informe, la revista inglesa *Jane's Intelligence Review*, especializada en inteligencia y análisis de temas de defensa nacional e internacional, sostiene que por obra de este fenómeno y de la falta de cooperación —decidida por Chávez— entre agencias estadounidenses y venezolanas, Venezuela se ha convertido en el primer país a través del cual se distribuye la droga colombiana a Estados Unidos y Europa. Expertos en el tema estiman que los decomisos representan sólo el 10 por ciento del tráfico de droga en ese país y calculan que cerca de trescientas toneladas de cocaína son embarcadas anualmente desde Venezuela. La explicación, según el Departamento de Estado, sería «la rampante corrupción en altos niveles de la justicia y un sistema judicial débil».

Corrupción, alta criminalidad y descuido en el mantenimiento y renovación de los equipos de hospitales y centros de urgencias afectan gravemente la salud pública. Pagos de salarios a empleados inexistentes, compras por artículos no entregados o adquiridos por un precio mucho más alto que su valor real carcomen lo que en otro tiempo fueron servicios de salud dignos de ser modelo en el continente. Además, la creciente criminalidad desborda los servicios de urgencia. Entre cincuenta y siete países estudiados por la Unesco, Venezuela tiene el índice más elevado de asesinatos con arma de fuego por 100,000 habitantes. En siete años de gobierno de Chávez, se han registrado 67,000 homicidios, tercera causa de muerte en el país, después del cáncer y los problemas cardiovasculares. Caracas es una de las ciudades más inseguras del continente. La prensa —cuando aún podía hacerlo sin correr riesgos— reveló que en uno de los tantos centros de salud ubicados en los sectores populares de la capital —el Leonardo Ruiz Pineda— los heridos morían por falta de elementos básicos de primeros auxilios como placas de rayos X, tubos de drenaje, guantes, desinfectantes, etc. Frente a estos problemas que afectan a muchos hospitales, por negligencia oficial, los puestos de salud atendidos por médicos cubanos en barrios y municipios prestan ayuda para pequeñas dolencias pero ante todo sirven más como alardes propios del populismo asistencial. También en esto la revolución bolivariana sigue los pasos de la revolución cubana, cuyas fallas en la dotación de hospitales es bien conocida.

UNA ECONOMÍA QUE HACE AGUA

Como es propio de su naturaleza, el populismo rueda siempre sobre palabras, juegos de retórica revolucionaria y efectos mediáticos, pero jamás llega a resolver los problemas propios del subdesarrollo y la pobreza. Al contrario, los incrementa. Para ocultar su incapacidad en el campo vital de la producción y de la economía, fabrica enemigos para endosarles la culpa de todos los males del país. También en esto, Castro, el profeta de nuestros perfectos idiotas, encontró en Chávez un discípulo a su imagen y semejanza. Ambos lanzan proclamas antiimperialistas a los cuatro vientos y rinden culto a sus respectivas revoluciones, pero la grandeza de sus proyectos está siempre en los propósitos y no en la realidad, que es cada vez más paupérrima. Este contraste se advierte en todo. Así, al tiempo que Chávez habla de su faraónico proyecto del gasoducto que recorrería el continente suramericano de norte a sur, se ve obligado a decretar el cierre de la autopista Caracas–La Guaira, prueba flagrante de la situación en que se encuentra la malla vial y eléctrica del país.

Interrumpido o desviado el tráfico diario de cincuenta mil autos y camiones hacia una vieja y atosigada carretera, el golpe que recibe la economía venezolana es severo. La autopista permitía el acceso rápido a la capital del 30 por ciento de las importaciones del país, que llegan al aeropuerto de Maiquetía o al puerto de La Guaira.

Nuestro antiguo paracaidista no se ha detenido a pensar cuál fue el motivo por el cual el socialismo del siglo XX, antecesor de su socialismo del siglo XXI, se derrumbara aparatosamente, el mismo que puede echar sus sueños a pique: el derrumbe de la economía. La de Cuba está en ruinas hace largo tiempo. La de Venezuela empieza a hacer agua, pese a los millonarios recursos del petróleo, por la sencilla razón de que éstos se derrochan de la misma manera que en una república africana, sin contribuir al desarrollo del sector productivo y muy en especial a la creación de empresas capaces de generar empleos. De nada sirve que Chávez, en la compañía poco recomendable de Castro y de Evo Morales, intente reemplazar el ALCA (Área de Libre Comercio de las Américas) por el ALBA (Alternativa Bolivariana de las Américas) y el TLC (Tratado de Libre Comercio) por el TLCP (Tratado de Libre Comercio de los Pueblos). Las cifras muestran que su revolución bolivariana acusa saldos en rojo. Para no hablar de Chile, cuyo modelo de corte liberal ha permitido en los últimos veinticinco años disminuir en un millón el número de pobres, bastaría comparar las cifras de México y Venezuela para advertir la dimensión del fracaso chavista. De 1998 al 2005, la devaluación de la moneda fue de 16 por ciento en México y de 292 por ciento en Venezuela; la tasa de desempleo, en el primero de estos dos países, era sólo de 3.8 por ciento y oficialmente de 12.9 por ciento en el segundo, aunque por las razones expuestas este índice puede ser considerablemente mayor si se descartan los empleos ocasionales financiados por el gobierno; los hogares en situación de extrema pobreza disminuyeron en México en un 49 por ciento y en Venezuela aumentaron en un 4.5 por ciento.

De semejante y desastrosa realidad, ¿qué sentimiento guardan los venezolanos? Podemos dejarle la última palabra a un hombre de izquierda —de la izquierda vegetariana, es cierto, y no de la izquierda jurásica, como la llamamos nosotros, o borbónica, como la llama él—. Nos referimos a Teodoro Petkoff. «El desasosiego, la polarización y la conflictividad —dice Petkoff— no permiten la necesaria confluencia y cooperación entre los distintos sectores del país para hacer frente a problemas que son comunes a todos, en particular, el tan desastroso de la extendida pobreza y descomposición social que nos agobia. Esto no puede seguir así. Se ha creado una sociedad dominada por el miedo. Miedo a ejercer y reclamar derechos, miedo a perder o no obtener trabajo por razones políticas, miedo a la delincuencia, miedo a la policía, miedo a perder beneficios sociales, miedo a la nación misma, miedo al futuro, miedo a perder la propiedad, miedo a las invasiones, miedo al autoritarismo, miedo al militarismo, miedo a la corrupción; miedo al miedo mismo. Esto no puede seguir así.»

¿Quién puede dudarlo? El discípulo amado de Castro, a quien se le debe en primer término el regreso o resurrección del perfecto idiota en el ámbito continental, ha hecho el milagro de provocar dos cosas: miedo dentro de su país, aunque también risa e inquietud fuera de él. Con estos rasgos, el pintoresco y calamitoso caudillo venezolano será todo, menos un heredero de Bolívar.

Ahora bien, pese a todos sus desafueros y desastres, nuestro personaje logró hacerse elegir el 3 de diciembre del 2006 por seis años más en la presidencia de su país con 61.35 por ciento de los votos emitidos contra el 38.39 por ciento obtenido por el candidato de la oposición Manuel Rosales. Fue el primer dato suministrado aquel día por el Consejo Nacional Electoral (CNE), enteramente controlado por él, aunque los sondeos a boca de urna daban a su victoria un margen más estrecho. En el cierre de campaña, una semana atrás, la oposición logró concentrar en una avenida de Caracas más de un millón de personas, prueba espectacular, muy significativa, de la vitalidad democrática de Venezuela y de su resistencia a los proyectos autoritarios de Chávez. Esa vasta corriente de opinión, donde se alojan las mejores cabezas del país, no parece dispuesta a replegarse tras los resultados de la elección. Encabezada por el propio Manuel Rosales y otros líderes de diversas tendencias como Teodoro Petkoff y Julio Borges, seguirá jugando un papel vigilante para impedir que todas las libertades naufraguen.

Es evidente que el triunfo logrado por Chávez tiene como verdadero soporte los inmensos recursos del Estado invertidos en su campaña y la política de corte asistencial desarrollada entre los sectores más pobres del país. En los programas realizados a través de sus famosas misiones, Chávez ha invertido en los últimos tres años una suma evaluada en 12,930 millones de dólares. Su gran elector fue, pues, el dinero de la bonanza petrolera. Si bien esa política de populismo asistencial tiene un alcance efectista e inmediato, la verdad es que con ella no se disminuye el desempleo ni se rescata realmente a grandes sectores de la población —por chavistas que hoy sean— de la pobreza. Es una realidad que el tiempo acabará desvelando.

¿Qué le espera ahora a Venezuela con el nuevo mandato de

Chávez? Él mismo, vestido de rojo de la cabeza a los pies, le dio el mismo color a su proyecto invitando a sus seguidores a construir una «Venezuela socialista», copia sin duda de la nada dichosa «Cuba socialista» de su amigo Fidel. Según Chávez —lo dijo a gritos desde un balcón del palacio presidencial—, «el socialismo es humano, es amor», revelación sorprendente cuando ese sistema que él desea para su país produjo en el siglo pasado 100 millones de muertos y los regímenes más opresores de la historia. Los pasos que en tal sentido se propone dar fueron ya vislumbrados por Teodoro Petkoff: «estatización del área deportiva; promoción de una cultura oficial con recursos estatales para exigir obediencia; nuevas leyes para fiscalizar las ONG; utilización del aparato educativo para imponerle su ideología a la población; acotaciones a la libertad de cátedra, y lo más importante y peligroso: la transformación de las Fuerzas Armadas Nacionales (FAN) y del Ejército en un partido político». El mejor discípulo de Castro aprendió bien su lección. Por eso, y como era de esperarse, a las pocas semanas de asumir el mando por tercera vez consecutiva, Chávez anunció que modificará la Constitución para permitir su «reelección indefinida», obtuvo poderes para legislar por decreto, decidió nacionalizar las telecomunicaciones y la enegía eléctrica, y tomar el control de las empresas que procesan crudo en la faja oriental del Orinoco, y, por supuesto, coronó su delirio retirando la licencia a Radio Caracas Televisión, la estación de señal abierta que lo criticaba.

¿Indígenas o disfrazados?

El indigenismo, que tuvo su esplendor en las primeras décadas del siglo XX y luego declinó como expresión intelectual y política para todo efecto práctico, ha vuelto a disparar sus flechas. Del sur de México a los Andes, pasando por ciertos enclaves centroamericanos, retumba la jeremiada indigenista contra el Occidente perverso. No nos referimos, por cierto, a la legítima valoración cultural e histórica del pasado precolombino, que por lo demás nada tiene que ver con el indigenismo. Nos referimos a la estafa ideológica mediante la cual, quinientos años después del tropiezo de Colón con las costas americanas, ciertas camarillas políticas y sus comparsas intelectuales pretenden oponer a los valores occidentales y a la modernidad una pureza «originaria» —según la palabreja de moda— en pugna con los herederos de la Conquista.

Estos tardíos y manipuladores fabricantes de una supuesta identidad indígena ávida de expresión pero impedida de realizarse por el aplastante dominio del imperialismo blanco han logrado crear grandes corrientes sociales. Se las ve, por ejemplo, en países como Ecuador y, en menor medida, el Perú, para deleite de los nuevos Chateaubriand europeos, excitados por las plumas y el exotismo que sus propias naciones no les suministran y que les ayudan a lavar la mala conciencia. Pero donde sin duda han alcanzado su apogeo es en Bolivia con la llegada al poder de Evo Morales, presidente, desde enero de 2006, de esa azorada nación que lleva el nombre del Libertador sudamericano.

LA CHOMPA Y LA CHAMARRA

Seguramente el lector de este libro se ha topado alguna vez con la abigarrada indumentaria de Evo Morales, que los europeos admiraron embelesados, por ejemplo, durante la gira internacional de nuestro personaje cuando se preparaba para tomar posesión de su cargo. Pues bien, la chamarra y la chompa indígenas que pasea Evo por doquier son inventos básicamente gringos (lo que en parte explica que los principales compradores de esas prendas sean los turistas norteamericanos que visitan Bolivia), como es herencia española y colonial la vestimenta de chola boliviana, con sus espléndidas enaguas y polleras, que el gobierno indigenista boliviano exhibe con orgullo. Y qué decir de la whipala, esa bandera curiosamente parecida al pabellón *gay* que se han inventado atribuyéndole raíces incas y que los incas nunca utilizaron. Los verdaderos indígenas deben mirar todo eso con la intriga con la que los indios del incario vieron el arcabuz de Pizarro.

El día de su toma de posesión, Morales asumió simbólicamente el mando en Tiahuanaco en medio de ritos y vestimentas sacerdotales que no existían en el siglo XV y que deben más a la fantasía retrospectiva que al rigor histórico. Meses después, el 6 de agosto de 2006, con motivo de la inauguración de la nueva

Asamblea Constituyente en la ciudad de Sucre, el gobierno hizo desfilar a las supuestas «36 naciones originarias» de Bolivia en homenaje a las fuerzas armadas. El desfile incluyó a algunos personajes ataviados (lo exacto sería decir: no ataviados) como indios que parecían salidos de una película de Sam Peckinpah antes que del pasado precolombino. El escritor Ruber Carvalho afirmó en un artículo que el espectáculo le recordaba «al diputado aquel que en la legislatura anterior iba a la Cámara ataviado como miembro de una imaginaria tribu, con arco, flecha, celular, calzados Bata y reloj pulsera».

Como para simbolizar los nuevos tiempos y el inicio de la recuperación de la dignidad indígena, a los pocos meses de asumir el poder Evo declaró a la localidad altiplánica de Orinoca patrimonio histórico y la casita donde nació, monumento nacional.

Detrás de esta puesta en escena indigenista hay una falsedad colosal que algunos incautos repiten ad náuseam en Europa y Estados Unidos y que ha llegado a instalarse incluso en ciertos sectores de opinión en los propios países andinos. Ella sostiene que 62 por ciento de los bolivianos son indígenas —la mayor parte localizados en la zona occidental país, es decir el Altiplano, y en los valles centrales— explotados por una minoría blanca asentada en los llanos orientales. La sociedad boliviana se dividiría, pues, entre indígenas sometidos y europeos abusivos, siendo los primeros hijos de las naciones precolombinas y los segundos del intruso ibérico de la Conquista, y todo ello estaría a punto de acabar con la llegada al poder de Morales, la reencarnación del rebelde aymara que, antes de morir ajusticiado, prometió: «Volveré y seré millones».

Esta emocionante poesía épica sobre la que reposa el fraude indigenista trata de apoyarse en una interpretación creativa del censo de 2001. Ese censo establecía que 62 por ciento de los bolivianos sienten que tienen una raíz indígena, pero ocurre que el cuestionario en que se basó esa investigación no preguntaba a los entrevistados si eran mestizos. La condición de «mestizo» es perfectamente compatible con el hecho de tener raíz indígena, pues, como la expresión lo indica, el mestizaje representa una fusión de distintas raíces. De haberse incluido esa pregunta, el resultado hubiera dejado sin piso la versión de que la mayoría de los bolivianos son indígenas propiamente hablando. Y la diferencia no es menor, pues un «mestizo» es alguien que, desde el punto de vista étnico, ya no representa algo distinto y contrapuesto al hombre occidental, que por lo demás es también la suma de varios mestizajes ocurridos a lo largo de la historia. Declarar indígenas a los mestizos es en la práctica una forma de someterlos al vasallaje del Estado indigenista.

Varias investigaciones posteriores al censo de 2001 muestran la verdad. En 2004, por ejemplo, el Programa de las Naciones Unidas para el Desarrollo (PNUD) realizó una investigación exhaustiva que arrojó el siguiente resultado: el 76 por ciento de los bolivianos se identifican como mestizos y el 73 por ciento considera al castellano su «lengua fundamental». Nada menos que 64 por ciento de los aymaras (la comunidad de Evo Morales) se consideran mestizos, lo mismo que 89 por ciento de los quechuas. Eso quiere decir que, en efecto, hay un porcentaje de bolivianos que pertenecen a comunidades verdaderamente indígenas, pero son una minoría. La inmensa mayoría son mestizos fatalmente occidentalizados. Por eso consituye una minuciosa prostitución de la verdad señalar, como se repite hasta el cansancio, que Morales es «el primer presidente indígena de Bolivia». Como muchos de sus antecesores —y allí están sus espléndidas caras para probarlo— Morales es básicamente un mestizo en el que sobresalen rasgos de distinto tipo. La suya no será una cara pálida como la de esa princesa que, según se cuenta en *Tirant Lo Blanch,* era tan blanca que se veía pasar el vino por su garganta, pero ¿qué más da el color de su piel?

Que el mestizo Morales haya sido elegido presidente con 54 por ciento del voto ofreciendo una revolución indigenista no significa, pues, que los indígenas hayan llegado al poder. Significa, más bien, que la ideología indigenista —si podemos elevar ese montón de charlatanería a semejante *status*— ha logrado seducir a un importante sector de la población que nada tiene que ver desde el punto de vista cultural —y muy poco desde el punto de vista étnico— con lo «originario». No existen las famosas «36 naciones» indígenas, sino unos cinco grupos étnicos —un total de no más de treinta tribus— que hablan un idioma distinto del castellano, como ocurre por lo demás en muchos países que pertenecen al pelotón de avanzada de la humanidad, como —por ejemplo— Australia. Lo demás es puro cuento. Por cierto, en la victoria de Morales intervinieron otros factores importantes, como el cansancio con los bloqueos de carreteras y asonadas promovidas por su grupo político, y el rechazo a los partidos más antiguos.

Resulta especialmente pintoresca la idea de reconstruir el «Collasuyo» —una de las cuatro regiones del imperio incaico— en Bolivia, como pretenden el Movimiento al Socialismo y sus satélites. Apenas algo más de una cuarta parte del territorio que pasó a ser república independiente en el primer cuarto del siglo XIX había formado parte del Collasuyo durante el incario. Lo que pretende Morales imponiendo la identidad del Collasuyo a territorios que nada tuvieron que ver con él se parece mucho, deliciosa ironía, a lo que hizo la Audiencia de Charcas en tiempos de la Colonia al forzar a las regiones altiplánicas que hoy conocemos como La Paz, Oruro, Potosí, Cochabamba y Chuquisaca a integrarse y constituir una unidad con las zonas orientales y llanas que hoy conocemos como Santa Cruz, Tarija, Beni y Pando (y que andan peleándose con las otras como perro y gato).

Para colmo, el indigenismo de La Paz juega, sin darse cuenta, a favor del «enemigo», esas regiones orientales simplistamente llamadas «cambas» por algunos bolivianos. Como se sabe, existen desde hace muchos años, en ciertas zonas del oriente, especialmente Santa Cruz, motor económico del país, tendencias autonomistas y, en algunos casos aunque no tanto como cree el mundo, abiertamente separatistas. Muchos de estos últimos bolivianos, hastiados de la campaña altiplánica contra la globalización, le dan astutamente la vuelta a la política indigenista de Morales para reclamar su independencia: si de descolonización se trata —alegan ellos—, como fue la Colonia la que forzó a las regiones occidentales y orientales a formar una unidad, La Paz debería ser consecuente y dejar que los cruceños se vayan por su lado. Ya sabemos a dónde puede conducir este tipo de sentimientos separatistas en países de compleja composición, por lo que las autoridades bolivianas deberían tener cuidado y no seguir jugando con fuego.

Hace algunos años, lo que hoy se conoce como el MAS no existía realmente. Morales era una líder cocalero sin gran proyección política. Quienes representaban las políticas que hoy impulsa eran los comunistas bolivianos, que obtenían alrededor del 10 por ciento de votos en las elecciones. Antes, por cierto, esas políticas habían sido parte del ideario del Movimiento Nacionalista Revolucionario, el viejo partido de Víctor Paz Estenssoro. Gracias a la camaleónica conversión del ideario socialista en un reclamo indigenista y la identificación de la pobreza con la concentración indígena del altiplano, las corrientes socialistas han pasado, con matices, a representar un porcentaje mayoritario de la población a través de agrupaciones políticas como el MAS. La población desconfiaba de esas ideas, razón por la cual en 2002, cuando ya Morales era una figura nacional, el MAS obtuvo el 21 por ciento de los votos, porcentaje significativo pero muy lejano de la mayoría. Gonzalo Sánchez de Lozada, el candidato de centro-derecha, pudo por tanto llegar al gobierno por segunda vez con apoyo de otros partidos. La sistemática destrucción de ese gobierno desde la calle —mediante la exacerbación del resentimiento social disfrazado de reivindicación indigenista— y los errores cometidos por Sánchez de Lozada permitieron a Morales ganar espacios cada vez mayores.

A la inmensa mayoría de bolivianos les interesaba —como a casi todos los seres mortales— la paz y la prosperidad. Inclusive el país hizo algunos avances en los años ochenta y noventa. Pero la perversa manipulación ideológica convenció a la mayoría de que no era sostenible ningún gobierno que no fuera indigenista. Esa manipulación consistió en convertir la discriminación histórica de los indios en un acto de revancha actual contra las únicas ideas que pueden permitirles a ellos y a los demás bolivianos pobres un desarrollo. Hoy sabemos que el mensaje era un disfraz detrás del cual se escondían los viejos designios estatistas, populistas y socialistas del perfecto idiota. Y también narcisistas: una de las medidas de Morales en 2006 consistió en ordenar tres tipos de estampillas distintas con su bello rostro.

Nada de esto significa que no hay desgarradores abismos sociales en Bolivia o que la pobreza es un invento. Ese país de nueve millones de habitantes registra el ingreso per cápita más bajo de Sudamérica: apenas 870 dólares. Y los contrastes entre ricos y pobres son enormes: hay pueblos donde el ingreso por habitante no supera los 100 dólares anuales y zonas donde se sitúa por encima de los 3,000 dólares. Pero esta división —la única división real— es producto de un pasado autoritario y estatista que nació antes de la Colonia, se acentuó con ella y continuó en tiempos de la República. A lo largo del siglo XX, salvo esporádicas etapas de sensatez, las injusticias no fueron corregidas sino agravadas por las ideas (o falta de ideas) del perfecto idiota.

Puro gas

Antes de ser noticia por «el primer presidente indígena de Bolivia», esa malhadada república lo fue por la zozobra que los indigenistas, entre ellos el propio Morales, Felipe Quispe y una vasta cuerda de agitadores, provocaron en la vida política del país a comienzos del nuevo milenio. Entre 2000 y 2006, Bolivia ha tenido cinco presidentes. A dos de ellos —«Goni» Sánchez de Lozada y Carlos Mesa— los tumbaron los disturbios callejeros producidos entre 2003 y 2005 a propósito del gas natural (lo que quita que ambos cometieran errores que agravaron las cosas). Los agitadores y sus seguidores querían «recuperar» el gas natural, importante fuente de energía que abunda en el subsuelo boliviano y que las potencias extranjeras le «robaban» al país con la complicidad de gobiernos vendepatrias.

Como sabemos, tras la llegada de Morales al poder, la antigua campaña desembocó finalmente en la nacionalización de los hidrocarburos, que resultó un fiasco. El 1 de mayo de 2006, en un golpe de teatro, el ejército ocupó los principales yacimientos y el mandatario, tocado con un coqueto casco de la empresa de energía —Yacimientos Petrolíferos Fiscales Bolivianos (YPFB)—, anunció que el pueblo pasaba de inmediato a recuperar su gaseosa dignidad.

Vale la pena resumir esta comedia de enredos que traerá —que ha traído ya— grandes padecimientos a esos dos tercios de la población que según las estadísticas viven en la pobreza. Todo empezó cuando, a mediados de los años noventa, el gobierno privatizó la industria de la energía e invitó al capital foráneo a invertir en hidrocaburos. Muchas compañías extranjeras aceptaron la invitación e iniciaron una apuesta arriesgada por un país que había sufrido ciento ochenta y dos golpes de Estado desde su independencia y tenía cualquier cosa menos credenciales de sosiego político. Las inversiones dieron fruto: los capitalistas «chupasangre» descubrieron nuevas y cuantiosas reservas de gas natural que nadie sabía que existían (según los cálculos, Bolivia posee unos 52 billones de pies cúbicos de este hidrocarburo, que, según la fórmula internacional conocida como TCF, equivalen a 52 *trillion* en inglés). Como el estaño estaba en declive, el gas natural pasó a ser el gran atractivo para los capitales extranjeros interesados en la república altiplánica.

Se calcula que, hasta hoy, los inversores —entre quienes se cuentan empresas europeas como Repsol YPF, British Petroleum y Total, la estatal brasileña e, indirectamente, la estadounidense

Exxon Mobil— han aportado más de 3 mil millones de dólares en la exploración y explotación de ese recurso. El gas, que reemplazó al estaño como gran recurso nacional, pasó así a representar la tercera parte de las exportaciones bolivianas. Siendo Bolivia un país tan pobre que su presupuesto nacional depende en parte de unos 500 millones de dólares anuales en donaciones provenientes de dieciocho organismos y países imperialistas, uno pensaría que los bolivianos apreciaban estos importantes ingresos y las perspectivas de futuro relacionadas con dichas inversiones. Se abría entonces la posibilidad de exportar gas natural a California y México, además de Brasil y Argentina, los dos países a los que ya se les vendía el hidrocarburo.

Para ello —y habida cuenta de que Bolivia no tiene salida al mar— había que hacer un acuerdo con Perú o Chile que permitiera la instalación de una planta para convertir el gas en líquido y la salida de los cargamentos de gas licuado por el Pacífico. Los estudios revelaron que Chile era una mejor opción. De concretarse el acuerdo, Bolivia aumentaría su PIB anual en al menos 1 por ciento y el fisco percibiría varios cientos de millones de dólares en recaudación tributaria.

Cuando el presidente Sánchez de Lozada intentó llevar a cabo el acuerdo, ardió Troya: Evo Morales, Felipe Quispe y otros líderes indigenistas insurgieron contra el Estado y alcanzaron —sobre todo el primero— el estrellato nacional e internacional. Acabaron con ese presidente, acusándolo de traicionar a Bolivia por querer entenderse con Chile, el país que le cercenó su litoral a Bolivia en la Guerra del Pacífico a fines del siglo XIX. Y luego acabaron con su sucesor, a pesar de que Mesa se envolvió en la bandera y atacó a Chile en cuanto foro pudo, canceló el proyecto de sacar el gas por Chile, llevó a cabo un referéndum y promulgó una ley que aumentaba los impuestos al gas hasta un aberrante 50 por ciento, como exigían los agitadores.

En 2006, el patriota Morales llegó por fin al poder. El 1 de mayo, como queda dicho, nacionalizó el gas. La medida consistió básicamente en tres cosas: la estatal YPFB pasaba a controlar la producción de gas natural y a fijar montos y precios; esa empresa estatal se hacía con el 51 por ciento de las acciones de las empresas privadas relacionadas con los hidrocarburos —incluyendo gasoductos y refinerías—, y, mientras se firmaban nuevos contratos en un plazo perentorio so pena de expulsión de los inversores foráneos del país, los impuestos subían a 82 por ciento para las grandes compañías.

La nacionalización contó, cómo no, con la asesoría del notable técnico energético Hugo Chávez, quien en las semanas previas al anuncio del decreto envió a funcionarios de Petróleos de Venezuela S.A. (PDVSA) a Bolivia para organizar con sus pares bolivianos el aquelarre confiscatorio.

Con la tremenda medida, Morales se las arregló para dañar a toda clase de amigos y aliados. Por lo pronto, a Lula da Silva, que hasta ese momento lo había apoyado a rabiar. Petróleo Brasileiro S.A (Petrobras) había invertido 1,600 millones de dólares en Bolivia. A esa empresa mixta brasileña debe Bolivia al menos 20 por ciento de su economía. Un 40 por ciento de las exportaciones bolivianas tienen como destino a Brasil. Así de grande fue el tamaño de la gratitud de Morales para con su vecino amazónico.

Otro perjudicado fue el desvalido pensionista boliviano (ese mismo al que Morales defiende ritualmente contra sus explotadores). De acuerdo con la compleja privatización de los activos de YPFB llevada a cabo en los años noventa, parte de las acciones de las empresas de hidrocarburos pertenecían a los fondos de pensiones. El esquema general era éste: 51 por ciento de las acciones pertenecían a los inversores privados y el otro 49 por ciento se lo dividían el Estado y los fondos de pensiones. Como la nacionalización decretada por el gobierno del MAS otorgaba al Estado el 51 por ciento de la propiedad de todas las empresas, el gobierno tenía ahora que expropiar las pensiones privadas además de arrebatar a las empresas extranjeras parte de sus acciones para alcanzar la suma legal. Morales ofreció a estas últimas negociar una indemnización con el Estado, haciendo la encantadora acotación de que si no se llegaba a un acuerdo en plazo perentorio las expulsaría del país.

Esta historia —que también puso a prueba a la izquierda sudamericana cuando Bolivia anunció que renegociaría los precios de venta del gas a Argentina y Brasil, subsidiados desde hacía tiempo— desembocó en un fiasco exquisito: en agosto de 2006, apenas tres meses después de decretar la nacionalización y odenar a los inversores extranjeros someterse a las nuevas reglas o liar bártulos, el gobierno se vio obligado a emitir un decreto dejando temporalmente sin efecto la revolucionaria medida. La razón: ¡YPFB no tenía plata para asumir la producción de hidrocarburos! La empresa estatal necesitaba que las empresas extranjeras la ayudaran a producir el gas hasta conseguir un préstamo porque carecía de los recursos y el *know-how* para ello. Es como si un asaltante de banco regresara a la entidad a la que roba un lingote de oro para pedir que el dependiente lo ayude a venderlo o como si el ladrón de un automóvil pidiera clases de conducir al propietario del vehículo. Finalmente, en el mes de octubre el gobierno firmó contratos con unas diez empresas y en algunos casos, como el de Petrobras, redujo el porcentaje que éstas deberán pagar entre impuestos y regalías a 50 por ciento.

Gracias a la nacionalización, las inversiones se secaron por completo. Ya lo habían hecho en cierta forma el año anterior, a resultas de las movilizaciones de Morales desde la oposición: en 2005, el país sólo recibió inversión extranjera por 84 millones de dólares. Pero en 2006, con el MAS ya en el poder, la cosa fue peor: cerca de treinta empresas relacionadas con los hidrocarburos paralizaron sus inversiones. Algunos bolivianos recordaron —entre suspiros— que antes de la nacionalización del gas natural la brasileña Petrobras había anunciado planes de inversión de hasta 5 mil millones de dólares para los próximos años. Ahora, con las empresas privadas paralizadas a la espera de renegociar contratos sabiendo que se les quitará la mayoría accionaria, se les cobrará impuestos imposibles y se les dirá cuánto producir y a qué precios vender, la industria de los hidrocarburos ha pasado a ser puro gas... en el subsuelo. ¿El resultado de esta hazaña de la dignidad indigenista? Mucha más pobreza, por supuesto.

En realidad, es un patrón que lleva años. Según cifras de la Agencia Internacional para el Desarrollo (USAID), desde fines de la década del 90 y ante el clima de zozobra en que vive Bolivia por la demagogia ininterrumpida de los perfectos idiotas con chamarra, la inversión ha caído en un 58 por ciento y el nivel de vida se ha reducido en un 19 por ciento.

Si los indigenistas fueran más amigos de lo indígena, habrían apostado resueltamente por el desarrollo del gas natural y su exportación a los países que hoy, en vista de múltiples factores, tratan de diversificar sus fuentes de energía. Y habrían buscado la manera de sacar provecho a esa abundancia natural sobre la que están sentados para empezar a corregir algunos de los desequilibrios sociales y regionales generados por muchos años de políticas erradas. Por último, si de hacer justicia se trata, el Estado podría ofrecer a los campesinos la propiedad del subsuelo en vez de concentrar su propiedad en manos del Estado, gran culpable de que los recursos no se hayan desarrollado a fondo hasta ahora (las empresas extranjeras no eran propietarias del subsuelo, sólo concesionarias).

Un reclamo insistente de los altiplánicos señala que en 2004 los departamentos orientales de Tarija y Santa Cruz recibieron 65 por ciento de las regalías generadas por el gas aun cuando sólo tienen el 29 por ciento de la población. Ocurre, claro, que el gas natural está en esa zona: caprichos de la naturaleza (antaño, el codiciado estaño boliviano estaba en las minas altiplánicas). Ocurre también que las zonas orientales son la principal fuente interna de ingresos del erario público. Pero, aun así, en vista de unos desequilibrios que se han convertido en fuente permanente de inestabilidad política, una inteligente negociación podría haber modificado esos porcentajes sin matar a la gallina de los huevos de oro.

Después de todo, hay precedentes. En 1994 y 1995, se procedió a una reforma descentralizadora que dividió al país en cientos de municipios, la mayoría de ellos nuevos. Se decidió que el 20 por ciento de la recaudación tributaria nacional fuera destinada a esas administraciones locales. La verdadera prosperidad no vendrá a través de mecanismos de reparto, sino por el aumento sostenido de la producción, pero si esos mecanismos ayudan a mantener la paz social y no vienen acompañados de medidas que matan la creación de riqueza, pueden tener una utilidad política de corto plazo. Lo que carece de toda utilidad, a corto o largo plazo, es sabotear la producción —tanto la actual como la futura— estatizando los hidrocarburos, que es exactamente lo que ha hecho Morales, en perjuicio collas y cambas.

CON AMIGOS COMO ÉSOS...

Cuando Evo Morales fue elegido presidente, muchos comentaristas expresaron una vaga esperanza de que el mandatario boliviano se resistiera a la tentación de balar como borrego ante el pastor Hugo Chávez. La importante presencia económica del Brasil en Bolivia parecía darle al gobernante brasileño, connotado miembro de la izquierda vegetariana, capacidad de moderar al boliviano. En los primeros meses de su gobierno, pareció que Morales sería razonable, amén de ciertos desvaríos retóricos. Un par de gestos —el diálogo con miembros de la Administración Bush y el acercamiento a Chile a propósito de las turbulentas relaciones entre ambos países— constituyeron una buena señal. Pero muy pronto el amigo boliviano le dio un portazo en la nariz al sentido común.

Alentado por Caracas, Morales empezó a pelearse con sus vecinos, ahuyentar inversores, inundar su país con «trabajadores sociales» y asesores de Cuba y Venezuela, reabrir viejas heridas en la díscola Santa Cruz y minar el sistema electoral. La emprendió, por ejemplo, contra la subsidiaria boliviana de la empresa brasileña EBX, ordenándole detener la construcción de una planta siderúrgica en la zona sudoriental de Bolivia a pesar de que ya habían sido invertidos más de 80 millones de dólares y mil puestos de trabajo dependían de esa obra.

El instituto de investigación FULIDE y otras fuentes hablan de unos cinco mil asesores cubanos y venezolanos que estarían operando en Bolivia. Un estudio de la Universidad de Miami advirtió que un coronel cubano era jefe de la seguridad personal del Presidente. En teoría, los cubanos prestan servicios de educación y salud, ayudando a Morales a establecer algo parecido a las «misiones» sociales creadas por Hugo Chávez en Venezuela. Estas obras de redistribución han sido bienvenidas en algunas poblaciones pobres de Venezuela por razones obvias pero también se han convertido en focos de agitprop revolucionaria y dominio social. De lo que se trata, por tanto, es de aplicar en Bolivia una fórmula de control político y social calcada de los regímenes menos presentables del continente. Si de copiar programas asistencialistas se trata, menos costoso y abusivo desde el punto de vista político sería, por ejemplo, adoptar de forma temporal el sistema mexicano de subsidios directos a la población a cambio de que los padres velen por que sus hijos vayan a la escuela.

Siguiendo el consejo venezolano, Morales también se abocó a reformar el sistema electoral. Otorgó a la policía el control del proceso, fusionando dos operaciones distintas: la organización de un nuevo censo identitario y la creación del nuevo registro electoral, área esta última que estaba antes en manos del ente electoral autónomo. Con este birlibirloque, el gobierno pudo añadir unos 650 mil nuevos votantes al padrón. A pesar de ello, no logró el verdadero objetivo: obtener una mayoría de dos tercios en la Asamblea Constituyente convocada para reformar la Constitución (otra copia de Chávez). En los comicios de agosto de 2006 en los que los bolivianos eligieron a sus delegados constituyentes, el gobierno salió ganador pero, aun sumando a sus aliados, no pudo hacerse con más de 55 por ciento de los escaños.

De todas formas, es una mayoría que confiere al gobierno mucho poder. Como se advierte desde agosto de 2006, ella le permite dictar parte de la pauta en la Asamblea Constituyente y por tanto avanzar poco a poco en el propósito de concentrar más poder. Prueba de ello es que, exactamente como lo hizo Chávez en Venezuela, Morales quiere fundar por medio de la nueva Constitución un «cuarto poder del Estado» (ay, pobre Montesquieu). Si llega a concretarse, ese cuarto poder ejercerá el control de la sociedad mediante corporciones representativas de distintos sectores productivos y sociales. Al mismo tiempo, el MAS pretende revivir un código de justicia ancestral que permite azotar a quienes cometan delitos. Podemos imaginar lo que será el «cuarto poder» en semejante contexto. ¿Alguien dijo fascismo indigenista?

Por ahora, dominar la Asamblea del todo le está resultando a Morales algo más complicado de lo que pretendía, en parte porque, además de no contar con los dos tercios necesarios, la impaciencia popular frente a su gobierno empieza a notarse. En la segunda mitad de 2006 se sucedieron una enorme cantidad de huelgas: sectores que antes habían sido aliados suyos le reclamaban toda clase de medidas populistas y el cumplimiento de sus promesas imposibles. Convertido en implacable represor, Morales tuvo que enviar al ejército a la frontera con Argentina porque grupos de agitadores guaraníes querían sabotear un gasoducto que transporta gas natural a la Argentina. Poco después la Central Obrera Boliviana rompió oficialmente con el gobierno y Felipe Quispe, el ex aliado de Morales, anunció una etapa de lucha callejera contra Palacio Quemado. Desde Washington, done vive exiliado acusado de haber reprimido a los indígenas, Sánchez de Lozada debe haberse frotado las manos.

BASES MILITARES

La dimensión más siniestra de la alianza entre Morales y Hugo Chávez se materializó el 26 de mayo de 2006, cuando los dos mandatarios firmaron un acuerdo de seguridad y defensa que contempla la construcción de dos bases militares. Poco después se hizo público que la intención de Morales es llegar a un total de 24 bases a lo largo de los 6,918 kilómetros de frontera que Bolivia comparte con Perú, Brasil, Paraguay, Argentina y Chile.

El gobierno boliviano —que más tarde habló de «sólo» diez bases— justifica el plan con el argumento de que, por falta de recursos y por la escasa población en las fronteras, Bolivia es vulnerable a la «invasión» de ciudadanos de países fronterizos, así como al contrabando de sus recursos naturales. Las declaraciones de Chávez afirmando que no permitirá que oscuros intereses internos o externos derroquen a Morales reveló posteriormente que la verdadera intención es consolidar su cabeza de playa andina y amenazar a los países vecinos. De acuerdo con el documento suscrito, Venezuela es quien financia la construcción de las bases y el equipamiento castrense y se hace cargo del repotenciamiento del material bélico antiguo de las Fuerzas Armadas bolivianas y el mantenimiento de la maquinaria pesada del Ejército. El ingreso de tropas venezolanas a territorio boliviano para «gestión de crisis» y «desarme y control de armas» indica la entraña imperialista de la operación geopolítica de Chávez. A comienzos de 2007 el propio Morales admitió que unos pocos cientos de militares venezolanos ya estaban en territorio boliviano.

EL ORO YANQUI

Para no perder la costumbre, a los pocos meses de estar en el gobierno Morales atacó al imperialismo norteamericano sin reparar en que gracias a un trato comercial preferencial Bolivia estaba exportando joyas, confecciones y muebles por un valor de 150 millones de dólares anuales a los Estados Unidos. Gracias a ese acuerdo, unos 100 mil bolivianos tenían trabajo. Su retórica podía provocar que Washington, donde hay sectores que nunca desaprovechan una buena excusa para practicar el proteccionismo, no renovara esa preferencia al momento de su vencimiento. No hay que olvidar, por lo demás, que, gracias a que se han abierto camino en el odioso imperio, los emigrados bolivianos —según el Banco Interamericano de Desarrollo (BID)— envían anualmente a Bolivia 860 millones de dólares. Esas remesas son la segunda fuente de divisas de Bolivia y representan casi 9 por ciento del producto interno bruto del país.

Siguiendo con su línea populista, el gobierno de Morales ha iniciado también una política agraria que busca —con el sempiterno pretexto de que los dueños no las hacen producir— apoderarse de algunas propiedades privadas, especialmente en Santa Cruz y en el norte. En el mejor de los casos —es decir, si de verdad reparte tierras a algunos campesinos en lugar de entregarlas a burócratas del Estado—, lo único que conseguirá es convertir las propiedades afectadas en minifundios improductivos, como ha pasado con tantas reformas agrarias latinoamericanas (también ha anunciado la estatización de las reservas forestales del parque Cotapata-Santa Bárbara, anunciando a bombo y platillo que le estaba quitando a Sánchez de Lozada tierras que se había adjudicado «ilegalmente»). Para él parece hecha la frase del polémico columnista libertario Joseph Sobran: «"Necesidad" ahora significa desear el dinero ajeno, "avaricia" querer quedarse con el propio y "compasión" que el gobierno lleve a cabo la transferencia». Es cierto que la reforma agraria boliviana de los años cincuenta fue menos burocratizante que la de otros países y permitió que un número importante de campesinos tuvieran algún acceso real a la propiedad de la tierra, pero el proceso no permitió una capitalización suficiente. Descapitalizar la tierra medio siglo después no es la forma de rendir justicia al campesino boliviano.

Los populistas andinos han olvidado que las políticas teóricamente redistributivas de la riqueza y en verdad repartidoras de pobreza ya se practicaron en Bolivia muchas veces. El control de precios que ha decretado Morales en las tarifas de transporte no es una novedad, como no lo es la interrupción de la norma que permite la libre contratación. Para no ir muy lejos, muchos bolivianos recuerdan que con políticas similares el gobierno de la Unidad Democrática Popular (UDP) de Hernán Siles Suazo provocó una catástrofe económica y social en la primera mitad de los años ochenta (la inflación llegó oficialmente a 25 mil por ciento pero en realidad fue aún peor que eso). El control de precios hizo desaparecer del mercado toda clase de productos y generó cuantiosa corrupción; las normas restrictivas impidieron a su vez generar más empleo. Todo ello fue aprovechado por agitadores sindicales, especialmente los de la Central Obrera Boliviana, que forzaron su salida antes de tiempo.

En lugar de dedicarse a rendir un homenaje cotidiano a nuestro anterior *Manual,* el MAS podría más bien eliminar los muchos obstáculos que impiden crear más riqueza en Bolivia. Según el Banco Mundial, por ejemplo, todavía tarda ciento ochenta y siete días abrir un negocio en ese país, a un costo de dos veces y media el ingreso anual promedio. Ésa es una normatividad explotadora y discriminatoria que sí valdría la pena combatir con arcos y flechas de grueso calibre.

LA COCA NOSTRA

También en cuestión de coca Morales ha provocado líos. Los autores de este libro creemos que las políticas represivas no son una solución sino un agravante del problema de las drogas y que a la larga la despenalización será una forma mucho más eficaz de liquidar a las mafias que la criminalización de su produccción y comercio. Pero la campaña de Morales a favor de la coca ha alcanzado unos niveles de demagogia que nada tienen que ver con una legítima discusión filosófica, jurídica o política. También en esta materia ha logrado aislar políticamente a su país de los más desarrollados. Como la coca genera cientos de millones de dólares en Bolivia y es una fuente de decenas de miles de empleos, el gobierno de Washington ha evitado presionar a Morales tanto como se suponía. El mandatario podría, pues, haber mantenido en este asunto un tono prudente y un perfil relativamente bajo, trabajando en silencio con otros países para ir pergeñando una alternativa a las políticas represivas. Sin embargo, al usar la coca como símbolo de reivindicación indígena y bandera antiimperialista, se abrió a la acusación de que estaba promoviendo el narcotráfico. Eso hace hoy muy difícil que consiga aliados latinoamericanos más allá de La Habana y Caracas para modificar la guerra contra las drogas promovida por Estados Unidos y respaldada por la mayoría de gobiernos.

SANTA CRUZ

Una de las grandes obsesiones del gobierno del MAS es Santa Cruz, que además de no haber votado mayoritariamente por él lleva algún tiempo haciendo sentir sus resistencias al centralismo de La Paz y a la orientación antioccidental de los indigenistas. Los cruceños entienden que, siendo su región la fuente de buena parte de la riqueza de Bolivia y la primera contribuyente del país, ellos dan más de lo que reciben. Adicionalmente, la dinámica clase empresarial ve como amenaza los esfuerzos de La Paz por separar a Bolivia del proceso de globalización al que los cruceños les interesa engancharse de forma definitva. Esa clase empresarial no comprende sólo a los grandes intereses sino también a muchos pequeños y medianos empresarios que aspiran a progresar y perciben que la forma de hacerlo es abrazando la modernidad.

Santa Cruz no está compuesto sólo por «blancos», como dice la daltónica propaganda. Es una sociedad mestiza, donde hay una buena combinación de cambas y collas. Parte de la razón tiene que ver con el hecho de que existe un incesante flujo de inmigrantes —unas 80 mil personas al año— que se trasladan allí desde otras partes de Bolivia. Exceptuando a alguno que otro termocéfalo, a algún señor de horca y cuchilla que se equivocó de siglo y ciertos empresarios mercantilistas de esos que hay en todas partes, la visión de los cruceños es mayoritariamente progresista en un sentido auténtico. Muchos de ellos ven a Santa Cruz como eje potencial de una gran región formada por ese departamento junto con varios estados del Brasil —como Mato Grosso, Mato Grosso del Sur o Paraná—, parte de Paraguay y provincias argentinas como Chaco, Formosa, Corrientes y Misiones. Se ven, en resumidas cuentas, como parte de una gran zona amazónico-platense con salida al Atlántico y convertida en locomotora económica de Sudamérica. De acuerdo con esta visión, lo que frena el proyecto de progreso es el populismo y la tendencia antimoderna de La Paz (incluyendo los esfuerzos de indigenistas paceños por azuzar a los collas emigrados a Santa Cruz contra los cambas). No sorprende, por ello, que en 2005 una asamblea de 350 mil personas pidiera la autonomía —lo que disminuiría sustancialmente la transferencia de riqueza a La Paz— y medio millón de cruceños marcharan en las calles exigiendo un referéndum vinculante.

Santa Cruz es el departamento más productivo y comercial de Bolivia, y el que más empleo crea. Su éxito en las últimas dos o tres décadas es indiscutible. Con una superficie que abarca el tercio del territorio nacional y con una cuarta parte de la población boliviana, el departamento genera cerca de la tercera parte del PIB nacional. Todavía hay, sin embargo, un 38 por ciento de pobres. Para reducir la pobreza a la mitad —según la Cámara de Industria, Comercio, Servicios y Turismo de Santa Cruz (CAINCO)—, la economía de Santa Cruz y Bolivia debería crecer como mínimo un 6 por ciento al año de forma sostenida. Con políticas como las de Morales, no lo logrará nunca. Lo único que crecerá 6 por ciento al año es el sentimiento separatista...

Precisamente porque hay pulsiones fuertemente autonomistas y en algunos casos separatistas en Santa Cruz, cualquier mandatario situado en el Palacio Quemado de La Paz debe obrar con extrema delicadeza para no exacerbar las pasiones y facilitar la integración. La única manera de lograrlo es liberando la energía productiva del país para que aumente la riqueza, descentralizando el poder y reformando las instituciones para que los sectores marginados sientan que se abren perspectivas de movilidad social para ellos y para que regiones altamente productivas como Santa Cruz vean en la Paz un aliado que les da seguridad y estabilidad. De lo contrario, podría crearse en Bolivia un escenario propicio a la guerra civil.

También la sociedad civil debería trabajar en ese sentido, incluyendo a esas 1,600 ONGs que operan en el territorio boliviano y que, con algunas excepciones, se han dedicado a tumbar gobiernos legítimos y sabotear la inserción del país en la economía global. Su contribución al clima de enfrentamiento entre bolivianos es —como el del gobierno de La Paz y el MAS cuando estaba en la oposición— una apuesta por el desmembramiento violento de la república.

El peronismo estrábico

Para describir a la Argentina de estos tiempos, nada mejor que la vieja frase de Enrique Santos Discépolo, el célebre autor de *Cambalache* y otros tangos, a propósito del espectáculo en que se había convertido su patria en la primera mitad del siglo XX, después de haber sido una de las más desarrolladas del mundo: «El nuestro es un país que tiene que salir de gira».

Si un visitante extranjero hubiera recorrido los supermercados de Buenos Aires a comienzos de 2006 (no precisamente el destino turístico más deslumbrante), tal vez se habría topado con unos señores vestidos con traje y corbata que gesticulaban intensamente ante los mostradores. Si se hubiera acercado, habría oído a los curiosos personajes quejarse en tono furibundo de los precios de la carne y recordarles a sus interlocutores que el gobierno acababa de prohibir las exportaciones de ese producto precisamente para que sus precios domésticos bajaran al alcance del pueblo llano.

Si esa misma noche el visitante hubiera encendido el televisor de su hotel para ver las noticias, probablemente habría entendido al instante que los curiosos personajes de la mañana eran los ministros y adláteres del presidente de la República, don Néstor Kirchner. Y quizá habría oído razonar por la tele más o menos así al desgarbado caballero de nariz irrefutable que conduce los destinos de esa nación: «Hay grupos económicos que nos quieren desestabilizar y perjudicar al pueblo… son, entre otros, tres o cuatro grandes supermercados cartelizados que quieren mandar el bolsillo de los argentinos, generando una pequeña inflación, porque se quieren apropiar de la rentabilidad que deberían compartir con el pueblo». Esa misma frase había sido, meses antes, la justificación del gobierno para iniciar una campaña fulminante contra las grandes superficies y, en particular, contra la cadena comercializadora de la carne, el santo y seña de la gastronomía —y casi podría decirse de la cultura— argentina.

O, tal vez, el visitante habría visto al mandatario tremolar las causas populares en la pantalla chica con esta impugnación definitiva: «Acá hay sectores en la Argentina que siguen pensando individualmente, que cuando llega la posibilidad de que la economía del país entre a mejorar tratan, casi en forma absolutamente individual, de absorber todas las rentabilidades que se producen, sin importarles qué le pasa al resto de la sociedad. Entonces, esto se va a tener que equilibrar». Es la frase que Kirchner pronunció ante el periodista Marcelo Bonelli, uno de los pocos que ha podido entrevistarlo, en el conocido programa *A dos voces*.

De haber pescado al caudillo antivacuno bramando de esa forma por la tele, probablemente el visitante habría tenido sudorosas pesadillas esa misma noche imaginando a agentes de la Gendarmería Nacional Argentina («Centinela de la patria y de la paz») instalados junto a los cajeros de todas las carnicerías del país, estirando la mano para interceptar los pesos en el momento preciso en que el cliente se los pasa al dependiente para luego proceder a la repartición salomónica con aquél: tanto para mí, tanto para usted.

La pesadilla que los ciudadanos vivieron a comienzos de 2006 fue aún peor: algunos de los cortes preferidos de los argentinos desaparecieron de las carnicerías. Poco antes la carne había desaparecido de los mercados mundiales porque el gobierno había decidido prohibir su exportación a fin de provocar una superabundancia dentro del país y de ese modo forzar una reducción de los precios. Lo que esta decisión provocó, más bien, fue lo mismo que ya había ocasionado un par de años antes un birlibirloque parecido en el mercado del gas natural y la energía eléctrica: el desplome de la oferta, es decir la penosa escasez. Inasequible al desaliento, el 15 de marzo de 2006, el inquilino de la Casa Rosada advirtió: «Que no nos vendan lo que ellos quieren al precio que ellos quieran... eso de que es el libre juego de la oferta y la demanda no lo cree nadie».

Meses antes, durante la tremebunda IV Cumbre de las Américas con Armando Maradona —goleador de la idiotez— y compañía convertidos en agitadores de masas en la ciudad de Mar del Plata, Kirchner había filosofado: «De la fe ciega y excluyente en el mercado... debemos pasar a la generación de una nueva estrategia de desarrollo». Algún asesor malvado debió decir para sus adentros: «¿Y qué es la prohibición de las exportaciones de carne para reducir los precios mediante la generación de una superabundancia de la oferta sino un acto de fe ciega y excluyente en las fuerzas del mercado?»

En efecto, el presidente argentino había rendido a las fuerzas del mercado un culto del que ni siquiera Milton Friedman participó olvidando un pequeño detalle: el mercado —en este caso la superabundancia de carne— sólo puede funcionar si los precios que cobran los productores les permiten cubrir sus costos. La decisión del gobierno equivalía, por tanto, a ponerle a cada productor de carne una pistola en la sien.

Kirchner había olvidado este mismo detalle al entrar al gobierno en 2003, cuando decidió mantener el control de precios del gas natural en boca de pozo decretado por su antecesor, el inigualable Eduardo Duhalde (el mismo que, en diciembre de 2002, después de anunciar que nunca más ocuparía cargos ejecutivos, sentenció «me siento prehistórico» sin sospechar que lo que él tomaba por una coquetería cronológica era el resumen impecable de su gestión y sus ideas). Como era de prever, en marzo de 2004 el suministro de energía colapsó. La Argentina no sólo se vio en tinieblas sino que dejó en tinieblas a sus vecinos al incumplir sus compromisos de suministro de gas natural con Chile y Uruguay. Lo que no entendía era que —al igual que ocurriría dos años más tarde con la carne— cuando el gobierno obliga a un productor a operar a precios que no resultan rentables el que acaba pagando los platos rotos es el consumidor, pues los bienes y los servicios huyen como conejos.

En este caso el control de tarifas impidió a los inversores ampliar sus exploraciones y explotación de gas natural en el mismo momento en que empezaba el «rebote» de la economía argentina tras la hecatombe financiera del periodo 2001/2002 que había convertido al 50 por ciento de los ciudadanos en pobres. El aumento de la demanda de energía gracias al inicio de la recuperación económica coincidió con una reducción de la oferta de gas natural debido a que la perforación de pozos había caído un 75 por ciento por los controles de precios. Para decirlo en términos futbolísticos, la oferta había dejado en *offside* a la demanda. Las luces del país, como las del mandatario, se habían apagado. Desde 2002, la capacidad eléctrica del país se ha mantenido en unos 20,000 megavatios mientras que la economía ha crecido sostenidamente por el efecto «rebote» y las circunstancias internacionales.

Esta experiencia no sirvió de nada. Como hemos mencionado, dos años más tarde —y cuando aún el país no superaba la crisis energética—, el gobierno hizo otro pase de prestidigitación populista y dejó a los ciudadanos sin algunos de sus cortes preferidos (y al mundo sin bife argentino). De esta forma, Kirchner descubrió lo que, en un contexto distinto y en otro gobierno, ya había descubierto en 1989 el ministro de Economía Juan Carlos Pugliese, al verse incapaz de frenar una corrida bancaria: «Les hablé con el corazón y me contestaron con el bolsillo».

EL CAOS DE LOS DINOSAURIOS

El nigromántico «Lupín» —como llaman algunos argentinos al mandatario por su parecido con el personaje del tebeo— no sólo ha resucitado el control de precios, que hoy abarca a la mitad de los productos que componen el índice de precios al consumidor: también ha resucitado a la empresa estatal. El ensayista Mariano Grondona ha hecho un recuento de todas las empresas estatizadas (ya sea porque han sido confiscadas o porque han sido creadas por el gobierno): Aguas Argentinas (hoy llamada AySA), el Correo, el ferrocarril General San Martín, los yacimientos carboníferos de Río Turbio, el espacio radioeléctrico, la energética Enarsa, la satelital Arsat y la aerocomercial Lafsa. A esa lista hay que añadir el hecho de que el Estado ha avanzado como socio en Aerolíneas Argentinas y Aeropuertos Argentina 2000. Como ha escrito Grondona en *La Nación*, «esta lista es demasiado amplia para pensar que nos hallamos sólo ante una serie de episodios aislados. Se trata más bien de una tendencia. Lo que vuelve con Kirchner es la fe en el Estado como protagonista económico, una fe que se había desvanecido al comenzar los años noventa como consecuencia del colapso del inmenso sistema estatal que había nacido con Juan Domingo Perón en los años cuarenta y que había durado sin cambios significativos aunque en constante deterioro hasta Raúl Alfonsín, a fines de los ochenta».

Nadie puede achacarle a Kirchner haber incumplido su amenaza. Si algo exhibe es una consistencia poco menos que teológica en su estatismo: ya en la campaña electoral de 2003 habló de «un Estado presencial, reparador, protector y promotor» (habría podido ser más específico: «presencial» con presencia del mandatario en los supermercados, «reparador» de ferrocarriles, «protector» de la luz solar contra la competencia desleal de la luz eléctrica y «promotor» de su gestión por las ondas hertzianas a costa del bolsillo ajeno). Todo el capital que la Argentina había logrado acumular en la década de 1990 —a pesar de la corrupción, de las reformas incompletas y de los abusos institucionales— es ahora gradualmente consumido por un país que, bajo el peso abrumador del Estado, resulta incapaz de aumentar significativamente sus niveles de inversión privada, salvo ciertos rubros puntuales con poco valor de largo plazo.

En los últimos años, la inversión privada se situó en un nivel equivalente al 18 por ciento del PIB, cuando en Chile la cifra supera el 25 por ciento del PIB. Últimamente la inversión ha aumentado ligeramente, pero un paseo por Buenos Aires y algunas provincias del interior lo explica todo: más de 60 por ciento de esas inversiones tienen que ver con la construcción y sólo la tercera parte con aquello que permite sostener y ampliar la producción en el tiempo, como nuevas plantas, equipos y tecnologías. Con razón, el analista Daniel Naszewski ha sostenido que hay más inversión en ladrillos que en computadoras y en «fábricas» de producir vacas, energía, manufacturas agropecuarias e industriales y otros productos que la Argentina requiere para poder seguir ampliando la oferta de bienes y servicios, es decir generar riqueza.

Esto no resulta obvio para muchos argentinos porque las exportaciones de materias primas y *commodities* —que han alcanzado un ritmo furioso— como la soja, el trigo y el petróleo han hecho creer que cae maná del cielo. Pero en líneas generales, no se está acumulando sino consumiendo capital y la inversión es más bien apática en buena parte de los sectores importantes. Y es natural que las cosas sean así. Las señales que ha enviado Kirchner con sus dicterios y catilinarias continuas contra los inversores extranjeros («esas empresas se van a tener que habituar a que están viviendo en la Argentina»), alterando los contratos con las empresas privatizadas y controlando los precios, ha espantado al animal más cobarde el mundo: el millón de dólares.

En una frase que sonó a humor negro, el jefe de gabinete, Alberto Fernández, afirmó —creyendo que la economía es un bolero— que su gobierno estaba «enamorando» a los inversores externos. Como alguien recordó, hay amores que matan. Según la CEPAL, organismo al que nadie ha acusado de liberal en su truculenta historia, el año 2005 América Latina y el Caribe recibieron unos 60 mil millones de dólares de inversión extranjera directa. El que más recibió fue Brasil, seguido de México, Colombia y Chile, todos ellos países que han tenido un trato mucho más romántico que el de Kirchner con el capital foráneo. La Argentina se ubicó sólo en quinto lugar. En los inefables años noventa, la Argentina era el tercer receptor de inversión extranjera del continente. Si así enamoraba Fernández a las chicas de su barrio cuando era joven, no es de extrañar que su sentido romántico colinde con el humor negro.

¿Para qué el gobierno argentino rescata a la empresa pública del parque jurásico en el que estaba confinada? Pues en parte para para entretener a los votantes. Por ese camino, les podría ocurrir a las autoridades lo mismo que a los científicos de la novela de Michael Crichton, quienes, puestos a jugar con la biología, acabaron provocando un motín de dinosaurios en el zoológico jurásico por aquello de la teoría matemática del caos. El justicialismo —es decir el peronismo— se dio cuenta de que no había suficientes dependencias estatales para expandir la nómina clientelista como Dios manda; la creación de entes estatales —y la expansión burocrática de los ya existentes— permite suplir esa imperdonable carencia burocrática.

Allí mismo —a los ministerios, dependencias y empresas estatales— van a parar incluso muchos antiguos «piqueteros» que siguen siendo tales a pesar de que ya están empleados. Se suponía que los «piqueteros» —vasto movimiento de protesta violenta nacido a fines de los años noventa pero que cobró ímpetu tras la crisis de 2001/2002— tenían su razón de ser por el desempleo. Pero cambió su situación laboral y no cambió su condición «piquetera», como lo prueban las incensantes movilizaciones que han seguido haciéndose con ayuda de ex dirigentes callejeros que ahora actúan desde el Estado. Hoy en día, ellos gozan del pluriempleo: funcionarios de día, lapidadores e incendiarios de noche. Un buen ejemplo fueron los actos de masas de la Cumbre de las Américas celebrada en Mar del Plata a fines de 2005, cuando a vista y paciencia del gobierno diversas dependencias estatales facilitaron a los grupos violentos la organización de manifestaciones contra algunos de los participantes en la cita presidencial, incluido el mandatario estadounidense.

Pero crear entes estatales no basta para mantener una clientela política en las dimensiones que acostumbra el peronismo. Por eso, y porque cree beatamente en la idea «rooseveltiana» de que ellas son el eje del desarrollo, el gobierno de Kirchner ha lanzado un programa masivo de obras públicas. No hablamos, claro, de esas obras de infraestructura básica que en muchos países con economía de mercado se han edificado con cuenta a las arcas fiscales: hablamos de obras públicas en todo tipo de ámbitos con el solo fin de reclutar miles de servidores públicos. Desde el comienzo, el gobierno puso en marcha un programa de obras públicas de 3 mil millones de dólares por etapas. El día de su asunción, en mayo de 2003, el presidente Kirchner lo anunció a bombo y platillo: «El Estado se incorporará urgentemente como sujeto económico activo». Cumpliendo su palabra, el estado acabó incorporando a toda clase de sujetos presupuestívoros.

Los subsidios directos son una forma adicional que utiliza el gobierno populista para reclutar una masa de votantes cautivos. El plan Jefes y Jefas de Hogar, mediante el cual el Estado viene entregando un subsidio mensual de 150 pesos a más de un millón ochocientas mil personas, ha servido en parte para consolidar la base de sustento social del peronismo y, al mismo tiempo, garantizar que haya suficientes gritones en las manifestaciones. Se calcula que el diez por ciento del programa lo manejan los «piqueteros», quienes a su vez reciben dinero del Estado argentino y de la cooperación internacional por este trabajo con el impecable argumento contable de que es indispensable financiar la organización mediante la cual realizan su tarea. Muchos, pues, cobran doble: como jefes de hogar y como organizadores de la repartija.

Para sostener este múltiple delirio populista —el control de precios que espanta los bienes, la empresa pública que mata la inversión y los subsidios, esa anestesia social— fue necesario inventar más moneda, el clásico recurso a la ficción política. La expansión monetaria, como ya había ocurrido tantas veces en la Argentina, acabó produciendo inflación. El último año, la inflación argentina ha superado el 12 por ciento, una cifra superior a la de los otros países de la región sudamericana (inevitablemente, Kirchner cambió a la cúpula del Instituto Nacional de Estadísticas y Censos en febrero de 2007 para alterar el índice de precios de los primeros meses del año). El asunto empieza a adquirir una dinámica alarmante en vista de que las causas no sólo no han sido atacadas sino que se van agravando. La inflación acumulada en 2005 y 2006, es decir en sólo dos años, supera a la inflación acumulada en los ocho años que van de 1993 a 2001. Kirchner y sus colaboradores, casi todos ellos viejos amigos de la provincia sureña de Santa Cruz que lo acompañaron en sus tiempos de gobernador, se parecen al dictador boliviano Mariano Melgarejo. Nos referimos al tirano que, según la leyenda, tenía una fijación con la Ciudad Luz, nombre que por alguna razón se le había incrustado en el magín, y que en 1870, al recibir noticias de que los prusianos habían atacado Francia y amenazaban a esa ciudad de sus fantasías, ordenó a su ejército ir a defenderla. «Mi presidente», le dijo un colaborador imprudente, «hay muchos kilómetros de agua hasta llegar a la Ciudad Luz». «No importa», respondió el impaciente Melgarejo, «vayamos por un atajo.» El populismo cree que hay atajos en el trayecto a la Ciudad Luz y que pasan por el control de precios, la empresa estatal, la obra pública y, por tanto, la inflación de la moneda.

Como ocurre siempre con el populismo, la Casa Rosada habló al principio de gastos «temporales» que irían desapareciendo a medida que la economía se recuperase. Pues bien, en los últimos años, gracias en parte al «rebote» y a los altos precios internacionales de las materias primas, la economía argentina ha crecido a tasas de entre 7 y 9 por ciento, pero la panoplia populista no ha dejado de disparar con perfecta puntería contra el desarrollo de los argentinos.

EL ROOSEVELT CRIOLLO

En su intento por seguir una ruta equidistante de los inflacionistas años ochenta y los privatizadores años noventa, el Roosevelt patagónico perdió de vista que ambas experiencias fueron variantes de un mismo mal (Kirchner se ha declarado rendido admirador del ex presidente norteamericano). Por eso ha acabado generando inflación y desaprovechando una excepcional circunstancia internacional para impulsar vertiginosamente la inversión en su país. En la década de 1980, el Estado latinoamericano, que fabricaba y comercializaba bienes y servicios, empleó un laberinto de mecanismos de coacción, incluyendo la inflación de la moneda, para forzar al pueblo a sostener lo que —refiriéndose a México— Octavio Paz llamó el Ogro Filantrópico; en la década de 1990, el Estado latinoamericano, aun cuando se deshizo de muchas empresas y estimuló la iniciativa privada, empleó un laberinto de mecanismos de coacción, esta vez sin inflación, para obligar a los ciudadanos a mantener un club de monopolios que, a cambio de mercados cautivos, financió al Ogro Filantrópico con créditos y algunos impuestos. El desenlace, a fines de la década de 1980, fue la hiperinflación y el marasmo productivo; a fines de los noventa, fue la suspensión de pagos (declarada o no) y la parálisis. Kirchner y sus miñones no entendieron bien lo que había ocurrido en las décadas anteriores. Por eso su respuesta fue una especie de *New Deal* con el que el gobierno argentino ha querido reinventar la rueda.

Como otros despistados en medio mundo, la premisa equivocada de la que parten es que el *New Deal* de Roosevelt salvó al capitalismo estadounidense en la década de 1930. En realidad, esas políticas estatistas golpearon a la inversión privada y prolongaron el desempleo, postergando una recuperación que venía dándose lentamente después de la *debacle* de 1929. Según los economistas estadounidenses Harold L. Cole y Lee E. Ohanian, hacia 1936 el empleo debería haber vuelto a su nivel normal, y los salarios dos o tres años más tarde. Pero en 1939 el desempleo seguía muy alto y la producción estaba un 25 por ciento por debajo de su tendencia. El economista Robert Higgs afirma que el daño hecho a los derechos de propiedad con el vertiginoso intervencionismo estatal de Roosevelt retardó la inversion de largo plazo hasta 1941. Por tanto, copiar el *New Deal* en Sudamérica a estas alturas es un acto de solemne idiotez retrospectiva.

Lo que en realidad se está haciendo en la Argentina es preservar la estructura que condujo tanto a la hiperinflación de los ochenta como al desempleo de los noventa. Ello no resultará evidente mientras le duren las excepcionales circunstancias internacionales al actual gobierno. Cuando el Estado se vuelve el motor de la recuperación, cada fracaso lleva a que el Estado crezca más, en una espiral alocada. Los *New Dealers* latinoamericanos querían evitar los problemas de los ochenta: por ello pensaban que podían evitar inflar la moneda. Querían también evitar los problemas de los años noventa: de allí que no quisieran endeudarse más. ¿Qué quedaba? Los impuestos. En buena parte el crecimiento del Estado bajo el actual gobierno peronista se ha financiado con dinero de los impuestos a la exportación. Pero cuando los nuevos impuestos fueron incapaces de sostener el aumento del gasto fiscal, se apeló a la inflación. Por eso hay más inflación en estos últimos dos años que en la década precedente. Y cuando el aumento del gasto fiscal sea incapaz de sostener el crecimiento que ha tenido Argentina en estos años debido a factores que la cayeron el cielo al gobierno de Kirchner, ¿qué ocurrirá?

Como recuerda Marcos Aguinis en su libro *El atroz encanto de ser argentinos* (un título de 2001 que parece una crónica de actualidad), Cantinflas sintetizó así la peripecia de su país a lo largo del siglo XX: «La Argentina está compuesta por millones de habitantes que quieren hundirla, pero no lo logran».

DEL PERONISMO AL... PERONISMO

Alguna vez le preguntaron a Jorge Luis Borges qué pensaba del peronismo y respondió, con la mala leche que acudía invariablemente a sus labios cuando le hablaban de ese tema, que no era bueno ni malo sino incorregible. Uno tiene la tentación de decir que este nuevo brote de perfecta idiotez política en la Argentina es el ajuste de cuentas del nuevo milenio contra la década de 1990. Después de todo, ése es el discurso con el que los dirigentes e intelectuales del *establishment* —aquellos que tienen un libro de Noam Chomsky en la mesa de noche— justifican casi todo lo que ocurre hoy. Y ya se sabe: la gente es como habla (otra maldad borgiana). Sin embargo, a pesar de las apariencias y los discursos que tratan de justificar el presente exorcizando el pasado reciente, ha habido cierta solución de continuidad entre el peronismo de Carlos Menem y el de quienes vinieron después. La orientación económica de los años noventa, desde luego, fue distinta de la actual, y gracias a ello los servicios que antes funcionaban mal o no funcionaban se modernizaron a partir de la privatización de las empresas públicas, las tiendas se llenaron de productos mediante la eliminación de algunas barreras comerciales y hubo acumulación de capital. Ese capital es el que, pasada la crisis 2001/2002, le ha servido de «colchón» a Néstor Kirchner en estos años. Pero el «neoliberalismo» de los noventa fue muy poco liberal. Y no sólo por las razones consabidas —privatizaciones en calidad de monopolio, ausencia de reforma laboral, burocratización del MERCOSUR—, sino por la forma en que se ejerció el poder.

En los años noventa, bajo un sistema caudillista y bastante autoritario que dio al gobierno el control de la justicia mediante la ampliación de la Corte Suprema y otras maniobras, la corrupción proliferó. Siguiendo una vieja costumbre del peronismo, se apeló también al aparato clientelista del gran Buenos Aires y ciertas provincias para hacer del partido la extensión del gobierno en la sociedad. Un sector amplio de la ciudadanía asumió entonces que liberalismo equivalía a corrupción. En 1989, sólo tres de cada cien encuestados creía que la corrupción era uno de los problemas importantes del país; siete años después, según la agencia Gallup, seis de cada diez pensaba que era imposible lograr algo sin pasar por la corrupción.

A eso mismo —la corrupción— quedó reducida, en el imaginario colectivo, la experiencia «neoliberal» de los años 90, como recita el perfecto idiota. Lo que los arquitectos del modelo menemista no entendieron es que la condición esencial para que una apertura económica funcione bien es que las instituciones encargadas de aplicar las reglas e impartir justicia mantengan una clara neutralidad y actúen de forma ética. De lo contrario, la política acaba por dominarlo todo aun si el gobierno no tiene la propiedad directa de las empresas o si, en teoría, es la sociedad civil la que crea la riqueza.

Hoy, rige un modelo económico distinto —aunque sin el radicalismo de un Evo Morales o un Hugo Chávez—, pero en el aspecto esencial, es decir el del control político de las instituciones y las reglas de juego, no puede decirse que haya cambiado mucho. Durante la crisis de 2001/2002, los argentinos, que estaban hasta la coronilla de la política tradicional, habían salido a gritar «que se vayan todos»; en las elecciones de 2003, gritaron «que regresen», colocando a candidatos peronistas en tres de los primeros cuatro lugares. Los aludidos no sólo regresaron: en verdad, no se habían ido nunca, pues el atribulado gobierno de Fernando de la Rúa, líder de la Unión Cívica Radical, había vivido acorralado —y hasta infiltrado— por ellos. Luego Kirchner asumió el mando y junto a su esposa, la fogosa congresista Cristina Fernández, empezó, desde el primer día, a copar espacios para consolidar su poder.

Néstor Kirchner tenía cuentas pendientes. El ex gobernador de Santa Cruz había sido el «tapado» del presidente —y dinosaurio peronista— Eduardo Duhalde. Tras la elección de su delfín, Duhalde ejercía todavía amplio control sobre el aparato del partido y en especial la provincia de Buenos Aires, centro neurálgico del poder político argentino. Por tanto, el nuevo gobernante sentía que debía adquirir rápidamente una personalidad propia no sólo ante el peronismo de Menem, que encarnaba el «neoliberalismo» de sus pesadillas, sino también, y en una lucha de poder estrictamente política que nada tenía que ver con la orientación ideológica, ante Duhalde (dicho sea de paso: si tenían tanta aversión al «neoliberalismo» de Menem, ¿por qué los Kirchner aplaudieron como focas el cambio de la Constitución en 1994 para que aquel mandatario «neoliberal» pudiera ir a la relección?).

Todas las instituciones —la iglesia, las fuerzas armadas, el poder judicial, por mencionar tres— y los espacios de vigilancia civil, especialmente los medios de comunicación, empezaron a ser avasallados de manera directa o indirecta. La forma era siempre la misma: primero un discurso a mandíbula batiente por parte del mandatario denunciando la podredumbre de tal o cual institución y luego una combinación de recursos normativos y movidas en la sombra hasta desventrar al enemigo imaginario. En el poder judicial, Kirchner, que tanto había criticado el copamiento realizado por Menem, reemplazó jueces menemistas con jueces propios. En la televisión, las voces potencialmente críticas, como la de Jorge Lanatta, periodista de izquierda crítico de todos los gobiernos, fueron vetadas, mientras que periodistas liberales como Marcelo Longobardi empezaban a sentir el frío y luego un gradual encogimiento de su espacio.

Pero la lucha estaba incompleta mientras no se resolviera el ajuste de cuentas contra el duhaldismo. Al fin y al cabo, en la Agentina de Kirchner no era la Unión Cívica Radical —que había quedado reducida a escombros tras el gobierno de Fernando de la Rúa— la que ofrecía resistencias al poder del nuevo gobierno, sino el duhaldismo actuando desde el interior del peronismo. Y fue en los comicios legislativos parciales de fines de 2005 cuando Kirchner pudo dar el zarpazo, consolidando su control definitivo tanto de la maquinaria peronista como —lo que es casi lo mismo— del poder político en el gran Buenos Aires. Entre las muchas armas que usó estuvo una particularmente implacable: su esposa Cristina Fernández.

EL DÚO DINÁMICO EN ACCIÓN

Con la Primera Dama argentina, Kirchner pudo lograr lo que nadie había podido hacer en veinte años: arrebatar a Eduardo Duhalde, su ex padrino, las riendas de la provincia de Buenos Aires, corazón de la vida política argentina. La operación la concibió su esposo, el presidente Néstor Kirchner; la dirigió el jefe del gabinete, Alberto Fernández, y la protagonizó ella, que tenía todas las condiciones: muy atractiva, muy populista y de armas tomar. Ejerciendo un dominio aplastante de la campaña para los comicios del 23 de octubre de 2005, en los que se renovó la mitad de la Cámara de Diputados y un tercio del Senado, el gobierno consiguió concentrar en sus manos un poder que ni siquiera Carlos Menem, otro justicialista de vocación caudillista, llegó a reunir en sus horas de gloria.

Cristina ya era senadora por Santa Cruz, de modo que su campaña para obtener un escaño en el Senado no tenía que ver estrictamente con una ambición parlamentaria. Tenía que ver con una estrategia de poder de la pareja presidencial: como candidata al Senado por la provincia de Buenos Aires, la Primera Dama se convirtió en punta de lanza de una operación destinada a terminar de despojar a Eduardo Duhalde, el jefe del gran Buenos Aires, de su tradicional bastión político, que ahora pasaría a órdenes del mandatario.

Decimos «acabar de despojar» porque en realidad la lucha de poder por el control de la provincia había empezado hacía mucho rato, aun cuando todavía Duhalde tenía bajo su poder buena parte del sur, mientras que el kirchnerismo había logrado capturar ciertas porciones del norte. La estrategia del actual presidente pasó desde un comienzo por atraer a su bando al gobernador de la provincia, Felipe Solá, un perfecto pragmático que fue menemista con Menem, duhaldista con Duhalde y kirchnerista con el actual mandatario. A pesar de haber logrado la Presidencia con menos de la cuarta parte de los votos nacionales, Kirchner había podido consolidar su mando desde la Casa Rosada y su alianza con Solá era uno de los efectos de ese posicionamiento. Pero no bastaba con atraer al gobernador. Había que hacer populismo y clientelismo para ir minando el mando de Duhalde en la base de la provincia. Un poder fundado, precisamente, en una de las maquinarias de populismo, clientelismo y caciquismo políticos más corrompidas y compactas de América Latina.

Varios programas sociales controlados por el gobierno le permitieron a Kirchner ir montando su propia maquinaria clientelista, entre ellos el programa Jefes y Jefas de Hogar que mencionamos antes. De las familias (más de la mitad) vinculadas a partidos políticos, el 40 por ciento militaba en la corriente kirchnerista, agrupada bajo el membrete de Frente por la Victoria, que a pesar del nombre no era otra cosa que una enorme facción peronista con ciertos aliados del exterior de su agrupación (el membrete justicialista lo tenía el duhaldismo). Pero esta clientela no era suficiente para arrebatar a Duhalde los votos de la provincia bonaerense, que representa nada menos que seis millones de sufragios y una masiva red de caciques locales repartidos a lo largo de 24 distritos que rodean la capital (caciques cuyas lealtades, por supuesto, son más cimbreantes que las caderas de Ronaldinho). Había que ir directamente a la yugular del cacique bonaerense mayor, desafiándolo abiertamente en la representación de la provincia en el Senado con la candidatura de la Primera Dama y el uso descarado del aparato del Estado.

Cuando en su campaña legislativa Cristina Fernández de Kirchner habló de «mafia» para atacar al sistema político que imperaba en la provincia bajo el duhaldismo, no estaba exagerando. Ocurre —he allí el detalle, que diría Cantinflas— que Kirchner no ofrecía limpiar ese sistema mafioso, sino despojar a Duhalde de su mando. Todo acababa reducido a una lucha de facciones al interior del incorregible justicialismo, como ya es tradicional en la Argentina.

Cristina Fernández liquidó a Duhalde por encargo de su esposo. Irónicamente, Duhalde había lanzado como candidata a su propia mujer, de manera que se dio una telenovelesca guerra de familias al interior del peronismo. Los Kirchner aplastaron a los Duhalde. La Primera Dama es una abogada de 55 años, cuyo ascenso político, como el de su esposo, partió de la provincia patagónica de Santa Cruz, aunque ella nació en Buenos Aires. Su pinta menuda, cuidadosamente femenina y por lo general ataviada con lujos que irritan a la izquierda más radical, es engañosa. Se trata de una fiera política altamente motivada y activa desde un justicialismo en el que pisa fuerte desde hace años. En cierta forma, Cristina ha dictado la pauta a la bancada gobiernista gracias a su línea directa con la Casa Rosada.

A diferencia de otras primeras damas argentinas con perfil político, tiene una dimensión académica que le da una cierta aura intelectual y ha sido, por ejemplo, una de las correas de transmisión entre el gobierno de su esposo y el Nobel de Economía Joseph Stiglitz, crítico del FMI, al que cita con frecuencia. Su atractivo físico y carisma mediático facilitaron mucho las cosas al publicista Enrique Albistur, el asesor publicitario clave de la campaña que dio a la pareja el control definitivo del poder en la Argentina.

Cristina no aparece como una izquierdista excesivamente ideologizada, sino, a tono con los tiempos, como una socialista que prefiere hacer concesiones tácticas desde el punto de vista retórico a la «necesidad de inversión extranjera». Pero de tanto en tanto su verdadero instinto, que es el de una izquierda calcada de los personajes de nuestro anterior *Manual,* sale a relucir. Ocurrió cuando, durante un recorrido por la provincia bonaerense, atacó con virulencia a Suez, la empresa europea dueña de Aguas Argentinas, que acabó retirándose del país. De tanto en tanto la Primera Dama brama contra el «neoliberalismo» de la década pasada, al que acusa de haber promovido el desempleo deliberadamente para «bajar los salarios». Pero uno tiene la sensación de que no posee un perfil ideológico nítido, sólo una cartilla populista que le indica dónde disparar dardos retóricos para lograr el objetivo final: concentrar poder en la Casa Rosada.

Su público, compuesto por masas de trabajadores con cascos amarillos, celebró en las plazas sus dicterios contra el coco capitalista. Y también sus ataques al clientelismo de Duhalde: «Vayan a votar sin obedecer a patronas ni punteros». Una de las ventajas de ser candidata contra la pareja Duhalde era que se podía criticar el clientelismo siendo uno mismo clientelista. La maquinaria del gobierno repartió toneladas de ladrillos, televisores y alimentos de forma desenfrenada en la provincia, como lo expuso López Murphy, el candidato liberal que salió derrotado, y también la prensa escrita, que denunció la «compra de votos» por ambas partes. Mientras esto ocurría, la oposición —es un decir— observaba todo esto con curiosidad... y total impotencia.

Todavía no se hablaba abiertamente de Cristina como candidata presidencial en 2007, pero cuando obtuvo el escaño senatorial y empezó a proyectar un liderazgo político estrechamente asociado a un gobierno beneficiario de los altos precios de los *commodities* y de los efectos de la devaluación de hace cinco años, su nombre empezó a correr de boca en boca como posible sucesora dinástica del esposo.

Néstor Kirchner salió de estos comicios convertido en rey. Sólo el triunfo del empresario Mauricio Macri, el mandamás del Boca Juniors e hijo de padre cercano al menemismo en los años noventa, matizaría ese dominio dos años después al triunfar en la elección para diputado nacional. Desde entonces, Kirchner es el jefazo de su partido, el dueño político de la provincia de Buenos Aires y de una vasta coalición de izquierda que va más allá del propio peronismo, y el indiscutido caudillo de la nación. Su alianza ambigua con las izquierdas ajenas al peronismo le ha permitido un juego algo esquizofrénico, como cuando fungió como anfitrión de los presidentes visitantes y al mismo tiempo dejó hacer a los grupos aliados para que organizaran tremebundas manifestaciones globalifóbicas contra George W. Bush y compañía.

EL ARTE DE LA AMBIGÜEDAD

El talento más importante de Kirchner está en el arte de la ambigüedad. Por ejemplo, se las arregla para ser antiestadounidense sin acabar de declarar la guerra total a los Estados Unidos. O para ser chavista sin ser acusado de ser él mismo un nuevo Chávez. Entre otras cosas, ha pagado puntualmente toda la deuda argentina con el Fondo Monetario Internacional después de haber dicho: «El predominio del componente ideológico en las políticas de los organismos internacionales de crédito es preocupante. El enfoque ortodoxo que se le quiere dar al tema de la deuda… es quizá el punto donde más se evidencie el predominio de ese componente».

Aun así, en todas las ocasiones que puede, da rienda suelta a un izquierdismo retórico y gestual de los años setenta, incluyendo su acercamiento a la Venezuela de Chávez, que hoy es miembro pleno del MERCOSUR gracias a su invitación y la de Lula da Silva. En junio de 2006, durante su visita a Caracas, el mandatario entró en trance bolivariano: «Desde el Parlamento de la República Bolivariana de Venezuela al mundo entero: nuestros gobiernos no hacen ejercicio ni de la demagogia ni del populismo, queremos ser gobiernos que sí representamos los intereses nacionales y populares que reivindiquen definitivamente la dignidad de nuestros pueblos». En 1982, durante la guerra de Las Malvinas, el ex dictador Leopoldo Galtieri se refirió al príncipe Andrés, integrante de las fuerzas británicas, diciendo: «Que venga el principito ese»; en Caracas, poco faltó para que —dirigiendo una mirada de basilisco hacia el norte— el visitante argentino espetara: «Que venga el *cowboy* ese». Mientras que no ha perdido ocasión para incumplir acuerdos energéticos con Chile y provocar rifirrafes con ese gobierno vecino cada vez que ha podido, con Hugo Chávez ha sido un dulce de leche. Después de todo, el venezolano le ha prestado 3 mil millones de dólares mediante la compra de bonos soberanos argentinos, que seguramente el teniente coronel tendrá mucho menos problema en cobrar del que tienen todavía los pobres pensionistas y tenedores de bonos argentinos a los que el gobierno decidió dejar en el aire sin mucho trámite a pesar de que la crisis que provocó la suspensión de pagos originalmente había sido superada. A diferencia de Chávez o el Fondo Monetario Internacional, los ciudadanos argentinos no tienen cómo defenderse de un gobierno que no paga deudas (también los europeos han quedado colgados con bonos argentinos).

La ensayista Beatriz Sarlo ha escrito que Kirchner no ha superado todavía la mentalidad de la década de 1970, cuando pertenecía a la juventud peronista radicalizada. Según la autora, sigue viva la actitud de aquella época, cuando se pensaba que, en lugar de reformarlas, había que manipular, presionar y ocupar las instituciones desde el poder para destruirlas y reemplazarlas por otras que representaran al pueblo. La política se hacía en la plaza, donde peronistas y sindicalistas se disputaban a trompadas el espacio. No se pensaba en instituciones tanto como en «espacios de poder» para avanzar en la persecución del objetivo revolucionario. Sarlo también apunta que el descubrimiento por parte de Kirchner de los derechos humanos fue tardío (el mandatario ha revertido las llamadas leyes de «obediencia debida» y «punto final» de sus antecesores), pues mientras ocurrían los crímenes de Estado de la dictadura militar él estaba en Santa Cruz eludiendo esas molestias.

Según Sarlo, «Kirchner dice que no ha renunciado a los ideales justicieros de los años setenta. Yo creo que no los ha pensado, no les ha dedicado tiempo en los treinta años que transcurrieron. Formó parte, después del golpe de Estado de 1976, de aquellos jóvenes militantes de tercera línea que, amenazados, cambiaron de lugar de residencia. Muchos fueron a la Patagonia. Kichner sólo tuvo que volver a su pagos, convertirse en un profesional exitoso y reinsertarse en la política con la democracia, dando vuelta a la página». La autora concluye que el mandatario es «un setentista cultural» y a la vez un «hombre de los pragmáticos años noventa en la política de todos los días», mezcla que podría ser buena «si la sensibilidad popular y el igualitarismo, como ideales setentistas, se hubieran mantenido después de una crítica profunda del carácter autoritario, despótico, sin principios y sin moral, de los instrumentos utilizados por el peronismo revolucionario a partir del asesinato de [el ex presidente de facto Pedro Eugenio] Aramburu [...]. Kirchner es un duro soberano que aprendió en los años noventa que quien no tiene todo el poder no tiene nada».

Es una lección que los peronistas conocen desde los tiempos del propio Perón y que a lo largo de medio siglo han hecho suya por encima de las modas intelectuales —de izquierda o de derecha— que han animado la retórica de sus dirigentes y mandatarios. Saben que —como decía el viejo democristiano italiano Giulio Andreotti— el poder desgasta pero la oposición desgasta mucho más. Por eso se las arreglan para estar siempre en el poder, incluso cuando son oposición.

Los ciclos populistas

Más allá del caso Kirchner, llama la atención en la Argentina la recurrencia pesadillesca de los ciclos populistas. ¿Por qué un país
que ha padecido tanto las consecuencias del populismo y que en
buena cuenta le debe a esta perversión de nuestra vida política su
declive a lo largo del siglo XX repite continuamente sus errores?

El resurgimiento periódico del populismo ha provocado
inestabilidad e incertidumbre cada cierto tiempo, haciendo muy
difícil que los agentes económicos prevean e inviertan a mediano y largo plazo. Otra consecuencia ha sido la dificultad para
formar un capital humano de primer nivel. Esto se ve no sólo
en materia de educación: también en relación a los valores republicanos, que cada vez parecen tener menos consenso entre
los argentinos —esos valores según los cuales las personas entienden que la tolerancia y el respeto a las normas son indispen-
sables para el progreso y la civilización—.

Una forma de entender la recurrencia del populismo tiene
que ver con esa «puja distributiva» —como la llaman algunos
estudios de la Fundación Libertad de Rosario, presidida por
Gerardo Bongiovanni— que nace del papel parasitario que juegan los grupos de interés en el país.

A comienzos del siglo XX, la Argentina era una de las doce
naciones punteras. Hacia 1985, era relativamente pobre, con un
ingreso promedio que equivalía a algo menos del 70 por ciento del de los países ricos. ¿Dónde empezó la «puja distributiva»
que le cambió la tendencia al país, poniendo énfasis en la distribución en lugar de la creación de riqueza?

En realidad, empezó tímidamente en la década del veinte

(hay quienes dicen que incluso antes) y continuó en la del treinta, en parte como resultado del desplazamiento de la población rural hacia la urbe, que supuso el encuentro de culturas algo distintas y el aumento del número de actores citadinos dispuestos a hacer sentir su peso político. Con Juan Domingo Perón, que es a la vez expresión e impulsor de ese fenómeno, el populismo alcanza su cénit en los años cuarenta y cincuenta. Todo ese periodo está marcado, por ejemplo, por unos aumentos salariales superiores al aumento de la productividad. Se distribuye cada vez más y se produce cada vez menos. Cada vez hay menos tarta y más glotones.

Los grupos de interés, hay que decirlo, encuentran terreno abonado en la democracia, pues ella permite a coaliciones pequeñas y bien articulados organizarse para presionar al Estado y obtener privilegios. Desde luego, la puja continúa en dictadura. Es un proceso algo perverso: cada grupo tiene incentivos para presionar por lo suyo, mientras que los consumidores y contribuyentes —los que pagan los platos rotos— están dispersos y a menudo ignoran el costo que tiene para ellos la acción de los grupos de interés. Cuando la economía es relativamente rica, como lo era la economía argentina en las primeras décadas del siglo XX, los grupos de presión tienen éxito.

A partir de 1930, se articulan exitosamente en la economía argentina distintos grupos de interés parasitarios precisamente porque había algo para distribuir y existía un sector lo suficientemente productivo (el agrícola y ganadero) como para tolerar esa sistemática erosión del capital existente.

Los grupos de interés industriales y urbanos se empataron perfectamente con la naciente maquinaria electoral del peronismo, basada principalmente en los núcleos obreros. Esta alianza temible es la que permitirá a lo largo del siglo XX y comienzos de este siglo que el populismo se mantenga de forma perpetua, es decir aun cuando ya no queda tanto por repartir y empieza a ser evidente el agárrese quien pueda.

Mauricio Rojas, escritor y político sueco de origen chileno y estudioso de lo que llama el «ciclo populista» argentino, sostiene que por lo general éste «comienza con una política fuertemente expansionista que da 'dinero a todos', lo cual en el corto plazo genera crecimiento pero al precio de desequilibrios cada vez mayores: déficit del presupuesto fiscal y balanza comercial, intensas presiones de costos y demanda, etc. —y una inflación en aumento, todo lo cual, tras dos o tres años, lleva la economía a la declinación y torna necesario imponer severas medidas de estabilización (devaluación, austeridad presupuestaria, congelamiento de precios y salarios)». Éste es, precisamente, el ciclo que se ha repetido continuamente en la Argentina y que se empieza a repetir con Kirchner y se agravará si el gobernante mantiene el rumbo que lleva.

Lo que hace difícil que los ciudadanos se organicen exitosamente para contrarrestar a los grupos de interés cuando empieza a ser evidente que la «puja distributiva» los está empobreciendo es el hecho de que esos grupos la tienen muy fácil. El sistema político e institucional está organizado de forma que el ciudadano tiene pocas defensas y las coaliciones mercantilistas todas las ventajas por vía del clientelismo, la burocracia y la ausencia de un poder judicial digno de tal nombre. Por eso, en contra de la lógica, los grupos de presión han logrado ser fuertes no sólo cuando había riqueza que repartir sino también cuando no la había. Todos los caminos conducen al peronismo, que ya no es un partido: es una cultura. Una cultura tan arraigada que la propia oposición, la academia y algunos medios de comunicación están parcialmente contaminados de populismo.

Un buen ejemplo de populismo en épocas en que no hay mucha riqueza que repartir es el periodo 1991-2001, cuando se aplicó la «convertibilidad» monetaria que hizo imposible emitir moneda para financiar las gastos exigidos por los populistas. Durante ese periodo, el populismo no desapareció: se concentró en otras áreas (de allí el espectacular aumento del gasto público bajo el gobierno de Carlos Menem). En 2001, el colapso fue catastrófico. Aunque la Argentina no era un país desarrollado en la decada de los 90, los diversos grupos actuaron como si lo fuera. A la larga, el desequilibrio que generaron hundió al país en su peor crisis económica en muchas decadas. ¿Cuál fue la respuesta? Una nueva apuesta por el populismo peronista (que regresen todos) financiada, como hemos visto, por los astronómicos precios de las materias primas. Ahora, vuelve a ocurrir lo mismo: el aumento de los precios internacionales ha dado la sensación de la abundancia y la «puja distributiva» está en su apogeo con Kirchner.

Ésta es la maldición autoinfligida que los argentinos deben dejar atrás si quieren volver a ser los mejores.

Lo malo de AMLO

Antes de que su derrota lo llevara a la más frenética desmesura, mandando «al diablo a las instituciones» y causándole con ello un daño irremediable a la propia izquierda mexicana, cualquiera de los catorce millones setecientos mil electores que votaron por él no encontraba sino razones para alimentar su fervor. De Andrés Manuel López Obrador, AMLO, esos partidarios suyos no veían todavía lo malo sino lo bueno.

Lo primero que le encontraban de bueno era su perfil de hombre sencillo y jovial. Parecido a cualquier mexicano medio, vivía en una casa pequeña y era dueño de un modesto automóvil que él mismo conducía. Era ajeno a toda ostentación y el dinero parecía importarle muy poco. Llevaba una vida sobria y ordenada. Viudo, había acompañado a su esposa en su larga enfermedad terminal. Cuando ella murió, en el año 2003, se hizo cargo de sus tres hijos. Como sus abuelos veracruzanos, se levantaba a las cinco de la mañana y, cuando era jefe de Gobierno de la Ciudad de México, a las seis ya estaba en su despacho iniciando labores con una rueda de prensa en la que exponía siempre planes y proyectos. No era un hombre con la reserva y encubierta cortesía de la gente del altiplano, que en México como en casi todas las zonas andinas nunca llega a confesar abiertamente lo que piensa. Al contrario, en sus gustos y en su carácter era visto como un hombre del trópico, franco, incapaz de disimulos. Amaba su Estado de Tabasco, esa tierra de luz y calor donde según lo expresado por él mismo se amotinan los verdes y se exaltan las pasiones. Es la misma tierra dura, de canículas africanas, que sorprendiera a Graham Greene a fines de los años treinta por su furor anticlerical y antirreligioso —huella dejada por el caudillo tabasqueño Tomás Garrido Canabal— y le inspirara al novelista inglés su célebre novela, *El poder y la gloria*. AMLO, en verdad, tenía y tiene predilección por todo lo que se relaciona con su patria chica, desde el plátano frito, el arroz y el pejelagarto (de donde proviene su apodo 'El Peje') hasta los poemas de su coterráneo y amigo de juventud, Carlos Pellicer. Cuando uno ama su tierra no necesita andar de viaje por tierras ajenas, de modo que su desconocimiento del mundo, que le reprochan sus adversarios, para ellos, sus seguidores, era otra virtud patriótica.

Bueno, desde luego, resultaba también para sus electores su perfil político. ¿Acaso no se decía inspirado por Lázaro Cárdenas en lo social y por Benito Juárez en lo político? ¿Acaso no había tomado siempre el partido de los pobres? ¿Acaso no se había dado a conocer desde muy joven como defensor de los indígenas en su propio Estado? Con ellos promovió marchas y tomó pozos petroleros para impedir los despedidos de la empresa estatal PEMEX. Y gracias a esas mismas movilizaciones, obtuvo que Tabasco recibiera más recursos provenientes del petróleo. Siempre había buscado como base de apoyo la llamada por él fuerza popular, en vez de perder el tiempo con memoriales e instancias jurídicas: marchas, caravanas, multitudinarias concentraciones en el Zócalo. En 1995, por ejemplo, había organizado una sonada «caravana de la democracia», que lo llevó al primer plano de la atención nacional. Se trataba entonces de denunciar las maniobras poco santas que habían permitido a su eterno rival y contrincante del PRI, Roberto Madrazo, llegar a la gobernación del Estado de Tabasco. No era una imputación a la ligera: en pleno mitin de protesta en el Zócalo, un extraño personaje sacó de un vehículo catorce cajas repletas de documentos que demostraban cómo, para ganar la elección, Madrazo había pagado a periodistas, a líderes obreros, a la gente acarreada a sus mítines y a dirigentes de otros partidos. Dentro de la más ortodoxa tradición del PRI, había gastado 60 millones de dólares para hacerse elegir.

Buena, ejemplar para sus electores, era su trayectoria: líder de comunidades indígenas, pieza clave del PRI en Tabasco, dirigente luego del PDR al lado de Cuauhtémoc Cárdenas, jefe del Gobierno de la Ciudad de México, presidente de su partido y, finalmente, candidato a la Presidencia. Y buena, para quienes votaron por él, la labor que cumplió en el gobierno de la capital. Admiraban, por una parte, la vistosa remodelación del Paseo de la Reforma, la construcción de dos pisos más en el periférico de la ciudad y la activación económica del centro histórico con ayuda del multimillonario Carlos Slim. Por otra parte, su acción social había sido muy apreciada por ellos. ¿Acaso en este cargo, el segundo del país, no había regalado vales intercambiables por alimentos a los mayores de setenta años, a las madres solteras y a las familias de los discapacitados? En la misma línea de protección a los más desfavorecidos, aparecían los compromisos asumidos por él como candidato a la Presidencia. Dichos compromisos fueron cincuenta, nada menos; cincuenta, que despertaron en sus electores fervientes esperanzas: pagar la deuda histórica que tiene

México con sus comunidades indígenas; pensión alimenticia para todos los mayores de setenta años; becas para los discapacitados pobres; atención médica y medicamentos gratuitos, educación pública también gratuita en todos los niveles y gratuita entrega de libros escolares. Además de eso, sonaba electoralmente muy seductor el compromiso de evitar el rechazo de jóvenes que desean ingresar a las universidades tal vez por obra de injustos exámenes de admisión; modificar el Tratado de Libre Comercio con Estados Unidos y Canadá para impedir la libre importación de maíz y de frijoles, ruinosa para millones de campesinos mexicanos, y luchar contra la inseguridad rampante en las principales ciudades del país, pero no con reaccionarios sistemas policiales, sino atacando la causa del mal, es decir, la pobreza y el desempleo. ¿Qué más podían pedir?

EL DESVARÍO INESPERADO

Detengámonos en este punto. Gracias a este perfil propio de una izquierda de tintes populistas, pero ubicada de todos modos en los cauces institucionales del país, 14,756,350 de mexicanos votaron por él. Esperaban el mencionado caudal de milagros ofrecidos en su campaña. Debió dolerles a casi todos ellos ver pulverizados sus sueños por un microscópico porcentaje de ventaja (0.58 por ciento) de Felipe Calderón en las urnas. Sin embargo, como se vería luego, no todos ellos estaban dispuestos a acompañarlo en la tempestuosa aventura emprendida por él de desconocer los resultados electorales; denunciar sin pruebas un fraude; atacar a jueces y magistrados del Tribunal Electoral del Poder Judicial de la Federación; declarar a gritos desde un balcón podridas, caducas e inservibles las instituciones de México; bloquear carreteras, bancos y el propio Paseo de la Reforma con campamentos de seguidores; impedir que el presidente Fox leyera su mensaje en el Congreso y otros enloquecidos desmanes propios de los «piqueteros» argentinos o de los indígenas de El Alto, en Bolivia, y proclamarse presidente paralelo, nombrando un gobierno en la sombra.

Todo esto, que parecía apenas una explosión temporal de cólera causada por una derrota que él no esperaba, no fue sino el punto de partida de una locura mayor: la de considerarse el real presidente electo de México, «tomar posesión» de su cargo el 20 de noviembre del 2006 en la Plaza del Zócalo, con banda o cinta presidencial cruzándole el pecho y con un gabinete de opereta a su lado. Y todo no terminaría ahí, pues dentro de la misma línea de furiosa paranoia incitaría luego a los diputados del PDR a apoderarse de la tribuna del congreso el 1° de diciembre del mismo año, así fuese a golpes y patadas, con el fin de impedir la real toma de posesión de Felipe Calderón. Lo que consiguió fue un zafarrancho general presenciado por delegados de todo el mundo, entre ellos una docena de mandatarios y el príncipe de Asturias, dando de su país una imagen propia de una república bananera de otros tiempos.

Semejante aventura fue secundada por la parte más vociferante de sus huestes, pero causó un vivo malestar en los sectores más conscientes de la izquierda mexicana y desde luego en los demás sectores de la opinión. Lo revelarían poco después las encuestas. Primero un 12 por ciento, luego un 15 por ciento de sus partidarios y, finalmente, según una encuesta del diario *El Universal,* el 71 por ciento de los mexicanos, se manifestaron contrarios a estos métodos que les revelaban un perfil de López Obrador muy peligroso para el país. Difícilmente podían acreditar el fraude denunciado por él, cuando los 42,249,541 votos depositados en las urnas fueron computados en 130,477 mesas electorales por 909,575 ciudadanos de todos los partidos y fiscalizados por 1,800 consejeros distritales, 24 mil observadores nacionales y más de 600 internacionales.

Detrás de estas deserciones aparecen cambios significativos en el PDR y en la izquierda de México. Voceros suyos, como el antropólogo Roger Bartra, hablan de posturas anticonstitucionales y piden tomar distancias frente a López Obrador. Entre una izquierda moderna (o vegetariana, como la llamamos los autores de este libro) y una izquierda populista y amotinada hay radicales diferencias. La una se sitúa en las realidades del presente, la otra evoca los peores fantasmas del pasado continental y no conduce sino a la inseguridad y la desestabilización de un país. Situándose en este extremo, AMLO ha iniciado un descenso vertiginoso de su carrera política, tanto como fue su ascenso.

Antes de estos desvaríos, la fuerza cobrada por la izquierda mexicana y por su candidato parecía explicable. Como en otros países de América Latina, jugaba a su favor el descrédito de la clase política por obra de la corrupción y el clientelismo. Si bien la elección de Fox había obedecido al mismo fenómeno, lo cierto es que los viejos vicios dejados por el PRI no habían desaparecido del todo. La mordida, típica institución mexicana, no ha desaparecido. Hay, en proporción apreciable, emigración y pobreza. Y si bien Vicente Fox fue elegido en el año 2000 para poner fin a siete décadas del largo imperio político del PRI y darle al país un nuevo rumbo más limpio y democrático, las esperanzas depositadas en él se cumplieron sólo en parte. Hubo, es cierto, más decencia y moralidad en el ejercicio del poder y franjas de libertad en la prensa y en el juego político no vistas antes, pero ello no impidió que en el país quedara la sensación de haber visto incumplidos muchos proyectos renovadores anunciados seis años atrás. La culpa en buena parte la tuvo la arquitectura constitucional del país que estaba diseñada para la hegemonía del PRI y no para un paisaje político que incluye ahora al PAN y al PRD con el riesgo de que quien resulte electo presidente, como le ocurrió a Fox, no disponga de mayorías en el Congreso. Por tal motivo, su gobierno no pudo sacar adelante todos sus proyectos. Avanzó, sí, pero muy lentamente. A diez por hora, dice Andrés Oppenheimer en su libro *Cuentos chinos,* mientras China e India avanzaron en el mismo lapso a 100 kilómetros por hora gracias a la globalización, a la apropiación de tecnologías, la educación y su política de puertas abiertas a la inversión extranjera. Buscando siempre un acuerdo con el PRI que nunca se produjo, el gobierno de Fox padeció con frecuencia de indecisión en aras de tal propósito transaccional y cometió errores como el de su actitud poco decidida y solidaria con Estados Unidos tras los atentados del 11 de septiembre. Tampoco contribuyeron a la solidez de su imagen las coquetas aspiraciones de la primera dama, Marta Sahagún, para suceder a su marido, o la tentativa soterrada del gobierno de inhabilitar a López Obrador como candidato por desacato a una orden judicial: el desafuero, como se llamó a esta tentativa, más bien fortaleció a nuestro personaje presentándolo como víctima de una conjura del poder. Si bien es cierto que en México el ingreso per cápita aumentó de 8,900 dólares a 9,700 y que el número de pobres disminuyó (en 7 millones según el gobierno, en 5 millones y medio según otros estimativos), lo cierto es que esa reduc-

EL REGRESO DEL IDIOTA

ción de la pobreza no es enteramente resultado de una política oficial. Contribuyeron a ella de manera más efectiva los giros de los emigrantes mexicanos desde el exterior, en especial los residentes en Estados Unidos, que del año 2000 al 2004 pasaron de 6,500 millones de dólares a 16,600 millones, y en el 2006 parecen sobrepasar los 20,000 millones. En todo caso, la parte que le tocó al gobierno en esa leve reducción tuvo que ver con subsidios directos a un buen número de familias a cambio de que enviaran a los hijos a la escuela, no con la multiplicación de los negocios pequeños, medianos o grandes. Pese a esta nueva realidad y a los excelentes resultados del TLC con Estados Unidos y Canadá, a la hora de hacer un balance México no queda bien parado. Pasó del puesto 31 al 48 en la categoría de competitividad del Foro Económico Mundial y descendió del 5 en el 2001 al 22 en el 2004 el índice de confianza en el país.

Ante esa realidad, ni enteramente buena ni enteramente mala, la elección presidencial de julio de 2006 le ofreció al país tres opciones distintas: un regreso al PRI, con Roberto Madrazo, apoyado por los dinosaurios de ese partido todavía fuertes en numerosos estados; un impulso más decidido para hacer avanzar la nación por la vía de un modelo liberal con el candidato del PAN, Felipe Calderón, y una alternativa populista de izquierda como la que en los últimos años ha prosperado en otras latitudes del continente, con López Obrador.

Además del inesperado desbordamiento de los cauces institucionales que lo revela como un peligro para el país, su propia posición política adolecía de muchos de los desvaríos propios de los líderes populistas latinoamericanos. Responde, en este sentido, a los mismos signos de identidad política de un Chávez o un Evo Morales.

IDEOLOGÍA VS. REALIDAD

Digámoslo de una vez: lo malo de AMLO es seguramente su motivo de orgullo: ser el depositario de una ojerosa ideología y actuar conforme a sus dictados. No lo decimos, como él podía creerlo, por el hecho de tratarse de una ideología de izquierda, sino por ser eso, una ideología, cualquiera que sea su signo. Es decir, una formulación teórica *a priori* a partir de la cual se busca interpretar la realidad. Las «anteojeras ideológicas», como las llama Enrique Krauze, no dejan verla. El concepto precede a la experiencia y con mucha frecuencia ésta lo refuta. La vieja izquierda, por ejemplo, idealiza al Estado y denigra el mercado sin ver la manera negativa o positiva como uno y otro inciden en el desarrollo económico. Es un extravío intelectual bien analizado en su momento por Jean-François Revel.

Dirá nuestro amigo, el perfecto idiota, que el liberalismo es también una ideología. Pues bien, nunca lo fue. Se limitó a establecer un conjunto de observaciones sobre acontecimientos cumplidos. Adan Smith en *La riqueza de las naciones* no hizo *a priori* construcción teórica alguna sobre la mejor sociedad posible, sino que, al examinar la realidad de su tiempo, descubrió lo que había permitido a unos países ser más ricos que otros. De igual manera, hoy el liberalismo extrae conclusiones de las experiencias exitosas de naciones como Corea del Sur, Taiwán, Singapur, Hong Kong, España y Nueva Zelanda, y más recientemente China, India, Irlanda, Estonia, República Checa y el propio Chile, al mismo tiempo que observa lo que les falta a nuestros países para seguir por ese rumbo, encontrando en ello, de paso, una explicación de nuestros persistentes niveles de pobreza. Mirar primero realidades que nos sirvan de ejemplo y formular después propuestas parece algo más sano que obedecer a los dictados, deformaciones o supersticiones de una ideología como le sucede a AMLO.

Fiel a un típico recurso populista, en sus ideas y programas sólo reconoce la influencia de figuras históricas de su país. Del mismo modo que Chávez invoca a Bolívar, AMLO se presenta como descendiente político de Lázaro Cárdenas y de Benito Juárez. Del primero heredó, por cierto, lo malo y no lo bueno. Lo malo: sus políticas económicas estatistas que lo llevaron a nacionalizar la industria petrolera y los ferrocarriles y a propiciar un tipo de propiedad agraria comunal más demagógica que provechosa para el país. Lo bueno: Cárdenas jamás buscó los enfrentamientos de clase, como sí lo hace AMLO. De Juárez, pese a lo que dice, tiene muy poco de su rigor y su transparencia en el manejo de las finanzas públicas aunque sí algo de su autoritarismo. Los escándalos producidos por funcionarios suyos en el gobierno de la Ciudad de México así lo demuestran.

Detrás de estos referentes citados por él, se ocultan, en realidad, tres convicciones de estirpe ideológica que orientan su acción. La primera, propia de la vieja izquierda continental, es la de servirse de una confrontación de clases como rasgo esencial de su lucha política. AMLO hace constantes referencias a los de abajo y los de arriba, los poderosos, los privilegiados y los que sufren su opresión, algo que siempre suena bien al oído de la muchedumbre; exalta su frustración y su cólera. Y aunque, con cierta astucia, López Obrador se apresuró a tranquilizar a los empresarios el 11 de marzo de 2005 asegurándoles en una carta confidencial que nunca se ha propuesto romper los equilibrios macroeconómicos, sus furiosas arengas en plazas y balcones no dejan de satanizar el dinero, el mercado, los intereses privados. Con frecuencia, como hace Chávez en Venezuela, echa mano del lenguaje popular para hablar satíricamente de las llamadas por él clases favorecidas y de paso atribuirles toda clase de conjuras contra él y su gestión como jefe del Gobierno de la Ciudad de México. Así, por ejemplo, cuando el 27 de junio de 2004 cerca de 700 mil personas desfilaron por el Paseo de la Reforma para protestar contra la inseguridad y la ola de secuestros que golpeaban a la ciudad, él decidió que esa multitud estaba compuesta ante todo por élites sociales, por *pirruris,* expresión que a veces acompaña de otros términos despreciativos del mismo género: «camajanes», «machucones», «finolos», «picudos», «exquisitos». Es decir, algo en la forma muy fiel a la tradición populista, pero en el fondo inspirado por un extravío ideológico muy propio de esos desechos radiactivos del marxismo y de su lucha de clases que perduran en el subsuelo intelectual de América Latina.

La misma convicción propia de la vieja izquierda lo lleva a ver en los Estados Unidos la sombra amenazante de un imperio que obra sólo en beneficio propio y en contra de su vecino del sur. López Obrador y la izquierda mexicana se opusieron en un principio al Tratado de Libre Comercio con Estados Unidos y Canadá. La realidad acabó pulverizando sus prejuicios de izquierdistas primarios. Gracias al TLC, la balanza comercial de México pasó de un déficit de 3,150 millones de dólares en 1994 a un superávit de 55,500 millones en el 2004. Incapaz de comprender cómo en un mercado abierto hay que aceptar el libre juego de la competencia, López Obrador ofrecía como tema de campaña buscar un imposible acuerdo para impedir en México la importación libre de frijoles y de maíz de Estados Unidos.

La segunda convicción suya es de la misma estirpe ideológica: el Estado es no sólo el real creador de riqueza, sino su único administrador confiable y el verdadero dispensador de beneficios sociales para los más desfavorecidos. Por lo consiguiente, nada de privatizaciones. Lo que es patrimonio del pueblo, el Estado debe preservarlo como bien público sin ponerlo en manos de intereses privados. Sin embargo, como bien lo dice Enrique Krauze, no es la existencia de ese Estado proveedor ni su papel rector lo que está en juego cuando se critica a la vieja izquierda. «Lo criticable —dice él— es la anacrónica persistencia de una mentalidad que no ve la necesidad de someter esa oferta y esa rectoría del Estado a las pruebas elementales de eficacia, productividad y transparencia.» La izquierda mexicana, más jurásica que vegetariana, más ortodoxa que liberal, pasa por alto el mal que ha impedido a México niveles de desarrollo propios de naciones hace cuarenta años más pobres que ya llegaron al Primer Mundo: precisamente el Estado, un Estado ineficiente, roído por la burocracia y la corrupción; un Estado que por muchos años estuvo a disposición de los barones políticos del PRI y del que ahora quienes los remplazan en el poder se sirven también como instrumento para favorecer a los suyos. El mal quedó sembrado.

La tercera deformación ideológica de López Obrador proviene también del marxismo: la idea de que el ordenamiento jurídico del país no es confiable, pues responde a esa superestructura creada para defender o preservar los intereses de la clase dominante, la burguesía. Muy probablemente allí reside la explicación de sus estrepitosas movilizaciones, único recurso en el cual confía cada vez que quiere sustentar una protesta. Así, cuando consideró que el despido de trabajadores transitorios de PEMEX era injusto o injusta la parte de sus recursos que esa empresa le dejaba a Tabasco, no se contentó con impugnaciones por la vía legal, reclamos ante el Ejecutivo o acciones parlamentarias, sino que procedió con ayuda de comunidades indígenas a bloquear pozos petroleros hasta obtener lo que buscaba. Subyace en él la convicción, también aprendida en cartillas marxistas, de que la ley es ante todo un instrumento de los ricos, utilizada en todo caso en su provecho y no en el de los proletarios.

SIN MÁQUINA CALCULADORA

Ahora bien, la realidad de su gestión no lo favorece. Obedeciendo tanto a sus premisas ideológicas como a sus ofertas electorales de corte populista, AMLO efectivamente distribuyó ayudas a ancianos, discapacitados, madres solteras, a tiempo que en la Ciudad de México emprendió obras muy vistosas de remodelación urbana. Pero, como buen populista poco amigo de números y de ciencias económicas, a la hora de hacer ofertas y adelantar proyectos nunca tiene al alcance de la mano una calculadora. Por ello, bajo su gobierno, la deuda de la Ciudad de México creció de 2,600 millones en el 2002 a 4,000 millones hoy. Por otra parte, buscando obras públicas de gran impacto visual como la remodelación del Paseo de la Reforma y los dos nuevos pisos del periférico, descuidó el abastecimiento de agua hasta el punto de que existe el riesgo de que en 2007 haya en la Ciudad México una grave penuria de agua potable. Gastar más de lo que se tiene en busca de efectos populares, ofrecer como candidato a la Presidencia cosas tan atractivas como pensión para todos los hombres y mujeres mayores de setenta años sin preguntarse de dónde van a salir los recursos, como le sucedió a Alan García en su primer gobierno, es un típico extravío populista capaz de llevar a graves extremos el déficit fiscal.

A ello hay que sumar dos viejos vicios enquistados en la administración pública mexicana y en nada ajenos a su gestión al frente de los destinos de la ciudad: la corrupción y el favoritismo. El primer pecado corrió por cuenta de dos altos funcionarios suyos, Gustavo Ponce y René Bejarano. Ambos terminaron arrestados. El primero, cuando fue filmado en un lujoso casino de Las Vegas jugando altísimas sumas de dinero, no propiamente provenientes de sueldos o ahorros suyos. Bejarano fue filmado cuando recibía maletas llenas de dólares de un empresario ligado al PRD. Indudablemente, dentro de la vieja tradición que dejó el PRI, el hombre de negocios estaba pagando favores. En cuanto al favoritismo y la coacción, también típico de los viejos manejos de la ciudad, el caso más citado es el de la empresa Eumex, concesionaria de casillas de espera en las líneas de autobuses urbanos o «parabuses», víctima de intimidaciones en el peor estilo para que esa concesión pasara a manos de un amigo del gobierno distrital. A estos señalamientos, recogidos por la prensa, López Obrador resolvió responder presentándolos como maniobras y conjuras encaminadas a desprestigiarlo. Maniobras de los de arriba, los poderosos, claro está.

Finalmente, la inseguridad no disminuyó sino que aumentó en la Ciudad de México bajo su administración. Los secuestros y robos se convirtieron en amenazas constantes, hasta el punto de que pasaron a ser el primer problema de la ciudad. La izquierda suele detenerse en las causas atribuibles a este fenómeno (la pobreza y el desempleo) sin buscar urgentes y efectivas medidas policiales de vigilancia urbana, siempre mal vistas por

LO MALO DE AMLO

obra de supersticiones ideológicas que las identifican con políticas represivas de derecha.

En el caso de AMLO, sus ideas equivocadas, tan cercanas a nuestro perfecto idiota, se unen a un ingrediente explosivo que acabará convirtiendo lo suyo en un huracán político a fin de cuentas transitorio. Nos referimos a su carácter. Periodistas y biógrafos ocasionales recuerdan sus tendencias autoritarias. Es el «Mesías tropical» —como lo llama Krauze— que no escucha, no admite reparos ni dialoga. Hay quienes recuerdan un incidente trágico de su adolescencia para explicar rasgos algo desquiciados de ese carácter: la muerte accidental de un hermano suyo por culpa de un disparo cuando manipulaba un arma. No fue culpable de ese hecho, pero tal vez llegó a pensar que podía haberlo evitado, y para liberarse o superar tal sentimiento de culpa aflora en él a cada instante una vehemencia muy próxima a la agresividad. Es tema para un psiquiatra.

Como sea, AMLO es propenso a peligrosos desbordamientos. Lo que sucede en el mundo poco le interesa. Es un caudillo del viejo estilo, sólo que el México de hoy, en ruta hacia la modernidad y con la competencia de los países asiáticos en esta era de la globalización, no está para volver a la época de Zapata o Pancho Villa. La revuelta no es hoy arma de cambio. Dadas la experiencias de Cuba y la más reciente de Venezuela y de Bolivia, el camino de Castro, Chávez, Evo Morales y compañía no resulta hoy muy atractivo para un país cuya fisonomía social está determinada por la presencia y ascenso de la clase media y, dentro de ella, de profesionales, ejecutivos, intelectuales y empresarios ajenos a semejantes desvaríos. Subsisten, por supuesto, zonas económicamente deprimidas, indígenas, campesinas o marginales en el panorama urbano, que sustentan una caudalosa emigra-

175

ción y cuya situación sólo puede ser redimida por el crecimiento económico, la educación, un manejo escrupuloso de las finanzas públicas, la seguridad jurídica y la atracción de inversiones extranjeras. Es decir, una política que corresponde más al perfil del nuevo presidente Felipe Calderón y no precisamente de AMLO (esperemos que Calderón ejerza el liderazgo que no ejerció Fox a la hora de llevar a cabo un programa de reformas audaces y que el PRI tenga esta vez una actitud menos obstruccionista). Sus bloqueos, amenazas, desafíos y otras exaltaciones tropicales eran propios del México que quedó atrás y no del que enfrenta los retos y exigencias del mundo de hoy.

¿Todos vuelven?

Si alguien hubiera pronosticado, en 1990, que Alan García, el temible *Caballo Loco,* sería hoy presidente de la República de su país con el voto de la derecha y la bendición del capital nacional e internacional, hubiera sido enviado sin mayor trámite a «Víctor Larco Herrera», el insigne manicomio limeño, o habría hecho carrera como exégeta de *Vaticinia Michaelis Nostredami de Futuri Christi Vicari*, el manuscrito que contiene las profecías apocalípticas de Nostradamus. Pero, al parecer, como en el vals criollo de César Miró, todos vuelven.

Aquel año, el último del primer y abracadabrante gobierno de Alan García, la inflación superaba el 7,000 por ciento; en sus cinco años de gestión, la inflación acumulada sumaba 2 millones por ciento. Si en 1985 usted tenía cien intis —la moneda que inventó aquel gobierno— debajo del colchón, en 1990 le quedaban dos. La economía había retrocedido al nivel de 1960: en sus últimos tres años, la administración del APRA había provocado caídas del PIB —es decir de la producción de bienes y servicios— de entre 5 y 13 por ciento, lo que quiere decir que en la práctica había cada vez más peruanos y cada vez más pobreza. La comunidad internacional había declarado al Perú «inelegible», lo que, en el mundo de las finanzas internacionales, equivale a ser enviado a un leprosorio; la declaración implicaba que la estridencia antiimperialista del mandatario peruano había secado todas las fuentes de crédito y de inversión extranjera. A estas lindezas se añadía una atosigante sucesión de escándalos de corrupción que le valdrían a García varios años de enredos judiciales.

Para rematar la faena progresista, Sendero Luminoso, la organización maoísta dirigida por Abimael Guzmán, un fanático de la clase media arequipeña que padecía de psoriasis, había logrado avanzar tanto que Mario Vargas Llosa había tenido poca dificultad en imaginar, en su *Historia de Mayta,* una pesadilla de intervenciones extranjeras provocadas por la ofensiva «polpotiana» de las huestes del «camarada Gonzalo». La prensa había tratado el texto como una crónica de actualidad antes que como una obra de ficción.

Un hecho resumía la gestión de Alan García: una mañana, los limeños abrieron los grifos de sus lavadores y los abofeteó el inconfundible olor de la mierda. El agua que surtían las redes de distribución de Sedapal, la empresa estatal, se había convertido en desague. Los ciudadanos que carecían de agua potable habían pasado a ser algo así como seres privilegiados ante el asalto escatológico sufrido por quienes sí tenían acceso (teórico) a ese servicio básico.

Dieciséis años más tarde, en 2006, el autor de esa hazaña del subdesarrollo resultó elegido por los peruanos como salvador de la patria. Sus votantes de la primera vuelta —un 25 por ciento del total— no habían bastado para colocarlo en la Casa de Pizarro. Por tanto, en la segunda vuelta necesitó los votos de la derecha, que había otorgado otra cuarta parte de los sufragios a la candidata socialcristiana, para vencer, por algo más de 52 por ciento contra algo menos de 48 por ciento, al comandante Ollanta Humala, campeón del nacionalismo populista.

Esta historia —más folclórica que política— resume bien la paradoja del populismo peruano: por un lado, los estropicios causados por los sucesivos populismos que ha padecido el Perú han llevado a los insatisfechos a echarse en brazos de nuevos y más radicales populismos; por el otro, algunos de los populistas de ayer han aprendido —o dicen haber aprendido— las lecciones de su pasado y tratan ahora de encerrar a la genio en la botella de la que alguna vez la dejaron escapar. Humala estuvo a punto de ganar las elecciones —y no se puede descartar que, al igual que Evo Morales, las gane en un siguiente intento— con una prédica virulenta contra una realidad que es, aunque lo ignore, el resultado de las mismas políticas que recomienda como antídoto contra la pobreza. Alan García —el populista reformado, el hombre que promete no volver a las andadas aunque conserve varios tics de antaño— pasó a ser el muro de contención contra el humalismo con el respaldo de una derecha políticamente huérfana y el alivio de unos inversores angustiados con la posibilidad de que el chavismo, que se expandía como una mancha de aceite por el continente, lograse apoderarse también del Perú. En junio de 2006, al día siguiente de la victoria de García, el analista Franco Ucelli de Bear Stearns, uno de los principales bancos de inversión del mundo, sellaba así este espectacular cambalache político en la tierra de César Vallejo: «Consideramos que el mercado dará la bienvenida al resultado electoral de ayer y dará su respaldo a los bonos peruanos».

¿Qué había ocurrido, realmente? En lo inmediato, se había producido una psicosis en medio país ante la posibilidad de que alcanzara el poder Ollanta Humala, un nacionalista que llevaba apenas un año en política y cuyos antecedentes, cuya formación ideológica, cuyas amistades peligrosas y cuya tremebunda familia apuntaban hacia una nueva aventura autoritaria. Pero también había un problema de fondo: el mismo país que en los años noventa, tras el desastre producido por el gobierno de García, había aplaudido la privatización de empresas públicas, la apertura del comercio y la instalación de capitales extranjeros en el Perú, había vuelto a experimentar su antiguo entusiasmo por el populismo, una enfermedad que, por lo visto, comparte con la malaria su vocación por la recurrencia en el cuerpo del afectado. ¿La razón? Los resultados insatisfactorios de esas reformas —mal ejecutadas, poco consistentes y acompañadas de la monumental corrupción de Vladimiro Montesinos— y el surgimiento de reclamos sociales astutamente aprovechados por los nuevos caudillos nacionalistas e indigenistas surgidos durante los cinco años del gobierno de Alejandro Toledo.

Dos factores permitieron —a duras penas— evitar que el comandante Humala obtuviese la victoria: la comprobación de que un tercio del país se ha instalado ya culturalmente en la globalización y el hecho de que el APRA, el viejo partido de Haya de la Torre, liderado por un Alan García excepcionalmente dotado para conquistar votos, mantuviera la lealtad de un número suficiente de ciudadanos. Ni siquiera puede decirse que ese 52 y pico por ciento de ciudadanos que votaron por García en segunda vuelta se inclinan por la moderación política y la libertad económica, pues el electorado aprista tiene una fuerte tendencia populista. Esa tendencia es precisamente lo que hizo decir a muchos empresarios, entre la primera y la segunda vuelta de los comicios peruanos, que resultaba una bendición que Humala tuviera que enfrentar a Alan García y no a la socialcristiana Lourdes Flores en el *ballotage*, pues si se hubiera dado este último escenario Humala habría tenido poca dificultad en sumar votos apristas a su alta votación de la primera vuelta. Pero la suma del tercio «globalizado» y del aprismo disciplinado bajo un García más moderado de lo que sus propias huestes quisieran produjeron *in extremis* la derrota de Humala.

En resumidas cuentas, todavía puede hablarse de una masa crítica de peruanos culturalmente adscritos al populismo (es verdad que forzados por unos incentivos que nacen de la estructura institucional del país), lo que se refleja adecuadamente en el Congreso emanado de las elecciones de 2006, donde las dos fuerzas que respaldaron la candidatura de Humala obtuvieron un total de cuarenta y cinco escaños (de un total de ciento veinte), mientras que el APRA posee treinta y seis. Aunque ha habido tres deserciones en el bando humalista y las dos agrupaciones que respaldaron su candidatura se han dividido, todos esos parlamentarios son de tendencia nacionalista y populista. Si se toma en cuenta que el fujimorismo logró, por su parte, hacerse con trece escaños, se tiene una idea de lo menguadas que han quedado las fuerzas que representan más claramente la democracia liberal y la economía de mercado. Este populismo cultural también se adivina en un sector amplio de la academia, la prensa y las artes, y en todos esos sondeos que delatan a una sociedad de ciudadanos solicitantes antes que una sociedad de productores. Por ello, al igual que ocurrió con Evo Morales en Bolivia, Humala o los futuros Humalas están convencidos de que obtendrán la victoria la próxima vez que lo intenten. Y por ello, aun cuando en muchos sentidos ha evitado regresar a sus viejas prácticas, en los meses que lleva en el poder Alan García ha hecho varias concesiones populistas. Las viejas tentaciones controlistas y corporativistas del APRA, un partido que en sus orígenes imitó ciertos aspectos del fascismo, también conspira contra la definitiva modernización de esa agrupación política.

MODERNIZADORES VERSUS REACCIONARIOS

El Perú, pues, no se sustrae al giro a la izquierda que se ha registrado en América Latina en este nuevo milenio, aunque por ahora ha logrado evitar que su variante más afiebrada llegue al Poder Ejecutivo. A menos que Alan García y el APRA den un nuevo giro copernicano ante la eventual presión de la calle, puede decirse que un sector de esa familia ideológica empieza a transitar hacia los pastos de la izquierda vegetariana y podría encontrar un espacio común con los sectores liberales para mantener a raya al populismo químicamente puro de los carnívoros.

Detrás de esta división entre una izquierda que transita hacia la socialdemocracia y otra que se atrinchera en la caverna hay ecos de un fenómeno que se verifica en buena parte del continente: una compleja lucha que enfrenta a los modernizadores, interesados en que América Latina fortalezca su pertenencia a la cultura occidental, y los reaccionarios, quienes no se distraen un segundo en el empeño de frenar o revertir esa tendencia. Entre los modernizadores hay sectores de centro derecha y de centro izquierda, que, a pesar de sus significativas diferencias y, a veces, sus odios tribales, tienen en común una idea clara del peligro que representa la nueva arremetida populista de los reaccionarios.

Esta tensión cultural entre modernizadores y reaccionarios

ha obstaculizado el desarrollo de América Latina en los últimos años. Ella ha impedido en la mayor parte de los países que la modernización se lleve a cabo de un modo sostenido y cabal, paralizando, frenando o contaminando los esporádicos esfuerzos por dejar atrás el subdesarrollo. Todos los países latinoamericanos excepto Chile han visto caer su ingreso per cápita como una proporción del ingreso per cápita de los Estados Unidos. Un 45 por ciento de la población latinoamericana todavía es pobre y, tras un cuarto de siglo de gobiernos democráticos, los sondeos aún dejan traslucir una profunda insatisfacción con las instituciones democráticas y los partidos tradicionales. El corazón del problema está en la supervivencia del populismo. Todavía no hemos aprendido que el populismo es el culpable de haber creado sociedades de dos niveles en las cuales unos pocos privilegiados obtienen el apoyo y los subsidios gubernamentales para sus actividades, mientras que el resto enfrenta obstáculos insalvables. A pesar de esta constatación, amplios sectores de la población peruana siguen corriendo detrás del flautista de Hamelín, como esos niños que en el cuento de los hermanos Grimm se entregan a la música del visitante a pesar de que los antecedentes indican que no los va a conducir por buen camino.

El populismo, que nació como reacción contra el Estado oligárquico del siglo XIX, encarnó en su día en movimientos de masas multiclasistas conducidos por caudillos que culpaban a las naciones ricas de las penurias de América Latina y buscaban reivindicar a los pobres a través del voluntarismo, el proteccionismo y una masiva redistribución de la riqueza. El resultado fue un estado grandote y fofo, una burocracia asfixiante, la subordinación de la judicatura al mandón de turno y un sistema económico rentista y parasitario. Velasco Alvarado, en los años setenta, y Alan García, en los ochenta, encarnaron ejemplarmente el populismo peruano del siglo pasado.

El populismo está tan arraigado en la psiquis latinoamericana que continúa dominando las instituciones incluso cuando los modernizadores tropiezan con la Presidencia. A esto se debe que los años noventa — un periodo de privatizaciones y cierta liberalización económica— causaran frustración y provocaran el resurgimiento de poderosos movimientos populistas de oposición en toda la región. Y a esa tara populista instalada en el sistema político se debe que en los periodos razonables desde el punto de vista económico —como el de Alejandro Toledo entre 2001 y 2006— la pobreza no haya disminuido sustancialmente. Sin instituciones neutrales y respetadas, el capitalismo se vuelve seudocapitalismo; sin Estado de Derecho, las reformas liberales no bastan para incorporar a las masas a la economía de mercado y la globalización, y sin una reforma integral del Estado la inercia estatista sabotea las mejores intenciones. De allí que el populismo haya renacido de sus cenizas en estos años iniciales del nuevo milenio.

Un área en la que la tensión entre modernizadores y reaccionarios se vive con especial intensidad y gritería es el de la minería. El Perú es un país minero por excelencia: en los últimos quinientos años, ésa ha sido su principal exportación. Un estudio del instituto canadiense Fraser recientemente colocó al Perú entre los dos primeros países del mundo en potencial minero para la próxima década. Sin embargo, cuando analiza el trato que dan las políticas públicas a la minería, el Fraser Institute coloca al Perú en el puesto 44 de un total de 64 países.

En los años setenta, la dictadura militar progresista de Velasco Alvarado nacionalizó las minas. En los noventa, la dictadura de Fujimori las privatizó. Con buen criterio, los tecnócratas lograron —en la primera parte de ese régimen— establecer un sistema atractivo para la inversión minera, ofreciendo a las empresas que quisieran apostar por la minería la posibilidad de deducir de sus impuestos el monto de sus inversiones, además de una garantía de «estabilidad tributaria» por los próximos quince años. Unas veintisiete empresas, entre ellas algunas de las grandes corporaciones mineras del mundo, como BHP Billiton y Newmont, invirtieron en diversos prospectos en el Perú. Desde entonces, sectores significativos de la población acusan a las empresas de «no pagar impuestos», lo que no es cierto pues en 2005, por ejemplo, las mineras pagaron unos 900 millones de dólares en tributos.

Lo que sí es cierto es que la «estabilidad tributaria» hace, por ejemplo, que las empresas que se acogieron a ese sistema no tengan que pagar las regalías de 3 por ciento sobre las ventas decretada en 2004. Pero es justamente gracias a la estabilidad tributaria que se les garantizó en los contratos que esas importantes mineras han anunciado inversiones por casi 10 mil millones de dólares para la próxima década (que se suman a los 9 mil millones de dólares invertidos hasta hoy). Sin un clima atractivo para sus inversiones, esas mineras se irían a otra parte.

Desde luego, algunas de ellas tuvieron relaciones turbias con la dictadura fujimontesinista, que es quien imponía sus reglas de juego en los años noventa, pero para eso están los tribunales de justicia. Como lo están para resolver cualquier denuncia ambiental legítima. Lo que no tiene el menor sentido es que el populismo reaccionario haga lo posible para ahuyentar las inversiones, amenazando con cambiar las reglas de juego y movilizando comunidades indígenas contra las empresas mineras. Eso mismo ocurrió, por ejemplo, en la región serrana de Cajamarca en perjuicio de la mina de oro Yanacocha, que en agosto de 2006 se vio obligada a suspender todas sus actividades de forma temporal (inevitablemente, entre los demagogos que azuzaron a la población contra la mina estuvo un cura marxistón, Marco Arana, acompañado por una serie de ONGs que viven del dinero de los países ricos y explotadores).

Hay que reconocer que parte del problema tiene un origen antiguo. El hecho de que el Estado no haya reconocido derechos de propiedad privada sobre el subsuelo peruano a los campesinos que habitaban las tierras de la zona impidió que las comunidades locales pudieran participar directamente de los beneficios. De haber podido ejercer derechos de propiedad, habrían sin duda otorgado concesiones a empresas privadas con la capacidad tecnológica y los capitales que ellos no tienen. Esa transacción habría facilitado mucho la aceptación del capital extranjero en las zonas mineras y dificultado la tarea de los agitadores de plazuela. Pero esas graves fallas históricas no se corrijen matando a la gallina de los huevos de oro.

¿Quién paga los platos rotos de suspensiones como la de la mina de oro y de todas las que sin duda habrá en el futuro? Principalmente, los miles de ciudadanos empleados en Yanacocha o que dependen de empresas que prestan servicios a la compañía minera. La ironía de esta historia, por cierto, es que con estos «triunfos» lo único que logran los populistas —además de enviar a muchos peruanos al paro— es que el Estado deje de percibir ingresos por parte de las empresas paralizadas (empresas que precisamente por los altos precios de los minerales han financiado en buena cuenta el erario público en los últimos años).

Por si fuera poco y ante la incesante campaña contra la minería, las empresas decidieron por esos días —con el beneplácito de Alan García— hacer un aporte «voluntario» al Estado peruano de unos 800 millones de dólares para tratar de aplacar a los agitadores que los acusan de tener «sobreganancias» y no pagar suficientes tributos (¿quién y cómo se decide cuánto es una ganancia justa? ¿Cómo los curas medievales decidían el precio justo de un bien?). Por supuesto, no lo consiguieron: unos dijeron que era insuficiente y otros que era una forma de eludir pagar más impuestos. Aquello de la «responsabilidad social» de las empresas en este caso sólo sirvió para alimentar la irresponsabilidad antisocial de los perfectos idiotas.

EL NACIONALISMO EXTRAVAGANTE

Para que los modernizadores derroten a los reaccionarios, América Latina debe librarse del complejo populista de una vez por todas. El tránsito del populismo duro al populismo *light* de Alan García y otros como él es un paso adelante, pero la subsistencia de un populismo mayoritario en el país implica que el humalismo político y sociológico —al margen de la vigencia o no de la figura del proio Humala— sigue siendo un peso muerto y opera como rémora que lastra todo intento de navegar en la buena dirección. En la medida en que obliga a García, obsesionado con no permitir que sus rivales le hagan sombra, a hacer concesiones al populismo y no hacer una reforma a fondo del Estado para no ser acusado de «neoliberal», contribuye a limitar el progreso.

El Perú tiende a producir versiones especialmente extravagantes de las grandes corrientes latinoamericanas. Eso fueron, por ejemplo, Abimael Guzmán (que no podía contentarse con ser castrista y se hizo polpotiano), el primer Alan García (a quien no le bastaba un millón por ciento de inflación y se esforzó en alcanzar los dos millones), Alberto Fujimori (que no satisfecho con disolver el Congreso disolvió a su propia esposa, a quien mantuvo secuestrada en Palacio de Gobierno) y, ahora, Ollanta Humala (que además de ser nacional-populista tiene un nombre que en aymara significa «guerrero que desde su atalaya lo mita todo»). Todos parecen salidos de *La vida exagerada de Martín Romaña*, la novela de Bryce Echenique. Como esas caricaturas que acentúan los rasgos más notorios hasta hacer del personaje un monigote grotesco, el Perú produce versiones particularmente exageradas de las modas continentales. Humala es la más reciente.

La primera vuelta de las elecciones peruanas convirtió al nacionalista Ollanta Humala en la principal fuerza política, con el 31 por ciento de los sufragios. Fue el único candidato que en esa primera vuelta logró una presencia electoral sólida en todo el país: ganó en dieciocho de las veinticinco regiones. Sus bastiones en el sur y centro andinos, y en un sector minoritario pero significativo del cinturón urbano de Lima, son los mismos que eligieron a Alberto Fujimori y Alejandro Toledo —dos *outsiders,* como el propio Humala— en 1990 y 2001 respectivamente. Un candidato con una posición dominante en el sur, el centro, y el este del país, con una cuarta parte de los votos en Lima (ciudad que representa un tercio del electorado) y con cierto apoyo en las distintas provincias del norte, no podía ser derrotado fácilmente en la segunda vuelta aun si un sector amplio de peruanos miraban con espanto su alianza con Hugo

Chávez y sus alabanzas a Velasco Alvarado (en la memoria de la clase media, el ex dictador militar, de tendencia socialista y nacionalista como el primer Omar Torrijos en Panamá, especie de coronel Nasser tropical, equivale a Belcebú). A pesar de que la base popular de Humala tiene más que ver con la sociología que con la ideología pues proviene de peruanos mestizos con raíces indígenas que se sienten excluidos de las instituciones prevalecientes, tanto él como el partido de García son críticos de la globalización y de lo que denominan, ay, el «neoliberalismo».

Paradójicamente, la bonanza experimentada por el Estado peruano gracias al aumento de los precios de las materias primas en los años de Alejandro Toledo fortaleció el populismo. Los minerales generaron muchos ingresos para las arcas fiscales y la administración de Toledo acumuló sustanciales reservas monetarias. En consecuencia, la población, acicateada por la prédica populista, desarrolló una expectativa ansiosa sobre esos recursos, cuyos beneficios la eludían. Aprovechando ese contexto, Humala prometía revisar los contratos de inversión extranjera, votar contra el recientemente suscrito Tratado de Libre Comercio con los Estados Unidos y nacionalizar los recursos naturales. Lo que el cabezacaliente era incapaz de entender es que, aun en el escenario positivo del nuevo milenio, no había suficientes inversiones en el país para disminuir la pobreza y que su mensaje globalifóbico acabaría por arrojar al bebé junto con el agua de la bañera.

Tampoco entendía que el problema no era el TLC con Estados Unidos sino cómo lograr que un país que ocupa el puesto 68 en los *rankings* de competitividad internacional aproveche bien la oportunidad del mercado más grande del mundo. ¿Hay crimen económico mayor que provocar la disminución de la inversión en un país donde de por sí la inversión total no supera el equivalente a 18 por ciento del PIB? El comandante Humala, que tanto despotricaba contra Chile —el coco peludo de su infancia—, no se daba cuenta de que en ese país austral el nivel de inversión equivale a 25 por ciento del tamaño de su economía o, por ejemplo, que en los países asiáticos exitosos se acerca a 30 por ciento. Lo que en la práctica proponía, pues, era que la distancia económica entre Chile y Perú se ampliara… en favor de Chile. Llama la atención que no hubiera una corriente de opinión en Santiago para erigirle un monumento.

El tema de la ley y el orden —o mejor dicho, de la inseguridad ciudadana, que el Perú comparte con buena parte de América Latina en estos tiempos— también ha jugado a favor del humalismo en los últimos dos años, aun cuando en las elecciones locales de fines de 2006 el nacionalismo fuera desplazado en muchos lugares por la fragmentación política del país, expresada en movimientos regionales. Se trata de un drama que para millones de habitantes de los barrios marginales ha pasado a ser aún más urgente que el del desempleo o subempleo. El crimen y la violencia que se registra en los vecindarios pobres ha tenido una respuesta insultantemente ineficaz por parte del Estado. Desesperados por la ausencia de protección oficial, muchas personas toman la ley en sus propias manos. De allí los linchamientos que a menudo ensangrientan los noticieros de televisión, en los que unas jadeantes reporteras se encargan de dramatizar los hechos todavía más. La figura del comandante Humala, que propone orden en una democracia caótica e insegura, inevitablemente ha despertado simpatías entre los más desesperados. Angustiados, quieren poner al zorro a cargo del gallinero y al gato a cuidar la despensa. Este contexto es el que, en los comienzos de su gobierno, llevó a Alan García a sacarse de la manga la propuesta de implantar la pena de muerte para violadores, provocando un patatús en varios de sus ministros y un sector de la opinión pública, mientras que en la población cundió el entusiasmo. Alguna magistrada escandalizada con la propuesta y el argumento de que una mayoría se inclinaba por ella, recordó que a veces las masas se equivocan: «No olvidemos que el pueblo escogió a Barrabás en lugar de Jesús».

Los Humala son una versión caricatural del nacionalismo indigenista que se ha puesto de moda en la zona andina de Sudamérica. Hay que hablar así, en plural, porque Humala nunca fue uno, sino varios. Uno de sus muchos hermanos, Antauro, hoy preso por la muerte de cuatro policías durante una asonada mediática acaudillada por él en la serrana localidad de Andahuaylas, fue quien instaló la causa de los Humala en la conciencia de los peruanos durante los años en que Ollanta servía como agregado militar en París, primero, y luego en Seúl. El padre, Issac, viejo comunista y creador del Centro de Estudios Etnogeopolíticos, formó a todos sus hijos inculcándoles sus esotéricas elucubraciones y es el ideólogo del humalismo aun cuando las exigencias tácticas de la campaña llevaran a Ollanta a pedirle que cerrara el pico a última hora. A varios de sus hijos los convenció desde muy niños de que serían presidentes, lo que quedó demostrado cuando un tercer hermano, Ulises, irrumpió también como candidato en la campaña, acusando a Ollanta de ¡moderado y vendepatrias!

La tesis que Isaac pregona es sencilla y de una sinceridad que desarma: «Somos racistas, por supuesto. De las cuatro razas que existen en el mundo, la cobriza es la marginada. Nosotros la reivindicamos». La madre de Ollanta, Elena Tasso, una frágil señora en cuyos ademanes delicados nadie adivinaría a una fiera agazapada, propuso fusilar homosexuales, repitiendo el fulminante ofrecimiento electoral que ya Antauro había hecho en su pasquín *Ollanta,* lo que llevó a algún malvado a preguntarse si había municiones suficientes en la armería nacional para acometer empresa tan abundante.

El teniente coronel Ollanta Humala y el mayor Antauro Humala saltaron a una efímera fama a fines de 2000, cuando se alzaron contra Alberto Fujimori —cuyo gobierno dictatorial ya daba sus últimas boqueadas— desde un fuerte del sur del país, no lejos de la frontera con Chile. Durante algunos días recorrieron parcialmente los departamentos de Tacna y Moquegua lanzando proclamas «etnocaceristas» en memoria de Juan Avelino Cáceres, un héroe nacional que dirigió una guerra de guerrillas contra la ocupación chilena a fines del siglo XIX. En el trayecto, los hermanos fueron perdiendo a casi todos los soldados que los habían acompañado en los comienzos de su aventura, pero el nombre de los Humala se instaló brevemente en el imaginario colectivo. Luego de ser amnistiados por el gobierno interino que siguió a la fuga de Fujimori al Japón y cuando los vertiginosos acontecimientos de la transición democrática habían hecho olvidar la quijotada humalista, Antauro fundó un movimiento «etnocacerista» para el cual reunió a un número importante de reservistas a los que dividió en células y que tuvieron la misión de repartir su libelo por el sur del país, la zona que concentra la mayor pobreza y la mayor cantidad de indígenas. Antauro sostuvo siempre que actuaba como representante y subordinado de Ollanta, su hermano mayor, que en ese momento no llegaba a los cuarenta años. Sus varios años de prédica y esfuerzo organizativo llevaron a Antauro a la cárcel nuevamente, esta vez por la astracanada pseudogolpista de Andahuaylas, que su hermano, desde Seúl, detuvo por teléfono cuando ya estaba derrotada. Poco después, utilizando un pretexto burocrático, Ollanta se enfrentó a la jerarquía bajo la cual había servido durante el gobierno de Toledo y aterrizó en Lima, donde inició su campaña. Un año después, esa campaña, a la que nadie dio al comienzo la menor importancia mientras el ex teniente coronel recorría la sierra andina construyéndose una imagen sobre la base del trabajo que su hermano Antauro había realizado en los años precedentes, lo colocaría a un centímetro de la Presidencia de la República.

CAUSAS ESOTÉRICAS

Muchos países experimentan hoy un renacimiento de ideologías esotéricas —tan enredadas como esos futbolistas que se marcan solos cuando exageran la pirueta— empeñadas en enfrentar a la población indígena con lo que consideran los falsos valores de la civilización occidental a la que el continente americano pertenece desde el siglo XVI. Los galimatías antioccidentales que ciertos charlatanes incontinentes esparcen por aquí y por allá en el fondo esconden resentimientos y desconfianzas hacia lo que no entienden o no conocen, y hacia el éxito ajeno. Que ciertos manipuladores intelectuales pretendan dar a estas paparruchadas el prestigio de una ciencia social no quita que se trate de una colosal mentira política, y como tal, de un invento muy pernicioso. El indigenismo ideológico ha acabado por encauzar la legítima frustración de masas que no han sido aún incorporadas a la modernidad hacia un enfrentamiento con los sectores que representan el verdadero progreso.

En ninguna parte se vive esta definición cultural de una manera más explosiva que en los países andinos, con sus antiguas raíces indígenas, y en cierta medida en México. Venezuela y Bolivia ya han tomado el camino equivocado, pero en ambos países muchos ciudadanos intentan valerosamente revertir esa tendencia. Ecuador podría seguir el ejemplo (y ya lo intentó en 2000, cuando la CONAIE indigenista se cargó al mandatario Jamil Mahuad y abrió las puertas del poder al golpista y ex militar Lucio Gutiérrez, que sin embargo acabó delatándose como un «occidental» infiltrado tácticamente entre los indigenistas, a quienes luego dejó con las nalgas al aire). En el Perú, el fenómeno de Humala acabó de dar una expresión política de masas a los adversarios de la cultura occidental.

Detrás de la fractura étnica atizada por el nacionalismo se esconde una estafa intelectual. Cualquiera que haya viajado por los Andes comprende que los indios y mestizos desean ser propietarios, comerciar, cooperar pacíficamente y, sí, practicar sus muchas y ricas costumbres, como cualquier otro pueblo de la Tierra. No desean un caudillo autoritario que expropie y politice cada aspecto de sus vidas en nombre de la liberación cobriza (por lo demás, desde un punto de vista racial, lo que hay es una mescolanza generalizada, como dice la versión peruana de un dicho universal: «El que no tiene de inga, tiene de mandinga»). A los electores peruanos les asiste la razón cuando expresan cierto despecho contra la instituciones existentes y se sienten excluidos del ámbito de las oportunidades en una nación donde el 98 por ciento de las empresas —unos 3 millones de negocios— se ven forzados a operar fuera de la ley y por ende a producir insuficiente riqueza, mientras que apenas el 2 por ciento actúa bajo protección legal. Pero ésa es la culpa del populismo, no del liberalismo. El remedio de Humala terminaría por darle el beso de la muerte al sufrido paciente.

Lo que proponía —y sigue proponiendo— el humalismo, junto con sus epifenómenos regionales, es muy parecido a lo que hizo Hugo Chávez: una nueva asamblea constituyente para cambiar las reglas de juego y copar las instituciones con sus miñones. En el Perú ha habido más constituciones que presidentes democráticos, pero Humala sabe que esta fórmula adánica y rupturista es la manera de concentrar el poder. La idea es que una vez que se instale una asamblea constituyente se haga una convocatoria electoral a fin de elegir un nuevo Congreso, que a su vez produciría una mayoría ampliada, suficiente para ir extendiendo los tentáculos del mandón por la judicatura, los entes electorales, la economía y los medios de comunicación. No es casualidad que Humala —el teórico azote del «fujimontesinismo»— se rodeara de un entorno que incluía ex militares cercanos a la estructura de poder de Vladimiro Montesinos, como el coronel del Ejército en retiro Adrián Villafuerte, expertos todos ellos en socavar instituciones republicanas desde el poder.

Los nacionalistas proponen también la «nacionalización» de la economía, aunque, a tono con el lenguaje eufemístico de la izquierda posmoderna, aseguran que no quiere «estatizar» empresas. Con ello, lo que quieren decir es que basta que el Estado se declare dueño de los recursos, cobre impuestos confiscatorios, determine los precios y controle un porcentaje de la propiedad de las compañías que invierten en los recursos naturales, especialmente los mineros. Los gringos —gente práctica, al fin y al cabo— tienen un dicho: «Si camina como pato y grazna como pato, tiene que ser un pato». Pasa lo mismo en el campo político: si arrebata empresas como un estatista, tiene que ser un estatista. La diferencia con Velasco Alvarado, el general que dirigió una dictadura militar de corte socialista entre 1968 y 1975 y ante quien Humala se pone de hinojos, es el uso del lenguaje. Humala prefiere un lenguaje *New Wave,* con coqueterías posmodernas que consisten en no llamar a las cosas por su nombre (versión actualizada del clásico *Newspeak* orwelliano). Lo mismo hizo el boliviano Evo Morales en su campaña al asegurar que su promesa de «nacionalizar» el gas natural no implicaba expropiar las acciones de las empresas privadas. Una vez que llegó al poder, «nacionalizó» también la propiedad de esas empresas, reservando la mayoría de las acciones para el Estado.

¿Y LOS DERECHOS HUMANOS?

Durante los años ochenta y noventa, con no poca razón, la izquierda peruana vituperó los abusos cometidos por los militares que combatían a Sendero Luminoso, causante de la guerra. Con honrosas excepciones, tras el ocaso electoral del marxismo —que en sus buenos tiempos había alcanzado el tercio de los votos con Alfonso «frejolito» Barrantes— esa misma izquierda acabó reciclándose tras la candidatura de Humala. También la izquierda continental se subió a su carro. El hecho es tanto más enternecedor cuanto que pesan sobre Humala graves acusaciones por violación de los derechos humanos durante sus años de lucha antisubversiva en la década del noventa y está siendo judicialmente procesado por ello.

Cuando el comandante se hizo con el primer lugar en los sondeos en 2006, surgieron diversos testimonios de pobladores que habían tenido relación con el «capitán Carlos», un alias utilizado por Humala y otros tres jefes de la base antisubversiva de Madre Mía, en la zona selvática del Alto Huallaga. Los testimonios hablaban de hechos ocurridos en 1992, precisamente el año del golpe de Alberto Fujimori contra la democracia peruana, cuando Humala era jefe de la base. Los familiares de algunas personas torturadas o desparecidas señalaron al líder nacionalista como responsable de actos criminales (en esa misma localidad, curiosa variante del Síndrome de Estocolmo, Humala obtuvo la victoria en los comicios de 2006).

Como ha escrito el periodista de investigación Ángel Páez, Humala se graduó como artillero en la Escuela Militar de Chorrillos en 1984 pero su hoja de servicios no indica qué hizo en 1983. Y es que, como apunta el periodista, entre octubre y noviembre de ese año realizó un curso en la Escuela de las Américas, el centro militar estadounidense donde muchos oficiales latinoamericanos se entrenaron en el marco de la lucha contra el comunismo y que ha sido uno de los blancos más insistentes del antiimperialismo latinoamericano. La organización School of Americas Watch (SOAW), que lleva un catastro de los militares preparados en esa escuela, incluye a Humala entre sus graduandos: el mismo personaje al que la izquierda entregó su corazón en el año 2006 y que, junto con Hugo Chávez y Evo Morales, ha formado algo así como el trío de los carnívoros andinos para solaz de una amplia fauna política e intelectual latinoamericana súbitamente comprensiva con los excesos de la lucha contra el terror.

Un sector de la izquierda peruana formó parte de la Comisión de la Verdad y Reconciliación nombrada por el gobierno interino de Valentín Paniagua tras la caída de Alberto Fujimori, y luego ratificada por Alejandro Toledo. Esa comisión hizo un buen trabajo, documentando una guerra de dos décadas durante la cual la vesania de Sendero Luminoso, organización que provocó y llevó a su infernal extremo ese conflicto, recibió una respuesta indiscriminada de los militares peruanos que afectó a sectores ajenos al terrorismo. En el archivo de los casos que la Comisión de la Verdad y Reconciliación no pudo terminar de investigar, figura el de dos personas —Natividad Ávila y Benigno Sullca— desaparecidas en Madre Mía por obra del «capitán Carlos» el 17 de junio de 1992, fecha en que Humala era el jefe de la base antisubversiva de dicha localidad. Ese día también fue detenido Jorge Avila, hermano de Natividad, a quien no mataron. Durante la campaña electoral de 2006, Jorge Avila afirmó que el «capitán Carlos» fue el autor del asesinato de su hermano y su cuñada.

Ante la Comisión de la Verdad y Reconciliación, Teresa Ávila, hermana de Natividad, había dicho anteriormente que, aquel 17 de junio de 1992, cuando supo que su hermana había sido detenida, acudió a ver al «capitán Carlos» para pedirle que la liberara, pero él se negó a hacerlo. Años después, en plena campaña, Teresa Ávila acusó directamente a Humala: «Tú eres el capitán Carlos, yo te conozco» (extrañamente, los Ávila, que hicieron una denuncia penal contra Humala, se retractaron. El diario *La República* encontró que Jorge Ávila había percibido ingresos extraordinarios entre su denuncia original y su posterior retractación).

¿Cuál fue la reacción de la izquierda, implacable cancerbera de las libertades civiles? ¿Saltó como fiera al pescuezo del candidato Humala, acusándolo de ser un nuevo Pinochet, la nueva encarnación del gorilismo latinoamericano? No, limpió sus culpas y relativizó los hechos señalando —no sin razón— que en época de Alan García se habían cometido matanzas de pobladores que la Comisión de la Verdad recogía en detalle (como la de la localidad serrana de Accomarca, ocurrida en 1985). Descubriendo súbitamente el principio de que se es inocente mientras no se demuestre lo contrario, la izquierda nacionalista puso en escena una suerte de *kabuki* moral consistente en decir que el «capitán Carlos» no había sido el sobrenombre de uno sino de cuatro oficiales, y por tanto el acusado no tenía por qué ser Ollanta Humala; las fechas, sin embargo, apuntaban contra un individuo en particular —y no contra cuatro posibles— agazapado detrás de la máscara teatral de la guerra antisubversiva. Durante los años de Sendero Luminoso, ninguna causa había sido más y mejor utilizada por la izquierda peruana —con la puntual caución de la izquierda internacional— que la de la «guerra sucia» y la violación de los derechos humanos. Allí tenían, a las puertas del poder, a un soldado directamente cuestionado por los familiares de las víctimas. ¿Qué hacían los valientes justicieros? Pues mostrarse enternecedoramente comprensivos y perdonavidas con el ex teniente coronel que los podía llevar de la mano al poder.

No menos curioso que este reciclaje de cierta izquierda en torno al militar peruano es el recetario nacionalista que alienta al numeroso movimiento humalista, especialmente en lo concerniente a la «nacionalización» de la economía y la hostilidad contra Chile. Sus propuestas —escapadas del *Manual del perfecto idiota*— ya han sido llevadas a la práctica por diversos gobiernos populistas en el pasado (incluyendo el de Alan García). Todas experimentaron un minucioso y diligente fracaso.

LA SOMBRA DE VELASCO

La economía fue «nacionalizada» en la década de 1970 por Velasco Alvarado, el prototípico militar «progresista», que expropió o creó más de doscientas empresas públicas y acabó con la presencia extranjera en las áreas que más excitan las glándulas salivares de los nacionalistas: los recursos naturales. El resultado fue el colapso productivo peruano, al punto que en 1990 Alberto Fujimori, un desconocido *nisei* súbitamente convertido en presidente por esas cosas de la democracia latinoamericana, tuvo que venderlas al por mayor. La «nacionalización» de las grandes haciendas, incluyendo las que exportaban sus productos exitosamente, desembocó en una hecatombe agraria. La descapitalización de la agricultura llevó a los campesinos supuestamente beneficiados con la reforma agraria a parcelar las tierras, hartos de las cooperativas burocráticas, privatizándolas a escondidas de la ley.

En cuanto al odio antichileno, las bravatas del nacionalismo peruano resultan aún más enigmáticas, teniendo en cuenta la experiencia no tan lejana. En los años setenta, el general Velasco estuvo a punto de ir a la guerra con el vecino del sur, a quien el Perú no le perdona la victoria en la Guerra del Pacífico, un conflicto doloroso en el que los peruanos intervinieron para defender a Bolivia y acabaron siendo víctimas de una ocupación de tres años. El resultado de esta hinchazón de pecho nacionalista por parte de los cuarteles progresistas fue que Augusto Pinochet tuvo un perfecto pretexto para fortalecer su arsenal, práctica que la democracia chilena ha continuado con beneplácito de Washington, que considera a ese país bastante fiable (un porcentaje de la renta cuprífera se dedica por mandato constitucional a la modernización y puesta al día del armamento de las Fuerzas Armadas de Chile). La gracia de Velasco disparó el armamentismo chileno.

Lo que la testa del comandante Ollanta Humala no capta todavía es que el siglo XXI es el de la eliminación de las fronteras. Su alborotado magín, poblado de telarañas del siglo XIX, atesora la idea de que un país es más próspero mientras más territorio ocupe y más digno mientras más elevadas sean las murallas fronterizas. Por eso se opone —y se oponen muchos peruanos que no son humalistas pero tienen el mismo prejuicio— al Tratado de Libre Comercio que Chile y Perú suscribieron en 2006 (aunque la parte peruana, para evitar suspicacias, le cambió el nombre y en lugar de «TLC» usó la intragable fórmula «Acuerdo de Complementariedad Económica Ampliado»).

Ajeno a la evidencia de que Perú y Chile tienen mucho más que ganar mientras más se integren, el comandante Humala considera que los 4,500 millones de dólares que los chilenos tienen invertidos en el Perú hieren la dignidad nacional y que los poco menos de 2 mil millones de dólares de intercambio comercial entre ambos países suponen una concesión humillante por parte de Lima. Lo subleva el hecho de que Lan, la empresa de capitales chilenos, sea la compañía aérea más importante del país (de allí su obsesión con crear una línea «de bandera», olvidando el fiasco que resultó la hoy fenecida Aero Perú). En su revuelta cabecita no cabe la idea de que si Chile puede hacer operar una línea aérea que transporta a ciudadanos peruanos al exterior y a ciudadanos extranjeros al Perú su país resulta espléndidamente beneficiado con ese servicio aun cuando uno de los dueños de la empresa sea un señor llamado Sebastián Piñera, nacido unos kilómetros más al sur.

Por cierto, los peruanos han perdido mucho tiempo librando guerras de orgullo contra Chile, como la del pisco, cuyo origen ambos se disputan. Aunque el pisco original es peruano, es Chile quien más lo ha desarrollado, al punto que hoy produce 50 millones de litros y el Perú apenas tres. En parte la culpa la tiene el general Velasco Alvarado, que destruyó la agricultura peruana, incluida la viticultura, en los años setenta. Los chilenos, en cambio, iniciaron una gesta empresarial y una campaña de promoción mundial que al final les rindió frutos. El Perú debería más bien aprovechar el mercado chileno para su pisco, pues son pocos los chilenos que no piensan que el pisco peruano es mejor.

Las mismas genialidades de Humala y varios líderes regionales pensaba hace unos años Alan García, y ahora las piensa menos. El mandatario no cree ya en la inflación como agente del crecimiento económico, ni en la estatización o nacionalización de empresas como acto de dignidad nacional. Tampoco cree que el capital extranjero sea la peste bubónica. Y por ahora parece haberse dado cuenta de algo que muchos peruanos, incluyendo personas y organizaciones que en otros asuntos tienen posturas razonables, no entienden todavía: que al Perú le interesa tener buenas relaciones con su vecino del sur. Los ocho años de exilio en la época de Fujimori y la larga travesía del desierto de su partido en los años noventa le han enseñado a entender mejor las claves de la era moderna. Acaso también haya servido la invitación que le hicieron los chinos para que aprendiera cómo se hace capitalismo bajo el comunismo.

Sin embargo, no es ocioso recordar que, al igual que otros socialdemócratas que han alcanzado la pubertad intelectual, García todavía tiene que desprenderse de algunas creencias o prácticas que le impiden dar el salto mental definitivo a la modernidad. Subsiste en él una tendencia caudillista que lo tiende a colocar por encima de las instituciones, lo que hace difícil que éstas se fortalezcan, y una tendencia clientelista que le impide separar a su partido del Estado que le toca administrar. También salen a relucir de tanto en tanto los instintos controlistas, como se vio con la iniciativa para estatizar indirectamente a las ONGs. En los primeros días de su gobierno, algunas anécdotas ilustraron cómicamente estas tendencias. El día de la toma de posesión, una turba aprista autorizada por los jefes tomó parte de las instalaciones del Palacio de Gobierno, bloqueando el ingreso de los nuevos ministros. En la confusión, la ministra de Justicia, ex presidenta de la Corte Superior de Lima, perdió los zapatos y debió recorrer descalza un largo trecho ante las morbosas cámaras de televisión pidiendo que alguien la rescatara de semejante trance. En un momento dado, el primer ministro, preocupado por los pies de su consejo de ministros, terció en la búsqueda infructuosa.

Una semana después, la misma ministra se vio desesperada ante la imposibilidad de nombrar a sus colaboradores porque el viceministro, un tal Eduardo Gordillo, un aprista con carnet de barbas palestinas, decidió colocar a sus compañeros de partido en los puestos que la jefa tenía reservados para gente de su confianza. Algunos medios periodísticos recogieron la queja de que tres de las personas a las que había traído al ministerio habían tenido que volver a su antiguo trabajo porque otros ocupaban sus puestos. A la ministra la habían dejado sin zapatos por segunda vez. La anécdota demostró al país el esquema político-administrativo puesto en práctica por el APRA: en todas las instancias de la administración donde Alan García nombró independientes, nombró también a un compañero encargado de limitar el radio de acción del jefe o la jefa mediante la colocación de adláteres vigilantes (el viceministro Gordillo tuvo que renunciar algunas semanas después por un escándalo no relacionado con este asunto).

La utilización del Estado como botín político tiene varias implicancias. La más importante es que el Estado pierde su condición de entidad neutral, encargada de aplicar la ley sin distingos. Una vez que ese principio es violado, el Estado de Derecho se resiente porque todo —desde la administración de justicia hasta el mundo de los negocios— pasa a depender de los criterios políticos que reinan en la administración pública. El caudillismo —la superioridad del líder sobre las instituciones— y el clientelismo —el uso del Estado como agencia de empleos del partido y de sectores afines— son dos de las principales causas del subdesarrollo latinoamericano. Aun si un gobierno invita al capital extranjero y administra la hacienda pública sin desequilibrar el presupuesto, el caudillismo y el clientelismo pueden frenar el desarrollo de un país. Cuando el general Óscar R. Benavides, caudillo peruano de las primeras décadas del siglo XX, dijo «para mis amigos todo, para mis enemigos la ley», estaba resumiendo el ADN del Estado peruano antes y después de su paso (marcial) por el gobierno. Se ha puesto de moda, en el Perú, visitar a Alan García en Palacio de Gobierno antes de hacer una inversión. El caudillo —y no las instituciones— es quien da o no da garantías en el país.

En las postrimerías del gobierno de Alejandro Toledo, Alan García denunció que esa administración había contratado a más de 100 mil nuevos empleados públicos (el Estado central peruano contaba ya con alrededor de 800 mil). Muchos tomaron esa declaración como indicación de que el líder aprista había sufrido un ataque de cordura y señalaron el contraste entre esa profiláctica actitud frente a la burocracia y lo ocurrido durante su anterior gestión, cuando él y los suyos la inundaron de apristas. El inicio de su gobierno ha hecho temer que la tendencia a mamar de las ubres del Estado siga presente en el partido de Haya de la Torre. Si se considera que García es un caudillo implacable al interior de su organización, es evidente que sólo él puede detener esa costumbre. De lo contrario, querrá decir que sus denuncias contra el clientelismo de Toledo eran interesadas y que en verdad el aspirante a volver al poder lo que quería era que les hicieran campo a él y los suyos.

La tentación de García

También es importante que García evite la tentación de interferir excesivamente en la economía para tratar de ganarle espacios al humalismo en la zona andina. En estos primeros meses de su gobierno ha autorizado varias iniciativas de su partido en el Congreso tendientes a revertir lo que se ha avanzado en materia de libertad económica en los últimos años. Algunas han sido detenidas por la ola de críticas que ocasionaron, pero las señales ambiguas han provocado desconcierto en los agentes económicos y sociales. Un ejemplo de ello es la iniciativa para eliminar lo que el APRA llama el «despido arbitrario» y reinstalar en el Perú, en la práctica, la mal llamada «estabilidad laboral» que provocó un desempleo masivo en los años setenta y ochenta. La legislación laboral peruana ya es de las más restrictivas de América Latina y si algo necesita es modernizarse para que las empresas contraten más trabajadores en lugar de iniciativas que harían más costoso emplear personal. También es un monumental despropósito permitir que los peruanos que están en el sistema privado de pensiones regresen al sistema estatal, que fue un auténtico desastre.

En los años sesenta, el historiador estadounidense Carroll Quigley explicó en *The Evolution of Civilizations* que la decadencia comienza cuando las normas sociales surgidas para atender necesidades sociales se convierten en instituciones que atienden sus propias necesidades. Ésa es, precisamente, parte de la falla de América Latina. La desconexión entre las instituciones oficiales y las necesidades sociales —hija de tanto caudillo y tan poco Estado de Derecho— ha arrojado a muchos en manos de líderes que propugnan una ruptura con los valores occidentales (que, por supuesto, no son exclusivamente «occidentales» sino abiertos a quien quiera hacerlos suyos). El desafío es sanar la fisura, no ampliarla como lo propone Humala y como quisiera un sector del APRA.

La izquierda vegetariana

Apareció primero en Europa con el nombre de Tercera Vía cuando descubrió que la otra, la vieja izquierda enquistada en todos sus dogmas y desvaríos ideológicos, no tenía porvenir alguno. Su inventor fue el intelectual británico Anthony Giddens y su promotor fue el propio Tony Blair. «La Tercera Vía —escribió éste alguna vez— trasciende a una vieja izquierda fundamentalista que hizo de la nacionalización y del control del Estado fines en sí mismos, convirtiendo una receta política en ideología.» Y a tiempo que establecía un divorcio definitivo entre las dos izquierdas, la vieja y la moderna, la jurásica y la vegetariana, se permitió evocar la posible unión entre un socialismo democrático y el liberalismo. Lo explicó de este modo: «La Tercera Vía se nutre de la unión de dos grandes corrientes de pensamiento de centro-izquierda —socialismo democrático y liberalismo— cuyo divorcio en este siglo debilitó tanto la política progresista en todo Occidente».

Esta nueva concepción acabaría abriéndose paso en el continente latinoamericano hasta el punto de que hoy en día el rótulo de izquierda se aplica a dos tipos de gobiernos muy distintos: el de una Michelle Bachelet, en Chile, y el desquiciado de Hugo Chávez, tan del gusto de nuestro perfecto idiota; el de Lula y el de ese otro discípulo de Castro, enemigo del capitalismo, la urbanidad y las corbatas, el boliviano Evo Morales. Respecto de la globalización, el manejo de la economía, el papel del Estado o el papel del mercado son tan opuestos como el agua y el aceite; su remota línea de filiación se limita a algunos «tics» que sólo son, en el caso de los izquierdistas vegetarianos, como las pequeñas secuelas póstumas que deja una antigua y larga enfermedad.

Que la idiotez tiene cura, tarde o temprano, lo demuestran los socialistas chilenos. Todos ellos guardan aún con respeto en sus despachos retratos y recuerdos de Salvador Allende, pero nada de los delirios revolucionarios que en esa época polarizaron al país de una manera demasiado peligrosa, abriéndole la puerta a la dictadura ferozmente represiva del general Augusto Pinochet. La realidad acabó por demoler mitos y utopías para situar a la izquierda chilena —al menos la izquierda socialdemócrata— en el terreno de la realidad, y apagó sus furores del pasado para hacerla razonablemente vegetariana. El tránsito de la dictadura a la democracia exigió un acuerdo durable —la famosa Concertación— con partidos de centro o de centro-derecha como la Democracia Cristiana, lo que implicó para ella no sólo la defensa de una libertad política recientemente conquistada, sino también la preservación de un modelo económico de corte liberal que en menos de veinte años bajó en Chile los índices de pobreza del 40 al 18 por ciento, la inflación a sólo 3.7 por ciento en el año 2005, la tasa de desocupación a un 8 por ciento, y aseguró un crecimiento sostenido en los alrededores de un 6 por ciento. Control del gasto público, adelgazamiento del Estado, seguridad jurídica, clima hospitalario para las inversiones extranjeras, respeto a la empresa privada como elemento clave de la economía, apertura de nuevos mercados, servicios competitivos de salud y manejo privado de los fondos de pensiones, todo ello dentro de un impecable marco institucional y político, fueron en su conjunto rasgos de un modelo exitoso, inédito en América Latina pero patentado ya, al menos en varios aspectos, por los famosos tigres asiáticos. Paradoja: el infame neoliberalismo que en las latitudes ideológicas de un Castro, un Chávez, un Evo y en toda la hueste de nuestros queridos idiotas despide un olor a azufre, tiene siempre las cifras a su favor cuando se aplica honestamente, sin las deformaciones que sufrió en otros países del continente.

LO BUENO Y LO MALO

Básicamente lo bueno de la izquierda vegetariana, sea chilena, brasileña, uruguaya o de cualquier otro país donde se postule como una alternativa, es haber aceptado que la disciplina fiscal y monetaria es importante, sin ceder a las travesuras keynesianas de la vieja izquierda populista que en otros tiempos y otras latitudes generaron una frenética inflación mediante el estímulo artificial de la demanda. También los izquierdistas vegetarianos terminaron por aprender que las inversiones extranjeras son deseables y no diabólicas porque sin capitales no hay forma de crear riqueza. Pero, al lado de estas tardías pero importantes tomas de conciencia, quedan hoy en Chile, Brasil o Uruguay, por parte de sus gobernantes, prejuicios de orden ideológico que impiden mejores resultados.

En el caso de Chile, estos prejuicios juegan contra la educación privada y en beneficio exclusivo de la educación pública. La realidad demuestra que la primera tiene un alto nivel y la segunda no, por obra de una costosa y poco eficiente burocracia pedagógica. Lo confirma así el bajo rendimiento de los alumnos en estos planteles. El analista Hermógenes Pérez de Arce nos recuerda que dos tercios de los padres de alumnos de la educación particular pagada están contentos con ella. Si no todos están satisfechos —dice— es porque el Estado interfiere en los programas e impide que los particulares desarrollen los propios, que serían mejores. En cambio, más de los dos tercios de los padres de alumnos de la educación pública, en manos del Estado, están descontentos. La solución a este problema sería de corte liberal: dar a las familias de pocos recursos los fondos (bonos, cupones o «voucher») que les permitan elegir libremente las mejores instituciones educativas para sus hijos. De este modo, colegios públicos y privados competirían por atraer estos recursos. El modelo chileno en otros campos —la salud, por ejemplo, o los fondos privados de pensión— ha demostrado que la libre competencia favorece al usuario y es esencial para la buena calidad de los servicios.

El otro prejuicio es común a Chile, Uruguay y Brasil y tiene también una estirpe ideológica: el apoyo a Chávez. A la hora de establecer alianzas internacionales, la izquierda vegetariana se considera obligada a apoyar a la izquierda carnívora, aunque dentro de cada país no siga para nada sus pasos. Así, Michelle Bachelet sorprendió a sus propios aliados de la Democracia Cristiana ofreciendo respaldo a la candidatura de Venezuela, impulsada por Hugo Chávez mediante un derroche de recursos en tres continentes, para un puesto en el Consejo de Seguridad de las Naciones Unidas y rehusándoselo a Guatemala. Por fortuna, esa primera decisión fue anulada y Chile optó por abstenerse en la votación que enfrentaba las aspiraciones de Guatemala y Venezuela.

El caso del presidente brasileño Luiz Inácio Lula da Silva es similar. De un viejo agitador sindical, que hacía suyas todas las diatribas de la vieja izquierda contra el mercado y el Fondo Monetario Internacional, se esperaba todo, menos una política fiscal responsable y una cancelación de la deuda con el FMI (15 mil millones de dólares) sin renunciar por ello a los subsidios ofrecidos dentro de su programa de «Hambre Cero». El caso es que al terminar su primer mandato había conseguido un superávit comercial de 40 mil millones de dólares, una inflación inferior al 3 por ciento, la más baja en varias décadas, y sacar de la pobreza a seis millones de brasileños. Bastarían estos índices para explicar su popularidad y su reelección en la segunda vuelta de las elecciones presidenciales, el 30 de octubre de 2006.

Pero la suya no ha sido una apuesta fácil. La izquierda radical que esperaba de él políticas furiosamente distributivas a cualquier precio se consideró engañada y decidió oponerle la candidatura de Heloísa Helena Lima de Moraes, disidente del Partido de los Trabajadores. El programa «Bolsa Familia» —que otorga 24 dólares mensuales a un poco más de 11 millones de familias, a cambio de que envíen los hijos a la escuela—, tiene un carácter puramente asistencial; no puede resolver aún la pobreza en que se mantienen 54 millones de brasileños. El propio Lula lo sabe y no tiene inconveniente en reconocer que sólo el crecimiento económico acelerado puede obtener resultados categóricos en este empeño. Pero, comparado con el de países emergentes como India o China, el crecimiento de Brasil ha sido modesto: apenas de un 3 por ciento en 2006, insuficiente para resolver un problema que pesa en el país desde hace más de un siglo, por no decir que desde siempre. Es probable que dos factores expliquen este retraso: el prejuicio aún latente en el entor-

no político de Lula contra nuevas privatizaciones y los escándalos de corrupción que han estallado en torno a dirigentes de su
propio partido. El sistema político brasileño, de suma compleji-
dad, dificulta la aprobación de nuevas reformas urgentes en el
campo económico, entre ellas la de aliviar la carga fiscal que pesa
sobre muchas empresas, algunas de las cuales deben pagar sesenta y un impuestos diferentes. Las gobernaciones tienen enorme
poder sobre los legisladores porque controlan la recaudación local y, por lo tanto, disponen de mucha autonomía en el manejo
de recursos. Ahora bien, de veintisiete gobernaciones el Partido de los Trabajadores y sus aliados sólo disponen de cinco. De
la necesidad de buscar apoyos legislativos por cualquier medio
para compensar este raquitismo nace la corrupción que ha salpicado a cercanos colaboradores de Lula.

Internacionalmente, la posición de Brasil resulta confusa. Vegetariano en el orden interno, Lula se presenta en el exterior
como un amigo de Castro y de Chávez. No debe resultarle cómodo mostrar fidelidad a semejantes personajes que manejan
un discurso muy poco semejante al suyo y siguen pensando, con
todos los idiotas del continente, que el socialismo todavía puede jugar un papel redentor en América Latina. Chávez, además,
le roba liderazgo en la región con sus ofertas y extravagancias
tropicales. Sus consejos a Evo Morales acabaron por crearle un
problema a Brasil, cuando el presidente boliviano decidió nacionalizar la industria del gas y confiscar dos refinerías brasile-
ñas. «La paciencia tiene su límite», alcanzó a advertir Lula, lo que
obligó a Morales a reconsiderar su decisión. Sin embargo, para
mantener sus buenas relaciones con Chávez, se ha opuesto a la
creación del Área de Libre Comercio de las Américas (ALCA),
ha mantenido al MERCOSUR alejado de acuerdos con Esta-

dos Unidos, ha dado el apoyo de Brasil a la aspiración de Venezuela de obtener un asiento en el Consejo de Seguridad de las Naciones Unidas y ha expresado su apoyo a la descabellada y faraónica propuesta chavista de construir un gasoducto de 8 mil kilómetros a través de la región amazónica. Con Castro mantiene una igual ambigüedad: le reitera su admiración a la revolución cubana, pero al mismo tiempo lamenta que Castro no hubiese hecho un proceso de apertura política «cuando estaba vivo» (así dijo, en una entrevista al diario *Folha de Sao Paulo,* dando por muerto antes de tiempo al líder cubano, en un pintoresco lapsus), lo cual significa, en buen castellano, admirar la dictadura y al mismo tiempo lamentar que no haya dejado de serlo. Son las típicas piruetas de un izquierdista vegetariano.

FLOR DE UN DÍA

El presidente de Uruguay, Tabaré Vázquez, anda sumergido en las mismas contradicciones. La realidad lo empuja hacia una izquierda vegetariana pero tiene a bordo de su gobierno, y desde luego en el Frente Amplio que lo llevó al poder, furiosos exponentes de la vieja izquierda irredenta tan bien expresada por un Galeano. En efecto, el Frente Amplio forma parte de esa corriente surgida en América Latina en los años sesenta, tras los delirios revolucionarios de Castro. En Uruguay sus mejores exponentes fueron los *tupamaros,* cuya organización guerrillera, surgida en 1962, se amparó en la sigla M.L.N. El libro de Heber Gatto, titulado *El cielo por asalto,* traza muy bien su origen, pensamiento y evolución. Militarmente derrotados y responsables a fin de cuentas de la dictadura que quebró la tradición democrática del país, los *tupamaros* realizaron durante cuarenta años una persistente labor de adoctrinamiento en los centros de formación cultural de la sociedad uruguaya. El triunfo del Frente Amplio en el año 2004 fue obtenido gracias a una larga propagación ideológica y no precisamente por las armas. Todas las ideas de nuestro perfecto idiota lograron el milagro de imponerse electoralmente, de tener una representación mayoritaria en las dos Cámaras y de llevar a la primera magistratura de la nación al oncólogo, radioterapeuta y político Tabaré Vázquez. Fue en toda la línea un triunfo de la vieja izquierda.

Pero una cosa es agitar esas ideas desde plazas y balcones y otra convertirlas en acción de gobierno. El presidente Vázquez tuvo que hacer concesiones que nunca gustaron a sus correligionarios. Habiendo obtenido el apoyo del gobierno de Kirchner para trasladar al Uruguay a miles de votantes radicados en Argentina, el compromiso adquirido a cambio de esta ayuda fue, sin duda, el de detener la construcción de dos plantas de pasta de celulosa —iniciativa de dos empresas papeleras, una española y otra finlandesa— a orillas del río Uruguay, en la frontera de las dos naciones. El presidente Vázquez, al examinar las ventajas de esta inversión, pasó por alto las objeciones de los ambientalistas argentinos y del propio presidente Kirchner y permitió que tales proyectos prosiguieran. Entre los dos gobiernos se creó una situación de alta tensión.

Otros pasos dados por el presidente uruguayo en los inicios de su gobierno alentaban la idea de que iba por un camino no muy distinto al de Chile. Su primer paso fue un acuerdo con el Fondo Monetario Internacional y su Carta de Intención para mantener el equilibrio fiscal y las metas inflacionarias fijadas por este organismo. Luego, una ratificación del tratado de Garantías de Inversiones con Estados Unidos. Finalmente, el paso más audaz de Tabaré Vázquez fue el de visitar al presidente Bush y comunicarle su deseo de firmar con el gobierno estadounidense un TLC (Tratado de Libre Comercio). Ahí fue Troya. Ni sus propios ministros estuvieron de acuerdo, dado que la base política del gobierno seguía inspirada en todas las cartillas y evangelios ideológicos de nuestro amigo, el perfecto idiota. Así, pese al apoyo que a esta iniciativa le daba la oposición, Tabaré Vázquez acabó desistiendo del TLC.

Derrotadas las tendencias vegetarianas de su gobierno, el panorama del país revela todos los desastres propios de la vieja izquierda jurásica cuando logra marcar sus pautas y de la izquierda vegetariana cuando se acompleja ante la otra. La educación, ideologizada en grado sumo por el personaje cuyo regreso (psico)analizamos en este libro, perdió pie, hasta el punto que facultades como Medicina e Ingeniería no han alcanzado los niveles exigidos por el MERCOSUR. Por otra parte, las mismas concepciones ideológicas que tienden a culpar a la sociedad de clases y a excusar al delincuente como víctima de ella, han debilitado a los organismos de seguridad del Estado y han permitido que el robo y la violencia se adueñen de la vida cotidiana del país. Una tolerancia del mismo género ha llevado al ministro del Interior a aceptar por decreto que la ocupación de los lugares de trabajo forma parte del derecho de huelga. Para gozo de la cúpula sindical, de formación marxista, la ocupación (y a veces el asalto) de estaciones de gasolina, curtiembres y fábricas de textiles paraliza por largo tiempo empresas vitales para la economía del país. Si a todo ello sumamos la estructura estatista del país que creó el primer Estado Benefactor latinoamericano, su obesa burocracia que sigue teniendo un peso electoral considerable, el predominio de grupos sindicales de presión, nos daremos cuenta de que en el Uruguay la izquierda vegetariana fue sólo flor de un día. Los carnívoros ahogan al país.

DANIEL, EL ROSADO

Dentro de la especie vegetariana, hay una subespecie que está compuesta por dos clases relativamente similares de izquierdistas: los ex carnívoros, es decir los travestis políticos forzados por la realidad o por su instinto de supervivencia a moderar sus entrañas, y los falsos vegetarianos, que sólo disimulan. No sabemos todavía a estas alturas si Daniel Ortega, el nuevo mandatario nicaragüense que hoy va de vegetariano, es lo uno o lo otro. Ésa es una apreciación que sólo podrá hacerse de forma definitiva con el paso del tiempo.

Pero lo que no admite duda es que Ortega no hubiera podido ganar las elecciones de noviembre de 2006 sin actuar como vegetariano. Desde 1990, Nicaragua había expresado categóricamente su rechazo a la izquierda carnívora, votando en todas las elecciones por opciones que suponían una apuesta por la democracia, la economía de mercado y las buenas relaciones con los países líderes del Occidente. El antecesor de Ortega en el cargo, por ejemplo, don Enrique Bolaños, representaba eso mismo. Precisamente porque entendió que su país no votaría nunca por la izquierda carnívora que él encarnaba de ejemplar manera, Ortega inició, hace algunos años, un tránsito hacia el vegetarianismo, asegurando que, de volver a la Presidencia, respetaría la propiedad privada, atraería inversiones extranjeras, propiciaría unas buenas relaciones con Washinton y, por encima de todo ello, guardaría fidelidad al sistema democrático.

La operación de imagen incluyó episodios como la palinodia pública de Ortega en relación con los indios misquitos a los que su antiguo régimen masacró. Pero hubo otros episodios tan curiosos como aquél. Por ejemplo, una ceremonia religiosa mediante la cual la compañera de siempre —la dudosa poeta Rosario Murillo— pasó a ser la santa esposa de Ortega. Por si cupiera duda sobre su conversión, el sandinista se agenció un buen intermediario con el cielo: el taimado cardenal Miguel Obando, un viejo enemigo que ahora pasó a ser su íntimo amigo. Para sellar las buenas migas con el Señor, algún tiempo después Ortega instruyó a sus legisladores para que votaran a favor de una ley que prohíbe el aborto incluso en casos de peligro para la vida de la madre. Esa ley, vitoreada en las calles por una masa en la que había militantes sandinistas, rige en la actualidad.

Lo que todo esto no dice es no sólo que, en aras de volver al gobierno, Ortega y el sandinismo traicionaron su propia ideología y todas las convicciones por las que antes habían matado, encarcelado y exiliado a muchos nicaragüenses, sino también que el pueblo nicaragüense es cualquier cosa menos un pueblo revolucionario. Para ganar elecciones se necesita convencerlo de que se respetará la propiedad privada y la democracia, y de que no se perseguirá a la Iglesia ni se masacrará a minorías étnicas. Por tanto, éste es un interesante caso de conversión al vegetarianismo impuesto por el apetito de poder de los sandinistas pero también por la desconfianza de ese pueblo a todo lo que tenga que ver con el marxismo. Nicaragua nunca fue carnívora y el sandinismo de los años ochenta fue la estafa que los autores del *Manual del perfecto idiota* siempre dijimos que fue.

Ahora bien, ni siquiera con este cambio de sexo ideológico hubiera podido Daniel Ortega ganar las elecciones si no fuera por la colaboración decisiva que recibió —vaya ironía— del ex presidente Arnoldo Alemán y su Partido Liberal Constitucionalista. Gracias a ellos, antiguos enemigos del sandinismo, se cambió en 1999 la ley para que fuera posible ganar en primera vuelta con menos del 40 por ciento de los votos. Gracias a ellos, los supuestos liberales de Nicaragua, el sandinismo revivió en los últimos años y obtuvo el control de varias instituciones importantes, lo que le permitió ejercer influencia en amplios sectores de la ciudadanía y preparar el terreno para la victoria reciente. Y gracias a ellos, finalmente, el voto antisandinista, que es muy grande, se partió en dos en 2006, facilitando mucho las cosas a Ortega.

Todo empezó en 1999, con el tristemente célebre pacto que selló el entonces gobernante Arnoldo Alemán con el sandinismo para asegurarse de que su corrupta administración no fuese sometida a investigaciones una vez que abandonara el mando. El reparto del poder entre el PLC y el sandinismo dio a Ortega, que era un cadáver político, algo así como el beso de la vida, colocando en sus manos un poder determinante sobre instituciones como la judicatura o el ente electoral. El Congreso se convirtió en un coto de caza privado, en el que los aliados, el PLC y el sandinismo, hacían lo que les daba la gana, rediseñando la arquitectura política a su antojo. El «Pacto» —como se lo conoce en Nicaragua— dio a Ortega respetabilidad democrática y permitió que el ex dictador no fuera procesado por las acusaciones que le hizo su propia hijastra, Zoilamérica Narváez, quien dice haber sido víctima de abuso sexual a manos suyas.

El «Pacto» garantizó que no se revisara y mucho menos revirtiera la «Piñata», la tristemente célebre distribución de los activos gubernamentales y de la propiedad confiscada entre los dirigentes sandinistas tras su derrota en las elecciones de 1990 a manos de Violeta Chamorro. No hay que olvidar que, gracias a esa repartija, Ortega, como muchos de sus colegas, pudo permanecer en casa ajena al dejar el poder: como parte del festín voraz que birló a los nicaragüenses cientos de millones de dólares, el dirigente sandinista se mudó hacia el final de su mandato a una casa de 1 millón de dólares expropiada al empresario y ex «contra» Jaime Morales (luego, y confirmando que todo está patas arriba en Nicaragua, Morales se hizo amigo de Ortega y acabó acompañándolo en el ticket presidencial en 2006). El «Pacto» se encargó de legitimar definitivamente ésa y todas las demás apropiaciones arbitrarias del sandinismo.

El dominio del «Pacto» sobre las instituciones de Nicaragua es tan férreo que el gobierno de Enrique Bolaños, el presidente que trató de combatir la corrupción después de su elección en 2001, quedó reducido prácticamente a la impotencia durante los últimos cinco años. Arnoldo Ameán sufrió algunas incomodidades pero al final cabó mandando a sus huestes desde su finca, mientras que Ortega, limpio de polco y paja, organizaba la campaña del triunfo.

Según un largo estudio realizado por el periodista de investigación Jorge Loáisiga, en los últimos quince años el Estado nica ha gastado más de 1,100 millones de dólares en bonos de compensación abonados a distintos tipos de reclamantes y otros 500 millones en montar aparatos burocráticos para abordar las laberínticas disputas en torno a los derechos de propiedad generadas por la confiscación de tierras realizada en su momento por los sandinistas. Esa incertidumbre jurídica, es decir la ausencia de garantías para la propiedad, es en gran parte responsable de que la economía se haya mantenido en estado raquítico. Nicaragua apenas exporta unos 800 millones de dólares al año y es la nación más pobre del hemisferio después de Haití. ¿Quién diablos invierte en un sistema dominado por el «Pacto» antes que por el Derecho?

Las consecuencias políticas del «Pacto» se vieron con el triunfo de Ortega. El candidato más razonable, Eduardo Montealegre, antiguo dirigente del PLC enemistado con Alemán por la corrupción de su gobierno, no pudo conquistar un espacio suficiente. Y el Movimiento de Renovación Sandinista, el grupo que se escindió del sandinismo por obra del escritor Sergio Ramírez, se vio muy afectado por la muerte de su líder y la improvisación de una candidatura de reemplazo. El espacio lo copaban el sandinismo y el PLC.

Pero aun con todos estos factores Ortega no hubiera podido ganar los comicios si no hubiera contado con la ayuda de la ley electoral. Esa ley, también producto del «Pacto», redujo en 1999 a menos de 40 por ciento la valla para el triunfo en primera vuelta. En consecuencia, con 38 por ciento y más de cinco puntos de ventaja sobre Montealegre, en 2006 Ortega pudo ganar en primera vuelta y ahorrarse un *ballotage* que casi con toda seguridad le hubiera sido adverso pues, según todos los sondeos, dos terceras parte de los nicas tenían una atroz opinión de él.

Lo peor que podría hacer Ortega es sucumbir a la influencia de su amigo Hugo Chávez, quien ha intentado, torciendo los hechos groseramente, presentar el triunfo sandinista como propio. Después de todo, ya hay una relación entre Chávez y el sandinismo por los fertilizantes y el petróleo subvencionado que

Caracas suministró a lo municipios controlados por Ortega en los meses previos a los comicios. Y no hay que olvidar que, en su campaña, Ortega prometió el fin de lo apagones que se repiten con mucha frecuencia en ese país, dando a entender que tenía resuelto el suministro de combustible, lo que sólo puede entenderse en clave venezolana. Pero si Ortega decide ir por la vía venezolana —rompiendo todas sus promesas vegetarianas— lo que le espera es, sin duda, lo mismo que a Evo Morales: el desastre y el repudio del pueblo que lo eligió.

Otro eximio representante de la izquierda vegetariana es Óscar Arias, el actual mandatario de Costa Rica, ganador del Premio Nobel de la Paz durante el gobierno que presidió en los años ochenta por su contribución al proceso de paz de varios países centroamericanos. Don Óscar es un defensor de las libertades públicas y por tanto se ha atrevido a criticar a dictaduras como la cubana, pero tiene esa vieja tendencia vegetariana a establecer simetrías maniqueas, como cuando pone en la misma balanza las iniquidades que cometen las izquierdas autoritarias en América Latina y los errores de la política exterior estadounidense, y por tanto cede muchos espacios a los carnívoros en política exterior y devalúa la idea de la democracia liberal como fórmula ganadora. Pero, además, tiene dificultad para entender que su país necesita una reforma económica profunda si no quiere que esa democracia de más de medio siglo, admirada por todos como un modelo político para la región, acabe en manos del populismo atrabiliario. Pocas cosas ayudan más a promover a los carnívoros que la indolencia de los vegetarianos temerosos de ser tildados de «neoliberales», esa forma de exorcismo contemporáneo.

Precisamente porque Costa Rica tiene un Estado anquilosado y paquidérmico que entorpece el nervio creador de la sociedad, esa democracia ha empezado a mostrar síntomas de corrupción alarmantes en los últimos años y a segregar respuestas populistas. La más peligrosa hasta ahora es la que encabezó Ottón Solís, el candidato que estuvo a punto de ganar las elecciones en febrero de 2006 (finalmente Óscar Arias se impuso por puesta de mano y pudo llegar a la Presidencia *in extremis* por segunda vez). El mensaje de Solís desde que fundó su nuevo partido ha sido el combate contra el desprestigiado bipartidismo de socialdemócratas y socialcristianos y, en general, contra una clase dirigente que mantiene intactas las sofocantes estructuras prevalecientes.

Es que el litigio entre las dos izquierdas, la que intenta abrirse paso aceptando las realidades del mercado y de la globalización y la que nunca pudo divorciarse de interpretaciones derivadas del marxismo (la teoría de la dependencia, el antiimperialismo, el papel tutelar del Estado, la fobia contra las multinacionales y las privatizaciones), sólo ahora se hace visible en América Latina, aun dentro de gobiernos o de formaciones políticas que en la oposición alojan aspiraciones de poder. Dentro de la internacional socialista hay dirigentes importantes que ven con inquietud a alguien como Chávez, considerando que sus alardes populistas o «revolucionarios» le cierran el paso en el continente a alternativas socialdemócratas de centro-izquierda con vigencia en Europa. Intelectuales mexicanos de izquierda están lejos de seguir acompañando a un López Obrador en su aventura de desconocer el triunfo de Felipe Calderón y promover la pantomima de un gobierno paralelo. En Venezuela hay una izquierda muy distinta a la que quiere seguir los pasos de Chávez. Incluso en Colombia, por primera vez, una izquierda vegetariana lleva a la Alcaldía de Bogotá a un representante suyo, Luis Eduardo (Lucho) Garzón. También allí se percibe una sorda pugna entre vegetarianos y carnívoros. Chavismo y castrismo, por un lado; Tercera Vía, por otro, plantean hoy en el continente latinoamericano alternativas opuestas, así en Europa el rótulo de izquierda los cobije a todos. La realidad acabará por demostrar que la idiotez ideológica tiene cura en unos y en otros es un mal sin remedio.

Lo que faltaba

¡Qué devotas amistades las suyas! Las mismas de nuestro perfecto idiota: Castro, desde luego; pero también Chávez, Kirchner, Evo Morales y seguramente Daniel Ortega. El combo completo. Y no obstante, si se tomara en cuenta sólo su formación académica, muy poco en común tendría con ellos, sobre todo con el octogenario comandante cubano y con el estrepitoso teniente coronel de la boina roja que en Venezuela sigue sus pasos. Economista, con una maestría en la Universidad de Lovaina (Bélgica) y un PhD en Economía en la Universidad de Illinois (Estados Unidos), profesor de esta ciencia tan ligada a cifras, balances y realidades en la exclusiva Universidad San Francisco de Quito, ministro de Finanzas durante ciento seis días en el gobierno de Alfredo Palacios, Rafael Correa no tenía ni el perfil ni los antecedentes del clásico populista latinoamericano sino más bien los de un tecnócrata formado en el exterior, autor de investigaciones y evaluaciones técnicas en centros de estudio norteamericanos. Casado con una dama belga, no podía evitar que más de una alumna suya, flor de la oligarquía quiteña, deslumbrada por su buena estampa, su carisma, su fácil manejo de la guitarra en las fiestas universitarias, se enamorara de él. Aun sus veleidades de izquierda eran bien

225

vistas por los muchachos de buena familia que seguían sus cursos.

No era para menos, pues sus intenciones e inquietudes parecían muy bien encaminadas. Tenían como sustento las duras realidades del Ecuador: la miseria de una amplia franja de la población y una despreciable corrupción que carcome desde hace tiempo el establecimiento político del país. Todo esto, dicho de manera coloquial en las aulas, estaba precedido por una apostólica experiencia suya: al regresar de Estados Unidos, había tenido el coraje de internarse en los páramos vecinos del Cotopaxi para convivir con las comunidades indígenas de Zumbahua, las más atrasadas y olvidadas del país. Gracias a esta experiencia, además de dominar corrientemente el inglés y el francés, aprendió a hablar el quechua con un acento algo tropical de Guayaquil, la ciudad donde nació.

He ahí el personaje. ¿Dónde, pues, está su parentesco con nuestro perfecto idiota? En lo de siempre: en esa contaminación ideológica salpicada de castrismo, de chavismo galopante y de una igualmente trasnochada Teología de la Liberación que se recibe como un bautismo sacramental en la Universidad de Lovaina (la misma donde estudió el cura colombiano Camilo Torres) y que a Correa le permite identificarse como «izquierdista cristiano».

Por culpa de esos jarabes ideológicos recibidos con fe de carbonero desde la adolescencia, Correa se equivoca en el diagnóstico y en la terapia de nuestros males. Los resultados podrán ser catastróficos para un país como el suyo, sometido a un pernicioso juego de ilusiones y desengaños, que no se cansa de elegir y de derribar presidentes: seis en sólo diez años, nada menos. Todo un récord.

IMPERIO, IGUAL A INFIERNO

Primer síntoma de la fiebre ideológica que padece Correa: su antiamericanismo, enfermedad eruptiva propia de los idiotas de América Latina, como también de los idiotas europeos y de otras latitudes del planeta. De ahí le viene su fobia al Banco Mundial, al Fondo Monetario Internacional, al Tratado de Libre Comercio con Estados Unidos, al pago de la deuda externa, a las bases militares norteamericanas y de pronto al dólar mismo (algo peligroso en una economía dolarizada como la de Ecuador). En síntesis, aversión a lo que su amigo Chávez encierra en una sola palabra que huele a azufre: el imperio (vocablo fonéticamente muy próximo a infierno, y para Chávez y sus amigos, equivalente).

Para obedecer a esta vieja fobia, Correa se apresuró a anunciar en su campaña electoral que el proyectado Tratado de Libre Comercio con Estados Unidos «lo botaría al tacho de la basura de la historia porque se trata de un bobo aperturismo y claudicación de la soberanía nacional». De pronto son los americanos los más contentos con esta decisión, pues no han olvidado que México, con el TLC, ganó mucho más que ellos mismos. Ya lo recordamos en otro capítulo de este libro: la balanza comercial mexicana, que registraba en 1994 un déficit de 3,150 millones de dólares, diez años después tenía un superávit de 55,500 millones. Se trata de una realidad que tomaron muy en cuenta Colombia y Perú, al suscribir de su lado un TLC con Estados Unidos, pero que Correa, afectado de antiyanquismo visceral, prefiere ignorar o ver sólo como un venenoso y astuto anzuelo del imperio.

Otra fobia: la base militar que Estados Unidos tiene en Mantas. «Primero me cortan la mano antes de renovar ese contrato» ha dicho Correa, y olvida que ésta es la base de control logístico sobre el narcotráfico más importante de todo el hemisferio y que en todo caso sería más consecuente cuestionar la premisa de la política represiva contra las drogas en lugar de usar ese pretexto para agitar pasiones antiestadounidenses, pues fueron sus antecesores los que permitieron esa base. Por razones análogas, Correa se opone también al Plan Colombia y a juzgar a los guerrilleros colombianos, gran sustento de los traficantes de coca, como terroristas. Aun si ellos pulverizan poblaciones con cilindros explosivos, vuelan en Bogotá un club social, envían paquetes bomba a los periodistas cuyas opiniones les son adversas, secuestran hombres, mujeres y niños y dejan sin piernas a más de tres mil personas con las minas antipersona, para Correa son bravos «insurgentes». En cambio, considera que el presidente colombiano Álvaro Uribe adelanta «políticas militaristas» por combatir esa «insurgencia» armada en vez de abrirle los brazos e invitarla a dialogar. Con semejante estrabismo acerca de la situación de su vecino, no será de extrañar que los dirigentes de las FARC —como ya ha ocurrido— encuentren en Ecuador un confortable lugar para adelantar desde allí sus operaciones. Para ellos, por cierto, la frontera entre Colombia y Ecuador no existe.

Sueños y realidades. Correa cultiva sueños en su jardín político en detrimento de las disponibilidades reales del país. Ofrece, por ejemplo, pagar la deuda que de tiempo atrás tiene contraída el Estado con el Instituto Ecuatoriano de Seguridad Social (IESS), así como aumentar la pensión de los jubilados. ¿Con qué recursos lo hará? Nadie lo sabe. Si lo consiguiera sin aumentar peligrosamente el déficit fiscal, sería merecedor del Nobel de Economía. Tampoco se sabe cómo puede aumentar el bono de vivienda que entrega el gobierno, beneficio que pasaría de 1,800 dólares a 3,600 dólares, ni cómo cumplir otra faraónica promesa de construir 300 mil casas en menos de un año. Con igual ímpetu, habla de aumentar los presupuestos de educación y de salud, para lo cual se ampliaría la actual planta de médicos y enfermeras, y de constituir un fondo de 300 millones de dólares para microcréditos masivos de 5 mil dólares, a cinco años de plazo, con un interés de sólo 5 por ciento anual. Todo ello parece muy atractivo, pero no resulta viable administrado por la banca privada cuyos gerentes no duermen tranquilos desde que Correa llegó al poder. Si decide acudir a la banca estatal, la corrupción va a ser la más fiel compañera de tales programas.

A tiempo que multiplicaría el gasto público para cumplir con sus promesas, Correa ofrece disminuir el IVA del 12 al 10 por ciento. ¿De dónde saldrá entonces el dinero? No lo ha dicho. ¿Se propone sustituir el dólar —la real moneda de Ecuador— para crear otra divisa que le permita emitir sin piedad papel moneda? Sería el combustible para una hiperinflación explosiva. Es posible que no cometa a corto plazo semejante locura, pero ganas no le faltaran en aras de «la soberanía nacional». Por lo pronto, sus planes y fantasías han aumentado los niveles de riesgo del país, ahuyentado a los inversionistas nacionales y extranjeros, reducido la base de la tributación fiscal y también han creado un agudo malestar en el sector empresarial. En el menú de su primer año de gobierno iniciado con tal despegue, se pronostica aumento del desempleo y enorme flujo emigratorio de trabajadores.

Políticamente, el panorama es también incierto. La coalición que lo respalda, Alianza País, no tiene diputados en el Congreso, ya que él mismo no quiso darle su aval a nadie. En estas circunstancias, su proyecto de convocar una Asamblea Constituyente —el remedio siempre mágico de un Chávez o un Evo Morales— no es viable por los cauces constitucionales, pues requeriría la aprobación de un Congreso muy poco amigo de tal iniciativa. De modo que para sacar adelante este nuevo sueño suyo no tendría más remedio que dar un golpe de Estado convocándolo por decreto, sin consulta con el órgano legislativo. Tendría, sí, el apoyo de Chávez, de Evo y de todos nuestros idiotas latinoamericanos. Pero la realidad, ingrata enemiga de los sueños, acabaría por defraudar a los ecuatorianos. La pobreza que Correa ofreció remediar sería igual, triste e inamovible a lo largo y ancho del Ecuador, pues es un mal que exige otras terapias, menos estridentes pero más efectivas. No se cura con gritos de balcón, desfiles, boinas rojas, retratos del Che Guevara, menos aún con guerra de clases y colores, nacionalizaciones, socialismos del siglo XXI y demás formas conocidas de la idiotez que ahora regresa a América Latina.

En Europa también los hay

La idiotez política, como es de suponer, es un mal latinoamericano; un mal sumamente vistoso cuando viene acompañado del histrionismo tropical de un Hugo Chávez. No es siquiera imaginable, por ejemplo, que un gobernante europeo se permita comparar al presidente George W. Bush con el diablo en la tribuna de las Naciones Unidas o decida prohibir en los despachos públicos los pinos de Navidad o la figura de Papá Noel, por considerar que son signos también satánicos de colonización cultural por parte del «imperio». A semejantes exuberancias nadie llega en Europa. Aun si subsisten partidos comunistas dueños de una total ortodoxia marxista-leninista, devotos de la hoz y el martillo, del puño en alto, de la Internacional y otras antigüedades, el modelo económico establecido para los países de la Unión Europea se apoya en las ventajas del libre comercio internacional y en principios propios de todo Estado de Derecho como son la seguridad jurídica, el derecho a la propiedad, el respeto por contratos e inversiones, a tiempo que, en líneas generales, deja sin piso las barreras proteccionistas, los subsidios, el control de precios y salarios, y la supuesta «redistribución de la riqueza» mediante altos impuestos al sector productivo, las nacionalizaciones, el reparto de tierras y demás temas reiterativos propios del idiota de nuestras latitudes.

Todo esto naufragó en Europa a comienzos de los años ochenta, como secuela de la crisis mundial de 1973 y más tarde a raíz del desplome del comunismo, de modo que hasta los herederos de una izquierda de estirpe marxista acabaron por aceptar, en los hechos y a regañadientes, la solución liberal no como la mejor sino sencillamente como la única viable en el manejo de la economía. Las más viejas ortodoxias de un modelo social-demócrata, presentado en otro tiempo como emblema triunfal, intocable, acabaron por venirse a pique. Fue el caso de Suecia, país que empujado por el creciente gasto público y el déficit fiscal, con un Estado casi al borde de la quiebra, acabó privatizando las empresas de energía y de telecomunicaciones, la banca y los transportes, y abriéndole por esa vía la puerta a la competencia y el reciclaje tecnológico. En España, el partido socialista de Felipe González decidió en su momento renunciar a todo parentesco ideológico con el marxismo y aceptar las primeras formas de apertura económica, a tiempo que el Partido Comunista español, por la progresiva deserción de sus electores, quedaba inexistente, con un poder confinado apenas en su aparato sindical. Los socialistas portugueses, después de las peligrosas derivaciones que tuvo la llamada Revolución de los Claveles por obra de militares marxistas, abandonaron todo proyecto de nacionalizar bancos o empresas. Los comunistas italianos, de su lado, dieron un viraje espectacular. En 1988, su líder, Achille Ochetto, declaró sin rodeos que había llegado el momento de aceptar como una realidad el capitalismo liberal y abandonar el viejo emblema de la hoz y el martillo. El mismo aterrizaje en la realidad de los nuevos tiempos lo darían los líderes del socialismo británico y alemán, Tony Blair y Gehrard Schröeder. En el manifiesto que en 1999 lanzaron para señalarles una nueva vía a los socialdemócratas europeos, pusieron de relieve la necesidad de controlar el gasto público, de flexibilizar las legislaciones laborales, disminuir los altos impuestos a las empresas, la burocracia y las políticas puramente asistenciales en busca de una economía más flexible, menos regulada.

De este movimiento continental, sólo los socialistas franceses, herederos, en cierta forma, del mercantilismo estatista prerrevolucionario de un Colbert, parecieron mantenerse al margen, tal vez por un fenómeno cultural muy suyo: la ideología tiene en ellos vida propia, sea por tratarse ante todo de una construcción teórica, sea por una adhesión sentimental a determinados principios y convicciones. El caso es que, reacia a poner en tela de juicio sus viejos postulados, pasa de largo frente a los desmentidos que le inflige la realidad. Aun si deben admitir o pasar discretamente por alto el recetario liberal que sus propios gobiernos aplican en el manejo económico, los socialistas franceses mantienen, en la latitud puramente ideológica donde suelen confinarse, su viejo discurso clasista según el cual son ellos, supuestos voceros de las clases populares, los buenos de la película y el malvado mayor, amigo de los dueños del dinero, el liberalismo. Gracias a esta «vida vegetativa del pensamiento», como llamó Jean-François Revel a su obstinada fijación ideológica, ser de izquierda es para ellos tomar el partido de los pobres contra los poderosos, dar prioridad a los programas sociales contra el espíritu de lucro que infecta al capitalismo, denunciar la explotación sufrida por el Tercer Mundo y señalar los verdaderos responsables de su pobreza, y otros cuantos planteamientos muy cercanos a la vieja vulgata marxista, que de esta manera sobrevive a su propio fracaso por esa fuerza etérea que tiene la utopía. «Para los hombres a los que esta visión del mundo hace vivir, moral o políticamente, material o intelectualmente —ha dicho Revel—, aceptar la luz, es decir, la comprobación y el análisis de los hechos, equivaldría a desaparecer, a obturar la fuente misma de sus creencias y de su influencia.» Lo suyo parece más una religión que un pensamiento político.

JUEGO DE ETIQUETAS

El idiota europeo —pariente cercano del latinoamericano y aunque de forma menos numerosa que en Francia presente también en todos los demás países del Viejo Continente y especialmente en España— logra, pues, sobrevivir intelectual y políticamente a la derrota de sus viejos derroteros valiéndose de numerosos subterfugios. O, para decirlo de manera más franca, de simples mentiras cuya única fuerza es la reiteración sistemática.

La primera de ellas se apoya en un juego maniqueo de etiquetas políticas. Para este personaje, quien no comulgue con sus tesis es forzosamente de derecha. No liberal, ni de centro, ni siquiera de centro derecha, sino de la más cavernaria derecha. No tiene otra escapatoria. Recurso muy efectivo, por cierto, pues desde la Revolución Francesa hasta nuestros días, la derecha en Europa está asociada a sectores de un ciego conservatismo, amigos del autoritarismo y de privilegios, cuando no, en Francia, de las fuerzas de ocupación durante la Segunda Guerra Mundial, en Italia del fascismo y en España de la dictadura del generalísimo

Franco. Nada, pues, muy recomendable. De ahí que, como bien lo advierte el periodista francés Eric Brunet en su libro *Tre de droite un tabou français (Ser de derecha, un tabú francés),* ningún periodista, artista, intelectual o funcionario de su país quiere identificarse como hombre de derecha, pues corre el riesgo de ser calificado de *reac* (reaccionario) o algo peor: de *facho.* Al saber esto, el dueño de una vieja ideología de izquierda deporta al liberal que defiende la libertad económica y política del centro a la derecha y de pronto de la derecha a la extrema derecha, pues ésta, según una ecuación acreditada en su tiempo por el propio François Mitterrand, pertenece a su propio álbum de familia. Es un viejo recurso muy usado en la prensa europea con veleidades de izquierda. Así, cuando Mario Vargas Llosa se disputaba con Fujimori la Presidencia del Perú en 1990, la corresponsal del diario *Le Monde* lo presentaba como «campeón de la nueva derecha», lo que para cualquier desprevenido lector francés era como situarlo en las vecindades del fascismo. De igual manera, los autores del famoso *Libro negro del comunismo,* obra que hace un riguroso y minucioso recuento de las masacres, deportaciones y *gulags* que en el mundo comunista produjeron 100 millones de muertos en el pasado siglo, fueron acusados por un buen número de idiotas franceses de hacerle el juego a la extrema derecha. Y algo parecido ocurrió con el incómodo e inoportuno libro de los periodistas Bertrand de la Grange y Maite Rico, quienes derrumbaron el mito romántico del subcomandante Marcos, tan fervorosamente apoyado por Danielle Mitterrand y otras personalidades de la izquierda francesa, con su libro *La genial impostura.*

Dentro del mismo proceso de satanizaciones que tanto gustan a nuestro personaje (ignorando sin duda que éste fue un recurso patentado por el padrecito Stalin), el liberalismo se ha ganado un puesto de primer nivel. Es para el izquierdista primario que aún subsiste en Europa y que como periodista logra tener una presencia dominante en diarios como *El País, Le Monde, Liberation, Le Nouvel Observateur o Il Corriere della Sera* o en el irredimible *Monde Diplomatique,* el modelo sin alma que defiende los intereses del gran capital, indiferente a la pobreza y a la suerte de los excluidos y marginales de la sociedad. El rótulo «neoliberal», patentado por los idiotas a los dos lados del Atlántico, es usado de igual manera por un Rodríguez Zapatero, por un Castro o por un Chávez para descalificar a todo aquel que, en nombre de la experiencia vivida por varios países del planeta, abogue por la libertad económica (y desde luego la libertad política) como real motor de desarrollo y niegue las ventajas del Estado regulador o planificador.

LA MIOPÍA DE LA IZQUIERDA

Desde luego, por grande que sea su idiotez ideológica, el izquierdista europeo está lejos del populismo y de las soluciones revolucionarias de un caudillo latinoamericano. Nada en su patio permite semejantes brotes tropicales. Su idiotez se mide sólo en las distorsiones y retrasos que sufre a la hora de juzgar lo que sucede en nuestro mundo o en otros mundos distantes del suyo. Ahí sus viejos estrabismos ideológicos siempre le han impedido ver la realidad a tiempo y de frente cuando ella contraría sus mitos, sobre todo entre catedráticos, intelectuales y periodistas. Sobran ejemplos para demostrarlo. En los años treinta, los intelectuales franceses de izquierda abrigaban toda suerte de ilusiones y esperanzas en torno a la Unión Soviética, de ahí que le dieran una agria acogida en 1936 a André Gide y a su libro *Regreso de la URSS,* cuya visión de esa experiencia era desalentada, por no decir muy crítica. Debieron ellos esperar más de veinte años para enterarse de la atroz realidad del estalinismo y otros veinte para perder las ilusiones sobre el maoísmo y comprender que Mao, ídolo sustitutivo para los jóvenes del Mayo del 68 francés, fue un tirano tan atroz como Stalin. De semejante despiste quedan testimonios lamentables que hoy provocan más bien una sonrisa. Así, en 1954, de regreso de la Unión Soviética, Jean-Paul Sartre no tuvo inconveniente en declarar para el diario *Liberation:* «La libertad de crítica es plena y entera en la URSS». Ni él ni muchos otros intelectuales le dieron crédito al libro de Víctor Kravchenko *Yo escogí la libertad,* que reveló lo que más tarde confirmaría un Soljenitzyn con *El Archipiélago del Gulag.*

El mismo retraso se advierte en todos estos personajes —y sobre todo en la prensa de izquierda y centro izquierda europea— a la hora de descubrir la atroz realidad de la Cuba de Castro, de la Nicaragua sandinista o del Frente Farabundo Martí de El Salvador. El mito de la revolución cubana duró muchos años en eclipsarse y aun cuando esto empezó a ocurrir, el subcomandante Marcos tomó su relevo. El idiota europeo necesita estos espejismos para que sus sueños ideológicos tengan algún soporte. En el caso de América Latina, tal soporte nunca lo pierden, la verdad sea dicha, porque el regreso de nuestro idiota acude en su ayuda. Si Castro agoniza hoy en su isla de opresiones y penurias, ahí está Hugo Chávez visto por los mismos despistados de siempre como el ídolo de los pobres de América Latina y a Evo Morales, como el primer indígena capaz de llegar al poder después de quinientos años de opresión. El idiota europeo, sea español, francés, alemán, italiano o danés, guarda de América Latina una imagen trasnochada y elemental, un paisaje social polarizado donde todo se reduce a pocos muy ricos y muchos muy pobres; a guerrilleros buenos y militares malos; a blancos e indios; a oligarcas y caudillos populares; a izquierdas redentoras y derechas opresivas; a rascacielos y favelas. Todo es visto sin matices ni reales exploraciones de una realidad, plasmado en contrastes rotundos y sujeto a vulgares distorsiones, hijas de una fábula que es común a los idiotas de los lados del Atlántico y que no permiten una mejor comprensión de los reales factores de desarrollo y modernidad de América Latina y de sus verdaderos enemigos. Los viejos estereotipos sustituyen el conocimiento y el análisis.

Otros dos temas aproximan a nuestros dos personajes, el de Europa y el de América Latina: sus reparos a la globalización y el antiamericanismo. Es una fobia enteramente compartida. La globalización, como ya lo hemos mencionado, no es vista como una ventaja para incrementar el libre comercio internacional y el libre movimiento de capitales y todo lo que ello puede representar en la lucha contra la pobreza, sino como una derivación más de la llamada política neoliberal destinada a incrementar las desigualdades entre pobres y ricos. De allí la forma benigna en que la prensa española y francesa ha tratado, por ejemplo, los extravíos de un José Bové, entre ellos sus ataques a restaurantes de «comida rápida» de origen estadounidense como McDonald's (donde, por cierto, no comen los ricos sino por lo general ciudadanos de más modestos ingresos). De su lado, el antiamericanismo tiene, en el caso del idiota europeo, un matiz de rivalidad y de menosprecio de la vida y de la sociedad americana y un cuestionamiento de lo que representó para Europa occidental la Alianza Atlántica.

DE BLAIR A JOSPIN

A veces, estas apreciaciones propias de la izquierda cultural desaparecen cuando la izquierda política llega al poder. La realidad la obliga a poner de lado dogmas y recetarios hasta entonces mantenidos como intocables. Es el caso de lo ocurrido en el Reino Unido con Tony Blair. Como ya lo hemos visto, la Tercera Vía, ideada por el intelectual Anthony Giddens, supo apartarse de la izquierda fundamentalista, del papel altamente regulador que ésta le daba al Estado, de las nacionalizaciones y de los altos impuestos, con el fin de lograr una mejor gestión económica. Incluso un viejo propósito socialista, el de obtener una mejor distribución de la riqueza, se apoyó más en una igualdad de oportunidades en el campo de la educación y en un combate a la discriminación racial que en medidas coercitivas de tipo fiscal.

Esta misma visión no fue la del socialista Lionel Jospin cuando tuvo a su cargo el gobierno de Francia, en cohabitación con el presidente Jacques Chirac. Aunque desde el poder alcanzó a declarar, en una alocución televisada del 13 de septiembre de 1999, que «no es con leyes ni con textos como vamos a regular la economía», estas palabras fueron consideradas por los Verdes, por otros grupos radicales, e incluso por algunos barones o elefantes de su partido, como una peligrosa herejía propia del liberalismo. Jospin no tuvo más remedio que volver atrás y mantenerse en la línea más ortodoxa de la izquierda francesa. Allí el discurso a favor de la clase trabajadora, de los marginales y «excluidos», reiterado por los socialistas, encubre una realidad más bien desastrosa para el país.

Francia, en efecto, alberga una mentalidad estatista que es común no sólo a la izquierda sino también a buena parte de la derecha. La llamada función pública tiene un peso considerable en los gastos del Estado, en detrimento del sector privado que debe soportar una fuerte carga impositiva hasta el punto de que muchas empresas francesas, atraídas por una mano de obra calificada menos costosa e impuestos tolerables, empiezan a trasladarse a otros países de la Unión Europea, como Polonia, la República Checa y otros. El número de funcionarios en Francia no disminuye sino que ha aumentado muy cerca de un 10 por ciento en los últimos diez años. En su ya mencionado libro *Être de droite un tabou français,* el periodista Éric Brunet nos recuerda que el gasto en la llamada función pública en Francia es dos veces más grande que en Estados Unidos. «Un empleado de la Banque de France —escribe Brunet— trabaja dos veces menos que su colega británico y se beneficia de una pensión dos veces más elevada que la de un trabajador del sector privado». Ocurre lo mismo en empresas públicas como la SNCF (ferrocarriles) o el metro, cuyos trabajadores en un 80 por ciento pueden jubilarse a los cincuenta años. El funcionario goza de una inmovilidad (seguridad de empleo se le llama) que le permite quedarse en su puesto a salvo de despidos sin que se le exijan los méritos o rendimientos propios de un empleado o trabajador del sector privado. Y algo más sorprendente: la suya es con frecuencia una función hereditaria (el 50 por ciento de los funcionarios son hijos de funcionarios).

Existe, por otra parte, una verdadera dictadura de las centrales sindicales (CGT, FO, SUD) que reinan en las empresas de gas y de electricidad, en los puertos, transportes, la educación y muchas otras esferas de la administración pública. Bajo la constante amenaza de paros y huelgas, esas oligarquías sindicales han obtenido para sus afiliados toda suerte de costosas prebendas descritas como «conquistas de la clase obrera» cuando en realidad sólo benefician a categorías privilegiada de los trabajadores, con primas, ayudas e indemnizaciones de todo orden que incrementan de manera abrumadora el gasto público y acaban por quedar a cargo del contribuyente, oprimiéndolo. Las llamadas cargas sociales agobian a la pequeña y mediana empresa en detrimento de inversiones y de la creación de nuevas fuentes de trabajo. El desempleo, sumado a una inmigración no integrada que fácilmente deriva en la delincuencia, ha creado un explosivo cinturón de pobreza e inseguridad en torno a París y otras ciudades. Ya hemos visto en tiempos recientes el estallido de odio que, entremezclado con el delicado asunto de la inmigración, este sistema rígido y poco apto para la moviliad social ha generado.

Esta cruda realidad contradice, una vez más, la ilusa ideología de la cual nuestro idiota europeo es devoto. El Estado acaba inevitablemente dando privilegio a los grupos corporativos que tienen algún peso político, al vasto país de funcionarios y a las oligarquías sindicales. Pero el costo de su amplia burocracia y de las políticas asistenciales que ha asumido de tiempo atrás —por cierto con graves saldos en rojo, como el que registra la seguridad social o las ayudas al desempleo por periodos amplios— se traslada inevitablemente al sector productivo. Altos gravámenes pesan no sólo sobre empresas y empresarios, sino también sobre profesionales, ejecutivos y otros miembros de la clase media alta, en detrimento del ahorro, de las inversiones y de todo cuanto en un país contribuye a la generación de riqueza y a la creación de empleo. Si a esto se suman medidas como la de reducir el tiempo de trabajo a treinta y cinco horas semanales, la fuerza competitiva de Francia dentro y fuera de la Unión Europea empieza a sufrir un declive, mientras que el paisaje social del país se ve ensombrecido por una población marginal y suburbana, en su mayoría integrada por jóvenes hijos de inmigrantes sin porvenir alguno, expuestos a la delincuencia común y capaces de hacerse sentir a la menor ocasión con ciegas y feroces explosiones de violencia (incendio de autobuses y automóviles, destrucción de locales bancarios y comerciales).

En síntesis, la ideología de la vieja izquierda francesa, encaminada a ayudar a los «excluidos» y a buscar mejores niveles de equidad social, acaba por crear disparidades, problemas de inseguridad y desempleo por culpa de su inevitable divorcio con las leyes del desarrollo económico. Pero no nos engañemos: para cuantos se mantienen en Francia al margen de la realidad, en la vida vegetativa del pensamiento el malo de la película sigue siendo el liberalismo.

EL «BUENISMO» EN ESPAÑA

El caso de España merece un examen de otro orden. Bajo el gobierno de Felipe González se registraron los primeros signos de apertura exitosos (unas cuantas privatizaciones y venta al público de algunas acciones de empresas del Estado), y luego se produjo, durante los ocho años de gobierno de José María Aznar, un avance económico impresionante. De país rezagado, España pasó a situarse entre los más dinámicos y prósperos de la Unión Europea. Como bien lo recordamos en el capítulo «Ayer pobres, hoy ricos», cerca de cincuenta grandes empresas del Estado fueron privatizadas, la renta per cápita se aproximó en un 90 por ciento a la de los países pioneros de la UE y, al cambiarse las reglas del manejo económico, afluyeron las inversiones extranjeras en zonas tales como la industria automotriz y, sobre todo, se facilitó que las empresas españolas liberaran toda su capacidad creativa y expansiva, hasta el punto de que algunas de ellas se cuentan en su campo entre las más poderosas multinacionales como es el caso de la Telefónica. Gracias a todos estos cambios, se crearon seis millones de nuevos empleos y en el plano internacional España empezó a figurar en las grandes ligas como interlocutor de primer orden.

¿Por qué entonces el Partido Popular no ganó las elecciones del 14 de marzo de 2004? No es un misterio para nadie. Las perdió a raíz del atentado del 11M que tres días atrás produjo en Madrid 190 muertos e innumerables heridos. Hasta entonces, las encuestas le aseguraban un triunfo holgado al PP. De modo que el resultado no fue tanto un triunfo del socialismo como del terrorismo. O, más exactamente, del miedo al terrorismo. La escritora y periodista española Edurne Uriarte lo ha explicado muy bien en su libro *Terrorismo y democracia tras el 11M*. La reacción que se produjo entonces, sostiene ella, no fue propiamente de indignación y condena de los terroristas islámicos, sino de histeria, conmoción y miedo. «Cuando el miedo vence, el culpable —escribe ella— ya no es el agresor sino el que no ha podido protegernos, o lo que es peor, el que ha provocado la furia del agresor. Da lo mismo que la provocación se haya producido por una reafirmación de los valores democráticos o por una defensa de la libertad. Lo que cuenta es que todos estamos en el punto de mira, que podemos morir absurdamente cualquier mañana, en un tren, en la calle.» Así, bajo el peso de este factor psicológico, muy bien explotado por los dirigentes socialistas, ocho años de cambios y aciertos que mejoraron el nivel de vida de todos los españoles se evaporan de la noche a la mañana, y Aznar, su gobierno y su partido se convirtieron de pronto en chivos expiatorios por su apoyo dado a la guerra de Irak, asunto que merece ser discutido, por cierto, independientemente de lo que fue la gestión económica y social. Bajo el trauma psicológico sufrido por una población pacífica, que nunca esperó lo ocurrido, decirle no a la guerra, buscar la paz, tender la mano, negarse a cualquier forma de confrontación mediante el rechazo del gobierno en funciones, se convirtió en la única política apoyada por la mayoría de los ciudadanos. Así lo entendió el nuevo jefe del gobierno español, José Luis Rodríguez Zapatero, cuando hizo hincapié en lo que llama «el talante»; es decir, en una nueva forma para él más amable y abierta que la de Aznar de resolver los conflictos. A esa postura contribuyó, por supuesto, una visión ideológica propia de la izquierda tradicional, tan bien acogida por nuestro idiota, que asocia siempre a sus adversarios con la derecha y a la derecha con la guerra, el autoritarismo, la sumisión a la política del Departamento de Estado así como a la izquierda con la independencia y la permanente disposición al diálogo.

A esta nueva política se le ha llamado en España «el buenismo». Pese a sus beatíficas intenciones, o por obra de ellas mismas, resulta atractivo a corto plazo para sectores desprevenidos de la opinión, pero engañosa con el transcurrir del tiempo porque parte de consideraciones equivocadas y acaba contrabandeando políticas que contradicen los ideales verbales (por ejemplo cuando exportan armas a Venezuela).

Ante todo, ignora la naturaleza y el alcance real de problemas como el terrorismo islámico, en el ámbito internacional, o el terrorismo de carácter nacionalista dentro de España. El primero tiende a interpretarlo como una rebelión de pueblos subyugados, sumidos en la pobreza y heridos por la confrontación de su lastimosa realidad con el mundo rico. Se trata de una cándida visión. Pese a que existen gobiernos musulmanes opuestos al integrismo, la verdad es que, aun si comulgan con una versión pacífica del islam, rehúyen polémicas y confrontaciones con los integristas por las connotaciones religiosas que éstos hacen valer. En efecto, los integristas dicen apoyarse en una lectura muy suya de los textos sagrados para justificar la *jihad* contra Occidente, cuya hegemonía temen y odian. Su guerra santa no permite, pues, diálogo alguno. El escritor y crítico español Miquel Porto, en el libro *El fraude del buenismo,* define este ciego y bárbaro fanatismo como una psicopatología endógena que se alimenta a sí misma con el odio. Odio a la sociedad democrática y a la modernidad occidental. Ante esa mística, que convierte en martirio religioso el suicidio de los propios terroristas, propuestas beatíficas como «la alianza de civilizaciones» de Rodríguez Zapatero no pasan de ser una insustancial fórmula retórica.

El presidente del gobierno español es, por cierto, muy dado a esta clase de malabarismos verbales, a veces infortunados, de los cuales sus adversarios tienen un divertido repertorio. En alguna ocasión, por ejemplo, entrevistado por la cadena *Ser,* se permitió decir, para escándalo de la Casa Real española: «Tenemos un rey bastante republicano». También ha dicho que «la cintura es la esencia de la democracia», «después de ocho años de derechas tenemos un año de derechos», «algunas utopías inalcanzables merecen ser perseguidas», «la igualdad entre los sexos es más efectiva contra el terrorismo que la fuerza militar», «disuadir del tabaco y del alcohol es de izquierda» y otras perlas por el estilo que celebran con regocijo los caricaturistas españoles, algunos de los cuales comparan estas salidas con las de un célebre personaje del cine norteamericano, Mr. Bean.

Igual confianza sistemática en el diálogo, propia del buenismo, llevó a Rodríguez Zapatero a abrir un llamado «proceso de paz» con ETA, que rompió el pacto antiterrorista y que buscaba poner de su lado las esperanzas de los españoles de ver terminada la violencia terrorista. Como ocurrió en Colombia cuando el presidente Andrés Pastrana abrió un proceso de paz con la guerrilla de las FARC sin que hubiera síntoma alguno de que los terroristas estaban dispuestos a abandonar las armas, el error de base de semejante iniciativa es el de creer que la paz es un objetivo compartido por los terroristas y que puede haber con ellos un terreno común de entendimiento mientras sigan creyendo que pueden ganar. El «alto al fuego» decretado por ETA el 20 de marzo de 2006 inspiró esta ilusión no sólo en el gobierno español sino entre los mismos españoles que lo eligieron, movidos por el grito unilateral de «no a la guerra». Error, craso error muy propio también del personaje de este libro, cercano pariente, por sus desvíos ideológicos, del buenista español. El odio étnico o nacionalista, como bien lo dice Miquel Porta, ve la lucha armada como un camino de perfección que diviniza y ritualiza un comportamiento criminal. Así, el 29 de diciembre de 2006 Rodríguez Zapatero, en su alocución de fin de año, creía ofrecer a sus compatriotas un panorama muy alentador en el proceso de paz y, por añadidura, con mejores expectativas aún para el año siguiente, pero veinticuatro horas después toda esa política basada en el buenismo quedaba sepultada bajo las cuarenta mil toneladas de escombros que, junto con dos muertos, dejó el atentado de ETA en la terminal 4 del aeropuerto de Barajas. Nada de lo cual implica, por supuesto, que el Estado español no deba, ante una real evidencia de que ETA está dispuesta a abandonar las armas, abrir las puertas a un acuerdo. Pero esa condición no se había dado cuando el gobierno tomó una iniciativa que emitía una señal de debilidad.

Bajo los mismos parámetros de la política de concertación, el gobierno español acabó por dar vía libre a las reclamaciones nacionalistas en Cataluña. Independientemente de lo que se piense de las raíces históricas del nacionalismo catalán y de si se cree que el sistema autonómico es mejorable o incluso que el federalismo podría eventualmente tener cabida en España, al admitir que se la definiera como nación —mención de dudosa constitucionalidad, pues la Constitución habla de España como nación única e indivisible—, el Estatuto catalán abre camino a las aspiraciones secesionistas en el País Vasco y a otras aspiraciones regionales por inevitables efectos de contagio, poniendo en peligro la convivencia de todos los ciudadanos. Por lo pronto, las concesiones obtenidas por el Estatuto catalán ubican al propio idioma castellano como pariente pobre en la enseñanza pública y establece limitaciones a formas de presencia del Estado español en zonas de la justicia y la administración pública que ninguna otra nación europea podría aceptar sin poner en peligro su existencia misma y generar enfrentamientos civiles muy peligrosos.

La educación es otra víctima de extravíos ideológicos propios de esa vieja izquierda común a los dos continentes, empeñada en confundir autoridad con autoritarismo y en equivocados conceptos igualitarios o igualitaristas. Como bien lo recuerda Valentí Puig, otro analista del buenismo, en función de esta tendencia se han abolido las reformas auspiciadas por el gobierno anterior y se ha paralizado una nueva que restituye la cultura del esfuerzo, de la excelencia y la meritocracia para mejorar la calidad de la enseñanza. Temas como la lectura de textos, ejercicios de redacción y dictado y otros que buscaban un buen manejo del idioma fueron desechados (tal vez como propios de un elitismo de derecha) y el primer resultado de semejante prejuicio es la llegada a las universidades de estudiantes que atropellan alegremente la gramática, la sintaxis y la propia ortografía, y que escriben con un lenguaje parecido al que los sábados en la noche se les oye en bares y discotecas. El igualitarismo obliga a medir a todos los alumnos —buenos y malos— con la misma vara, la competencia queda anulada y la mediocridad se establece como pauta común, a tiempo que el antiautoritarismo rompe la necesaria jerarquía del educador poniéndolo en el mismo nivel del alumno. ¿Resultado?: la calidad de la enseñanza en España se sitúa por debajo de la media europea. Es un mal punto de partida para las nuevas generaciones y una desventaja del país en el campo vital de la preparación y el conocimiento frente a los restantes países de la Unión Europea.

Mucho menos perjudicial hubiera sido que el buenismo se concentrara en algunos temas morales y valóricos —como la investigación con células madre o el matrimonio *gay*— en los que, en efecto, un sector de la sociedad española sentía con razón que existía un déficit. El error fue extender el buenismo a todos los campos de forma poco menos que incondicional.

CHÁVEZ SÍ, BUSH NO

De su lado, la política internacional de Rodríguez Zapatero no ha sido ajena a las fobias y las simpatías que con el personaje de este libro comparten dirigentes y periodistas de la vieja izquierda aún no reciclada.

Un ejemplo: durante el tradicional desfile militar del 12 de octubre, hallándose en la misma tribuna donde se encontraba el rey Juan Carlos, Rodríguez Zapatero se quedó sentado mientras el Monarca y demás personajes a su lado se ponían de pie para saludar el paso de la bandera norteamericana llevada por un contingente de *marines*. No era él aún presidente de gobierno, sino dirigente máximo del PSOE, pero el presidente Bush, con quien era perfectamente posible discrepar sin estos gestos infantiles, jamás olvidó este innecesario desplante y nunca quiso recibirlo en la Casa Blanca. Este alejamiento de Estados Unidos ha estado acompañado de un amistoso acercamiento a personajes como Castro, Chávez y Evo Morales. ¿Miembros de la misma familia ideológica? Tal vez. En cambio, el presidente del gobierno español, Rodríguez Zapatero, ha mostrado una total falta de sintonía con Tony Blair (a quien, por cierto, uno de sus ministros, José Bono, calificó de «gilipollas integral») e incurrió en una pasmosa descortesía con Ángela Merckel, cuando creyéndola derrotada en las últimas elecciones alemanas felicitó a su contrincante, a Schröeder.

Ahora bien, aunque en el plano internacional Rodríguez Zapatero haya dado un total viraje alejándose de la Alianza Atlántica mantenida por Aznar, en el plano económico interno no modificó el modelo liberal heredado. No hay otro viable, él lo sabe, y pese a sus impugnaciones del liberalismo o neoliberalismo ha dejado las finanzas en las manos cuidadosas de su ministro de Economía Pedro Solbes para tranquilidad de las empresas españolas, cuyos contratiempos corren por cuenta sólo de Chávez, Evo Morales y compañía.

El pragmatismo en el manejo económico de casi todos los gobiernos europeos no implica que el idiota europeo sea una especie en vías de extinción. Al contrario, está como nunca presente en ONG, federaciones, comités, movimientos ecologistas, universidades y medios de comunicación. Comparte con el latinoamericano sus diatribas contra la globalización, el antiamericanismo, el neoliberalismo y participa alegremente en los Foros de Porto Alegre y de Caracas, para oír a Fray Betto, a Noam Chomsky o a Ignacio Ramonet, dar por sentado que la guerrilla colombiana es un movimiento de rebeldes con causa, opuestos como él a las desigualdades y a la pobreza, y que el socialismo del siglo XXI promovido por un Chávez o un Evo Morales es el camino redentor para América Latina. Quizá ésta sea una manera de defender las ideas y mitos de su adolescencia. La ideología de la idiotez, ya lo hemos dicho, es testaruda. Sobrevive a sus fracasos dándole la espalda a la realidad, incluso en un mundo, como el de Europa, donde el pensamiento crítico es un elemento clave de su cultura.

El tiempo muy probablemente acabará demoliendo los mitos de este personaje, como lo hizo ya con los de la revolución rusa, la revolución cultural de Mao y las supuestas maravillas de la revolución cubana. Pero como lo dijo también Revel, comprender demasiado tarde es igual que no comprender. Entre el conocimiento y el comportamiento existen aún distancias. Menos en Europa, es cierto, que en América Latina. A raíz de la crisis mundial de 1973, los gobiernos europeos se abstuvieron de encerrarse en sus fronteras, crear aranceles, nacionalizar empresas, jugar con la moneda o cerrarle espacios a la empresa privada como aún se empeñan en hacerlo nuestros populistas latinoamericanos (con la simpatía, producto de la mala conciencia, del idiota europeo). De ahí que el idiota europeo haga menos daño. Se mueve en un mundo de especulaciones teóricas que lo hacen feliz, considerándose todavía *progre* o de vanguardia cuando está a la retaguardia de los nuevos tiempos. Qué le vamos a hacer, es su piadosa mentira.

Breve galería de cinco idiotas
sin fronteras

En noviembre de 2006 Hugo Chávez ocupó el podio de Naciones Unidas en Nueva York y explicó que todavía olía a azufre por el previo paso por esa tribuna del presidente George W. Bush, a quien calificó como *diablo*. Como era de esperarse, atacó al imperialismo norteamericano y a Occidente, pidió la reforma total de la ONU, incluido el fin del derecho a veto que poseen cinco países, denunció a Israel por los enfrentamientos en el Líbano y llevó a cabo alguna otra rutina circense de las que tanto disfruta. Sus acólitos lo aplaudieron durante cuatro largos minutos, mas su discurso provocó el rechazo de todo el espectro político norteamericano, desde Bill Clinton hasta el congresista afroamericano Charles Rangel. La Casa Blanca optó por no responderle, dando a entender que se trataba de un demagogo sin importancia al que no valía la pena hacerle caso.

Hasta cierto punto. Esa vez Hugo Chávez fue algo más que un charlatán. Súbitamente, tras explicar que los males norteamericanos eran producto de la lectura juvenil de *Superman* y *Batman* (en lugar de leer a Federico Engels o a Lenin, por ejemplo), se transformó en crítico literario y recomendó un libro:

Hegemonía o supervivencia. La estrategia imperialista de Estados Unidos. Se trataba de un farragoso ensayo escrito por el notable lingüista Noam Chomsky, ex profesor de MIT y padre de la gramática transformacional generativa, autor sagrado de la izquierda carnívora y atrabiliario personaje que dedica sus muchas horas libres (ya está jubilado) a convencer al mundo de que Estados Unidos es una nación asesina y depredadora a la que hay que combatir incesantemente en todos los frentes nacionales e internacionales para que no continúe haciéndole daño a la especie humana.

En todo caso, si Hugo Chávez había leído el libro de Chomsky —lo que algunas personas ponen en duda, habida cuenta de su infantil e inverosímil costumbre de hacerse pasar por una persona instruida y citar obras que jamás ha visto—, lo cierto es que no tenía las ideas muy claras sobre quién es este polémico intelectual norteamericano.

En la conferencia de prensa que siguió al incendiario discurso de la ONU, el coronel venezolano lo dio por muerto, manifestando su pena por no haberlo conocido en vida. Chomsky, de setenta y siete años, agradeció la propaganda hecha a su libro —que por unos días lo convirtió en *bestseller*— y lo disculpó amablemente por haberlo extirpado del mundo de los vivos antes de tiempo.

Pero si la anécdota del ensayista muerto-vivo posee un valor limitado, la entusiasta adhesión de Chávez al texto de Chomsky sirvió para ilustrar otro fenómeno mucho más relevante: la dependencia intelectual y emocional que tiene la izquierda latinoamericana del pensamiento de sus correligionarios del Primer Mundo. Chávez no cita a un pensador latinoamericano. Chávez no recomienda a un autor venezola-

no: busca un *yanqui* como Chomsky, o a un hispano-francés
como Ignacio Ramonet —a quien pronto nos referiremos—,
tal vez porque debajo de la gruesa capa de *tercermundismo* que
caracteriza todos sus actos persiste una curiosa subordinación
a la cultura del *enemigo*.

NOAM CHOMSKY

¿Por qué Chomsky es un autor ignorado en los círculos políticos responsables de Estados Unidos, pero adorado en las tumultuosas camarillas revolucionarias del llamado Tercer Mundo? La respuesta está en la desmesurada y caricaturesca crítica
de Chomsky a su propio país. Una sociedad como la norteamericana, acostumbrada a buscar la objetividad y la ponderación en cualquier juicio que se emita, no puede tomar en serio a un autor capaz de asegurar que «en comparación con las
condiciones impuestas por la tiranía y la violencia de Estados
Unidos, Europa del Este bajo el control de Rusia era un paraíso» (carta publicada por Alexander Cockburn en *The Golden
Age Is in Us* [Verso, 1995]). Decir una falsedad como ésa, ignorando los *gulags,* las ejecuciones en masa de adversarios y las represiones en países como Hungría o Checoslovaquia, es algo
que sólo puede desacreditar a quien lo afirma. La cita aparece
en la paciente compilación parcial que ha hecho Paul Bogdanor de las mentiras, distorsiones y manipulaciones escritas por
Chomsky en un ensayo que circula ampliamente en los medios
académicos a través de Internet: *The Top 100 Chomsky Lies*
o *Las cien mayores mentiras de Chomsky.* Ahí pueden leerse (la
traducción es nuestra) aseveraciones de Chomsky como ésta:

«Estamos en medio de un esfuerzo para tratar de asesinar a tres o cuatro millones de personas [en Afganistán]». Pero, mientras los compatriotas de Chomsky supuestamente se proponen asesinar a tres o cuatro millones de afganos (Washington es, por cierto, el mayor contribuyente de ayuda humanitaria para Afganistán), Pol Pot y sus Khemer Rouge, responsables de la muerte en Camboya de dos millones de personas, de acuerdo con la particular matemática de este caballero apenas asesinaron a una 25,000: «Presumimos que él [el senador McGovern] no habría hecho su propuesta [invadir Camboya] si la cifra de los asesinados [2,500,000] hubiera sido dividida por 100, es decir, 25,000.»

Chomsky, pues, es perfecto para predicar el antiamericanismo. ¿Qué mejor que un *idiota* yanqui para darle autoridad al antiyanquismo de un *idiota* latinoamericano? Pero Chomsky también ha sido útil para predicar el antisemitismo, atacar a Israel, defender a los terroristas palestinos y devaluar o poner en duda el horror del Holocausto, como le reprochan indignados otros intelectuales. ¿Quién puede ser más eficaz que una persona de origen judío para sostener esos puntos de vista, como se comprueba en sus numerosos escritos? En el 2001, siete años después de que los terroristas-suicidas palestinos comenzaran sus crueles masacres de cientos de civiles, Chomsky se atrevía a mentir afirmando que: «El único tema ahora es el de los terroristas suicidas. ¿Cuándo comenzaron? El año pasado (2000), a gran escala, después de treinta y cuatro años de tranquilidad. Israel ha sido prácticamente inmune». Todo un regalo para los antisemitas, mucho menos interesados en exponer los excesos que pueda cometer el Estado de Israel que en desacreditar a los judíos por el hecho de serlo.

JAMES PETRAS

James Petras es marxista por partida doble. Tiene las viejas y cansadas ideas de Karl, pero ostenta la apariencia de Groucho, bigote incluido, aunque con algo menos de pelo en la cabeza. Es también el tipo de referencia intelectual que más atrae al idiota latinoamericano (antiamericano, antisemita, antiisraelí, antimercado, antilibrecomercio), aunque su excesivo radicalismo suele poner en aprietos a quienes gustan de citarlo. Profesor de sociología en Binghamton University, una universidad pública del estado de Nueva York, coincide con Chomsky en su desprecio por el modelo de sociedad norteamericano y por su corrupto capitalismo, pero ama, en cambio, a los *piqueteros* argentinos y a los *sin tierra* brasileños, porque esas paparruchas de la ley y el orden, las instituciones de derecho y la propiedad privada le producen cierta repugnancia.

Leer a Petras, pese a lo predecible y reiterativo de sus análisis, siempre teñidos de antiamericanismo, tiene un interés especial por sus severas críticas marcadas por la ortodoxia revolucionaria. Para él, Lula da Silva es un traidor al Partido del Trabajo y al ideario radical anticapitalista. Se ha vuelto un tipo corrupto. ¿Por qué? Porque ha abrazado el neoliberalismo. O sea, Lula y el PT, cuando se apoderan del dinero ajeno, o cuando aceptan comisiones, lo hacen no porque sean una izquierda corrupta sino porque son neoliberales y *globalizadores*.

Pero Petras no sólo desprecia a Lula. También ha criticado severamente a Hugo Chávez y a Evo Morales por entregarse al gran capital y por no hacer la profunda revolución colectivista con la que él sueña desde su peligroso refugio en un pueblo remoto del estado de Nueva York. ¿Por qué lo hace? Tal vez, porque ha decidido convertirse en el látigo de la izquierda, o, acaso, porque disfruta el rol de conciencia crítica estalinista, pero de su celo ortodoxo ni siquiera se salva Noam Chomsky, a quien acusa de no ser suficientemente antisemita y antiisraelí por no denunciar con la necesaria firmeza al *lobby* judío en Estados Unidos, entidad a la que acusa con vehemencia de manipular la política exterior de este país, un poco como el autor apócrifo de *Los protocolos de los sabios de Sión* acusaba a los judíos de querer apoderarse del mundo.

A quien, sin embargo, le prodiga todo su afecto es a Fidel Castro, al extremo, incluso, de respaldar con entusiasmo a la dictadura cuando en la primavera de 2003 fusiló a tres jóvenes negros que trataron de escapar de la Isla en un bote robado y encarceló a setenta y cinco demócratas de la oposición por prestar libros prohibidos, escribir artículos en la prensa extranjera —veinticuatro de los presos eran periodistas independientes— o solicitar un referéndum de acuerdo con la Constitución del país. El obsceno artículo a favor de la tiranía, escrito por Petras contra Chomsky (a quien odia) y los intelectuales de izquierda que firmaron una carta censurando la represión en Cuba y el fusilamiento de tres jóvenes, se tituló *The responsability of the Intellectuals: Cuba, the U.S. and Human Rigths,* y el argumento esgrimido era el mismo de la policía política castrista: había que castigar a los disidentes porque estaban al servicio de un país extranjero. Fue tal la indignación causada por el texto de Petras, que la activista de izquierda Joanne Landy, codirectora de la *Campaign for Peace and Democracy,* le respondió con un largo artículo en el que se hace la pregunta obligada: «James Petras es tan inescrupuloso y tan admirador de los represivos regímenes comunistas, que uno se estremece al pensar qué les haría a Chomsky, Zinn, Wallerstein o los tres codirectores de la Campaña por la Paz y la Democracia si él u otros como él alcanzaran el poder».

IGNACIO RAMONET

Ramonet nació en Galicia en 1943, pero se crió en Tánger y París dentro de la cultura francesa. En el 2006 publicó un larguísimo libro-entrevista con Fidel Castro, hecho en cierta medida con textos del Comandante sacados de otras publicaciones. Casi inmediatamente la primera edición se convirtió en un *bestseller*, pero a partir de ese punto, sin embargo, se trasformó en algo más importante: Castro apresuradamente le agregó ochenta páginas de fotos y documentos. ¿Qué había pasado entre las dos ediciones? Según la revista *Time,* algo terrible: en julio de ese año Castro tuvo una graves hemorragias, lo operaron y le descubrieron cáncer en el colon. El libro de Ramonet, pues, sería su testamento o las memorias que nunca quiso escribir.

Ramonet dirige *Le Monde Diplomatique,* un periódico mensual que se edita en París, desovado por *Le Monde* a mediados de los cincuenta y más tarde entregado a Claude Julien, un viejo amigo de Castro y enemigo de Estados Unidos, gaceta oficial de los idiotas latinoamericanos y europeos. Allí se condena la globalización, se estigmatiza el mercado, se alerta a los seres de buena voluntad contra el consumismo, esa lacra terrible de Occidente que hace que las gentes quieran adquirir cosas para vivir cómodamente, y se acusa sin tregua a Estados Unidos de todos los males que aquejan a la humanidad. Obviamente, es la publicación en la que se alaba a Chávez y a Evo Morales, mientras se trata con guantes de seda a Fidel Castro. Ramonet no está dispuesto a incurrir, como *Le Monde* o como *Le Nouvel Observateur,* en una línea de izquierda moderada, respetuosa de las libertades, crítica de Estados Unidos cuando es necesario, porque le parece que ésa es una forma vergonzosa de entregarse a la «derecha neoliberal». Ramonet, desde el bello y cómodo París, gozando de las virtudes y privilegios de un modelo de organización social y política que tanto desprecia, lo que predica es la revolución bolivariana, o cualquier cosa que se parezca a ese revoltijo de consignas e ideas colectivistas y autoritarias que encandila a la izquierda antidemocrática.

Como Dios los cría y la idiotez los junta, Noam Chomsky e Ignacio Ramonet en 1996 publicaron un libro en español, cuyo título, muy peninsular, fue *Cómo nos venden la moto.* La idea central de ambos autores es muy simple y forma parte de la paranoica visión de la izquierda antiliberal: existe una conjura planetaria para dominar a las personas mediante una especie de lavado colectivo de cerebro en el que intervienen los gobiernos corruptos, los intereses financieros y los siniestros servicios de inteligencia. Los seres humanos, pues, no tienen capacidad para discernir. No saben cuáles son sus intereses. Eso sólo lo puede decidir un gobierno de personas justas, es decir, de revolucionarios al servicio del Estado que protejan a las gentes de su propia estupidez y de esa maldita tendencia a comprar cosas que tanto irrita a los *progres.*

¿Qué juicio final merece Ignacio Ramonet? Tal vez el que publicó el ensayista Juan Ramón Rallo Julián en la *web* liberalismo.org: «De la misma manera que, aun desde la más extrema distancia ideológica con Chomsky, uno puede reconocerle la aparente consistencia y atractivo de sus ideas, así como su genialidad distorsionadora, de Ramonet sólo se puede sentir una cierta vergüenza ajena. Los argumentos tan simples y banales que emplea no cabe calificarlos ni siquiera de demagogia; para ello se requiere una mínima habilidad. Ramonet es el típico vocero de tópicos vacíos que tiene una ligera incapacidad para hilvanar frases de manera coherente. Si la izquierda buscaba un papagayo con buena voz, sin duda lo ha encontrado en Ignacio Ramonet, pero no le pidamos mucho más».

HAROLD PINTER

En el 2005 los suecos y el mundo escucharon uno de los más polémicos mensajes políticos pronunciados por un escritor durante la recepción del Premio Nobel de Literatura. El texto leído y proyectado en tres enormes pantallas era obra del dramaturgo inglés Harold Pinter. No había podido acudir a Estocolmo por razones de salud —es sobreviviente de un cáncer de esófago—, así que grabó en video su discurso y lo dio a conocer ante la prensa de medio planeta de una manera espectacular y tremendamente eficaz.

Pinter, nacido en 1930, descendiente de judíos de origen centroeuropeo, además de ser un exitoso autor de teatro —lo que le ha merecido el Nobel—, ha sido actor, director, guionista, poeta, cuentista, novelista, ensayista, vicepresidente del Pen Club y activista político amado por la izquierda, con una larga militancia en el campo de la desobediencia civil que comenzó en 1948 cuando se declaró objetor de conciencia y se negó a inscribirse en el ejército, acto simpático por el que fue multado por los tribunales. En esa época, poco después de terminada la

Segunda Guerra Mundial, en un país que todavía recogía los escombros de los bombardeos alemanes, el pacifismo era casi sinónimo de traición.

¿Por qué Harold Pinter es uno de los tótems adorados por los dulces representantes de la idiotez política iberoamericana? Fundamentalmente, por su antiamericanismo visceral, seña de identidad básica de la tribu. ¿Cómo no aplaudir a un autor famoso cuando establece un paralelo ético entre el comportamiento de Estados Unidos y de la URSS? Sus palabras en Estocolmo no dejan lugar a dudas: «Todo el mundo sabe qué sucedió en la Unión Soviética y en toda Europa del Este durante el periodo de posguerra: la brutalidad sistemática, las extendidas atrocidades, la brusca suspensión del pensamiento independiente. Todo esto ha sido totalmente documentado y verificado. Pero mi crítica en este punto es que los crímenes de Estados Unidos en este mismo periodo sólo han sido superficialmente señalados, no han sido documentados, tampoco han sido tomados en cuenta, y mucho menos siquiera han sido denunciados como crímenes».

Pinter no es capaz de percibir que, en gran medida gracias a la política exterior norteamericana de posguerra, creadora del Plan Marshall y de la OTAN, las democracias europeas pudieron resistir el espasmo imperial de los soviéticos y convertirse en uno de los espacios más prósperos y libres que ha conocido la humanidad en toda su historia. ¿Se hubiera salvado Grecia de la insurgencia comunista (1946-1949) sin el apoyo de Estados Unidos e Inglaterra? ¿Se hubiera salvado Berlín del bloqueo soviético (1948) sin el puente aéreo alimentado por Estados Unidos? ¿Cómo es posible comparar y equiparar el comportamiento de los soviéticos en Europa del Este con el de los norteamericanos en Europa occidental tras la derrota de nazis y fascistas?

Pero esa miopía moral de Pinter no sólo lo lleva a desfigurar hasta la caricatura a Estados Unidos. En su discurso de Estocolmo dice algo aún más escandaloso en relación con los sandinistas nicaragüenses: «Los sandinistas no era perfectos. Tenían su cuota de arrogancia y su filosofía política contiene un número de elementos contradictorios. Pero ellos eran inteligentes, racionales y civilizados. Ellos echaron las bases de una sociedad plural, estable y decente. La pena de muerte fue abolida. Cientos de miles de campesinos fueron rescatados de la muerte. Más de 100 mil familias recibieron títulos de propiedad sobre la tierra. Se construyeron dos mil escuelas. La campaña de alfabetización redujo el analfabetismo a una séptima parte de la población. Se estableció la educación gratis. La mortalidad infantil se redujo un tercio. La polio fue erradicada».

La verdad es que la dictadura sandinista, denunciada hasta por quienes formaron parte de ella, como es el caso de Sergio Ramírez, ex vicepresidente del país durante ese periodo, fue responsable de centenares de crímenes, incluido entre ellos el genocidio en masa de indígenas miskitos, etnia que ha acudido a los tribunales internacionales a reclamar justicia por los sufrimientos padecidos. La verdad es que en las cárceles se torturó y mató. La verdad es que el país, administrado por unos aventureros que carecían de la menor experiencia laboral, retrocedió décadas en su nivel de desarrollo en medio de una hiperinflación que devastó la economía. La verdad es que medio millón de campesinos tuvo que huir a Costa Rica para encontrar trabajo, libertad, escuelas y atención médica. La verdad es que los sandinistas saquearon el país para beneficio propio en un vergonzoso episodio conocido como la «Piñata». Y la verdad es que si el presidente sandinista Daniel Ortega sentía un especial compromiso con la niñez nicaragüense, eso no incluía a su propia hijastra Zoilamérica Narváez, quien, como ya hemos dicho, lo acusa de haberla violado desde que tenía once años en la propia casa de gobierno del señor Presidente.

Pinter, en su discurso, casi al final, intercala la extensa cita de un poema de Pablo Neruda sobre la guerra civil española. Hubiera sido más consecuente si del mismo autor hubiera recitado la penosamente famosa «Oda a Stalin».

ALFONSO SASTRE

Mucho menos prominente que Harold Pinter, menos conocido y representado, y, seguramente, menos talentoso, es el dramaturgo español Alfonso Sastre. ¿Por qué, entonces, dada su relativa insignificancia, Sastre figura en esta breve galería de idiotas sin fronteras? Porque, pese a sus limitaciones, es un personaje reverenciado en los caldeados ambientes intelectuales de esa izquierda carnívora, simultáneamente llamada «platanera» por el periodismo más irreverente. También, porque Sastre subsume en su actitud política a una serie de referentes culturales españoles, vivos o muertos, con los que comparte una lamentable falencia moral: la perniciosa convicción de que hay dictaduras buenas y dictaduras malas, y la creencia de que existe un terrorismo justificable y otro que debe condenarse.

¿Quiénes incurren (o incurrieron, porque ya no sufren en este valle de lágrimas) en esta incoherencia ética que tan emblemáticamente encabeza Sastre? Personas como Rafael Alberti,

Santiago Carrillo, Eduardo Haro Tecglen, Carlo Frabetti, Pascual Serrano o Belén Lopegui, provenientes del Partido Comunista o de su entorno —a veces mezclados con los terroristas de ETA—, pero también fascistas como el juez Joaquín Navarro Esteban, autor del libro de texto *Formación del espíritu nacional*, que bien pudo titularse *Manual del perfecto franquista*.

Cuando terminó la Guerra Civil española, en 1939, Alfonso Sastre era un adolescente de trece años que formaba parte de la media España que ganó aquel conflicto fratricida. Su familia no era prominentemente franquista, pero sí lo suficiente como para que el muchacho se integrara sin dificultades en el bando triunfador y diera sus primeros pasos ideológicos en el vecindario de la Falange. Unos años más tarde, tras varios comprensibles bandazos vocacionales, el joven Sastre encontró finalmente su destino en el teatro junto a un grupo de coetáneos entre los que figuraban Alfonso Paso y Medardo Fraile, quienes formaron parte, junto a otros escritores y artistas, de la llamada «Generación del medio siglo». Poeta, ensayista y novelista, Sastre sólo alcanzará alguna distinción como dramaturgo con obras como *Escuadra hacia la muerte* (1953), *Guillermo Tell tiene los ojos tristes* (1955) o *La cornada* (1959). Obras interesantes, pero claramente inferiores a las de dos de los autores españoles más notables y universales de la segunda mitad del siglo XX: Antonio Buero Vallejo y Fernando Arrabal.

En 1955 Sastre contrajo matrimonio con Genoveva (Eva) Forest, y a principios de los sesenta ya había roto con su poco importante pasado franquista y se había integrado al Partido Comunista. No obstante, tal vez el desplazamiento del franquismo al comunismo no había resultado tan largo y accidentado: al fin y al cabo, se trataba de cambiar un autoritarismo por otro, y una forma de despreciar la libertad por otra acaso más cruel. Por aquellos años, precisamente, surgía la banda terrorista ETA y el independentismo vasco comenzaba a trenzarse con la búsqueda de la utopía marxista. Lamentablemente, para el matrimonio Sastre-Forest esa fusión resultaría muy atractiva y tendría una trágica consecuencia: el 13 de septiembre de 1974, una joven terrorista de ETA, con la complicidad de Eva Forest y de Sastre, quienes fueron acusados de esconderla y protegerla, colocaría una potente bomba en la cafetería *Rolando* de la calle Correo, muy cerca de la Puerta del Sol, provocando la matanza indiscriminada de una docena de inocentes civiles y diversas heridas a unas ochenta personas. Poco después, con la llegada de la democracia, Sastre y su mujer fueron puestos en libertad.

Desgraciadamente, el dolor causado a tantos inocentes no sirvió para modificar la actitud de Sastre en relación con el terrorismo revolucionario. En un texto titulado *La batalla de los intelectuales: diálogos con mi sombra,* publicado en el 2002, el dramaturgo recurre a una especie de conversación consigo mismo. Cuando «La sombra» le pregunta si no se debe censurar la violencia, venga de donde venga, responde:

> *Sastre.* Precisamente, no. Pensar es distinguir, y de ningún modo meter una serie de objetos, por muy parecidos que sean, en un mismo saco.
>
> *La sombra.* […] ¿Dónde está la frontera? ¿Cuál es la diferencia? ¿Por qué?
>
> *Sastre.* La diferencia es nítida, y pone a un lado las violencias de los estados opresores y al otro las violencias revolucionarias; a un lado las violencias de los ricos, de los fuertes, y al

BREVE GALERÍA DE CINCO IDIOTAS SIN FRONTERAS

otro las de los pobres, de los débiles; que corresponden a la diferencia clásica entre violencias opresivas y violencias defensivas [...]

Esa posición de Sastre, próximo a la ETA, que es la de los intelectuales que respaldan a las narcoguerrillas colombianas o a los terroristas suicidas palestinos, ha motivado la dura respuesta de otros escritores, como Vicente Molina-Foix, quien en un artículo publicado en *El País* de Madrid, un periódico nada sospechoso de derechismo, citado por el propio Sastre con una mezcla de ironía y cinismo, dijo algo que suscriben prácticamente todos los intelectuales demócratas españoles: «Aislar al asesino y a sus cómplices parece ser el punto sobre el que nos hemos puesto de acuerdo mayoritariamente, y se ha escrito más de una vez la palabra apestado. La propuesta —tan moralmente irreprochable— de no comprar en comercios cuyos propietarios dan con su voto la munición del crimen, como la de no participar públicamente en los actos donde acudan dirigentes de Herri Batasuna [el brazo político de ETA], tendría, a mi modo de ver, una extensión factible en el campo de la cultura: la peste que despide, por ejemplo, un escritor-cómplice como Alfonso Sastre debería llevar a apartarse de él en coloquios y antologías, así como a negarse los premios, subvenciones y homenajes institucionales que tanto se le han prodigado con su farisaica aquiescencia».

Ése es el trato que realmente merecen los idiotas sin fronteras por asociarse a los criminales liberticidas.

Ayer pobres, hoy ricos

Hay algo en lo que, por fin, idiotas y no idiotas, estamos de acuerdo: el primero de nuestros problemas es la pobreza. ¿Cómo acabar con ella? El objetivo de todos los modelos propuestos es ése, qué duda cabe. Sólo que a la hora de buscar un remedio para ese mal endémico del continente latinoamericano, la realidad señala un camino, uno solamente, en tanto que el perfecto idiota de todos los continentes, equivocándose en las causas del mal, toma otro, el opuesto.

En vez de examinar cómo y por qué países en otro tiempo más pobres que los latinoamericanos tienen hoy un alto ingreso per cápita y participan de todas las ventajas del Primer Mundo, nuestro personaje repite los falsos diagnósticos y los falsos remedios de su cartilla: cerrarles la puerta a las multinacionales que supuestamente explotan en beneficio propio nuestras riquezas; nacionalizar en vez de privatizar; impugnar la globalización y los tratados de libre comercio con Estados Unidos o con Europa y buscar a través de un Estado altamente intervencionista y regulador una mejor distribución de la riqueza, considerando que esta última, en manos del sector privado dueño de industrias y comercios, es obtenida mediante la explotación de los más pobres, etc, etc. Todo esto, claro está, acompañado de diatribas a la oligarquía y al imperialismo, sus dos grandes enemigos.

¿Es nuevo lo que ahora propone nuestro idiota? Claro que no. Estas letanías ideológicas son las que aún sustentan los regímenes crepusculares de Cuba y Corea del Norte, con los resultados paupérrimos que cualquier observador imparcial comprueba. En su momento, parte de estas recetas fueron aplicadas en Argentina por Perón, en el Perú por Alan García, en Bolivia por Siles Suazo y en Nicaragua por Daniel Ortega con incremento irresponsable de la deuda externa y escalofriantes procesos inflacionarios que hicieron más pobres a los pobres y acabaron por maltratar también a la clase media. Las políticas que hoy adelantan Hugo Chávez, en Venezuela, y Evo Morales, en Bolivia, contienen los mismos ingredientes ideológicos, mezcla de vulgata marxista, caudillismo y toda suerte de extravíos populistas. Los millonarios recursos que hoy recauda el petróleo venezolano pueden permitirle a Chávez, mediante una política de carácter puramente asistencial, dar no sólo a los sectores marginales de su país sino también a los indígenas bolivianos, a través de sus ayudas, la ilusión de un cambio de su condición. Pero las cifras no mienten, y tarde o temprano mostrarán una realidad difícil de ocultar: crecen allí el desempleo y la pobreza, en vez de disminuir.

Mientras esto ocurre en nuestras latitudes, el mundo presencia cómo un modelo de desarrollo diametralmente opuesto ha convertido o está convirtiendo en ricos a países que tan sólo ayer eran pobres. Hay algunos ejemplos sorprendentes en diversos lugares del planeta de países que lograron este milagro con el mismo recetario. Los primeros en ponerlo en práctica fueron países asiáticos como Corea del Sur, Taiwán, Singapur y Hong

Kong, seguidos ahora dentro del propio mundo hasta ayer orto-
doxamente comunista como China y Vietnam, y simultáneamente por naciones tan diversas como India, los países de la antigua Europa Central y del Este (en especial Polonia, República
Checa y Estonia) y, de otro lado, Irlanda; en nuestro continente, Chile e incluso, pese a problemas de seguridad heredados de
su sangrienta guerra civil, El Salvador. Y, por supuesto, ahí está
el extraordinario caso español, cuyas lecciones los latinoamericanos no han sabido aprovechar.

¿Qué tiene en común la política económica de estas naciones? En primer lugar, son países «captacapitales» y no «es-
pantacapitales». Privatizan empresas públicas en vez de mantener o restablecer nacionalizaciones. No ven la globalización
como un riesgo o una amenaza, sino como una oportunidad
de conquistar mercados. Buscan crear productos industriales
de valor agregado u ofrecer servicios con ventajas competitivas, en vez de quedarse como simples vendedores de materias
primas. Buscan ampararse en bloques regionales o supranacionales cada vez más flexibles y abiertos al mundo (Unión Europea, en unos casos; en otros, la Asociación de Naciones del
Sudeste Asiático, Asean). Bajan las tasas impositivas y dan incentivos operativos a los inversionistas extranjeros y nacionales. Aseguran flexibilidad laboral y disminuyen trámites para el
establecimiento de una nueva empresa industrial. Y, sobre todo,
realizan grandes apuestas en el campo de la educación, la ciencia y la tecnología, en los que la empresa privada juega un rol
cada vez mayor, dado que el conocimiento está destinado a ser
la mayor fuente de riqueza en este nuevo siglo. En efecto, en
el producto bruto mundial el sector de los servicios (donde la
tecnología y, en general, la educación juegan un papel capital)

representa hoy el 68 por ciento; el sector industrial, el 29 por ciento, y las materias primas, sólo el 4 por ciento.

ESPAÑA

En las últimas dos décadas, España ha experimentado una transformación económica y social. A partir de unos cambios institucionales de signo más o menos liberal, el país ha prosperado. Gracias al dinamismo de sus empresas, España tiene hoy una renta per cápita que representa casi 90 por ciento de la renta media de los quince países de la Unión Europea antes de la ampliación a veinticinco miembros. Esto quiere decir que España prácticamente se ha puesto al día con su entorno próspero y desarrollado. Ese país entendió que la riqueza la crean las empresas, no los gobiernos, y modificó las reglas para liberar esa energía creativa. Las empresas han aprendido a operar en la economía global. Las empresas familiares, las cooperativas y las grandes compañías se han vuelto cada vez más competitivas. Gracias a ello, España, que hace algunos años exportaba españoles ansiosos de encontrar mejores condiciones en Suiza, Alemania o Argentina, se ha vuelto un imán de inmigrantes centroeuropeos, latinoamericanos y africanos.

De las más de cien empresas estatales que había en 1980 —buena parte de ellas creadas durante la dictadura corporativista de Franco—, las que quedan se cuentan con una mano. Durante el gobierno de Felipe González, fueron privatizadas algunas empresas y, en el caso de los servicios públicos, se optó por la venta al público de algunas acciones, pero reteniendo el grueso de la propiedad y el control en manos del poder político. Durante el gobierno de José María Aznar, casi cincuenta empresas fueron traspasadas a la empresa privada, de las cuales trece incluyeron una oferta pública de acciones. En algunos casos el Estado retuvo una «acción dorada» que luego fue vendida. En ciertas empresas, para garantizar que hubiera capitales españoles, se otorgó una participación a instituciones financieras de mucho peso. Pero, en general, entre 30 y 60 por ciento de las acciones de las grandes multinacionales españolas son propiedad de inversores extranjeros. Estos intereses extranjeros fueron seducidos por la rentabilidad de las empresas privatizadas: desde el año 2000, el rendimiento de éstas ha superado en 30 por ciento el del índice Ibex-35 o de los fondos mutuos.

A pesar de que España representa sólo el 2 por ciento de la economía mundial, un gran número de empresas se han proyectado como grandes competidores mundiales. Telefónica es la tercera empresa del mundo en su rubro; un *joint venture* de Repsol y Gas Natural es el tercer distribuidor de gas natural; Sol Meliá es la primera cadena de hoteles; Acerinox es la tercera productora de acero inoxidable; Zara se ha convertido en la sexta marca global más exitosa; Mondragón es la mayor cooperativa de trabajadores; el Real Madrid es el equipo con mayores ingresos (aunque haya andado de capa caída en años recientes), y un larguísimo etcétera. España no es un país que cree mucha tecnología. Pero sus empresas están entre las mejores del mundo en cuanto a la aplicación de la tecnología que otros crean. Tampoco es un país con presencia importante en la banca de inversiones, y sin embargo tiene algunos de los bancos comerciales más grandes y capitalizados.

A mediados del siglo XX, España era un país agrícola. A partir de 1959, cuando la dictadura empezó un proceso de liberalización, comenzó el surgimiento de la empresa española. Pero el proceso fue lento. En los años sesenta, sólo unas pocas empresas tenían presencia exterior. En el clima autoritario, proteccionista y oligopólico establecido por el franquismo, la empresa española siguió siendo subdesarrollada. Por culpa de las políticas económicas y monetarias, entre los años setenta y comienzos de los noventa los costos financieros de las empresas superaron en promedio el retorno sobre sus inversiones. Durante un siglo, la economía española estuvo dominada por grupos corporativos adheridos al Estado y muchas veces representados en el gobierno. Por eso es tan notable la explosión de actividad empresarial ocurrida en ese país en las últimas dos décadas.

La transición a la democracia fue un delicado acto de orfebrería política mediante el cual se logró armonizar los intereses en conflicto y desplazar sin traumas a los viejos actores para dar lugar al surgimiento de otros nuevos. El cambio económico fue más lento, pero consistió en expandir decisivamente el proceso de apertura económica que había arrancado con Franco en los años sesenta y vincularse a la Comunidad Económica Europea. Hay que reconocer que la transformación del socialismo español, que se había sacudido su pasado marxista en los años setenta, fue decisiva en la primera etapa del proceso, pues dio legitimidad y soporte social a una orientación que de otro modo habría sido desacreditada como heredera de la dictadura de derechas. Felipe González apoyó el ingreso en la OTAN y la Unión Europea, modificando sus antiguas posturas, y privatizó algunas empresas. En los setenta, España salvó las distancias que la separaban de los países latinoamericanos más ricos. A partir de los ochenta, empezó a ponerse al día con Europa. En 1985, su PIB per cápita (teniendo en cuenta la paridad del poder de compra) era de $14,000. Hoy supera los $25,000. La seguridad jurídica y la apertura atrajeron capital extranjero en abundancia: en 1980, la inversión extranjera acumulada representaba 1 por ciento del PIB; hoy representa más de 35 por ciento. Ha sido una avenida de ida y vuelta: desde 1992, las empresas españolas han invertido en el exterior unos 200 mil millones de euros ($240 mil millones), lo que quiere decir que el irrestricto movimiento de capitales aparejado con la seguridad jurídica y la apertura resultó muy conveniente para convertir a los españoles tanto en receptores de cuantiosas inversiones como en exportadores de capitales (es uno de los diez países que más invierten en el extranjero). Aunque América Latina fue el principal destino de la inversión extranjera española en la década de los noventa, en la actualidad lo es Europa.

Gracias a que, en lugar de espantarla, España atrajo inversión extranjera, ha desarrollado una industria automotriz impresionante. Tanto desde el punto de vista de la producción como desde el punto de vista del comercio, esta industria es la mayor del país. En ensamblaje de autos, la madre patria está empatada con Corea del Sur en el quinto puesto mundial y es el cuarto exportador de autos del mundo. Esto se debe a que todas las plantas de ensamblaje y más de tres cuartas partes de la producción de piezas están en manos de empresas extranjeras, que a su vez ven sus operaciones en España en el contexto del mercado europeo. Las multinacionales localizadas en España compiten entre sí no sólo en ventas domésticas y en exportación, sino también en la captación de trabajadores capacitados y en insumos. Después de décadas de políticas inconsistentes e improductivas basadas en la sustitución de importaciones, España abrazó políticas liberales. Multinacionales como FIAT, Renault, Citroen, Peugot, Rover, Chrysler, Ford, GM, Volkswagen y Nissan adquirieron instalaciones ya existentes o crearon nuevas. Aunque ninguna empresa local sobrevivió y muchos productores de partes pasaron a manos extranjeras, unas cuantas empresas locales de partes surgieron con mucha fuerza, convirtiéndose en líderes del mundo en su rubro. ¿Quién se atreve a decir que el capital extranjero perjudicó la soberanía de España? Hizo exactamente lo contrario: gracias a él, España logró inventar una fortaleza que no tenía y abrirse camino allí donde nadie daba un centavo por ella.

Dentro del capítulo general de la expansión vertiginosa de empresas españolas, es notable lo ocurrido con las pequeñas y medianas empresas, y especialmente las familiares. La mitad de las empresas familiares invierten en investigación y desarrollo. Las empresas medianas invierten en entrenar a sus trabajadores 50 por ciento más que las empresas grandes. Durante los años noventa, el número de mujeres empresarias creció en más de 50 por ciento y gracias a la multiplicación de nuevas empresas se crearon unos cinco millones de puestos de trabajo. La reducción de impuestos, la simplificación administrativa, la reducción de tasas de interés gracias a la disciplina fiscal y la disminución del gasto, así como la protección jurídica, permitieron el florecimiento de la vida empresarial, con la consiguiente expansión de la economía de los hogares españoles. Otras medidas liberalizadoras ayudaron a crear el buen contexto: la liberalización financiera permitió facilitar el crecimiento del crédito; la privatización y creación de un mercado competitivo en el terreno de la energía bajó los costos de producción; y la competencia internacional obligó a la empresa española a sacudirse las legañas del viejo sistema corporativista.

Desde luego, aún hay bastante por hacer. Muchos obstáculos —entre ellos los costos laborales— frenan la competitividad de

AYER POBRES, HOY RICOS

la economía. Aunque el tamaño del Estado decreció ligeramente en los últimos años, todavía representa un claro exceso. Pero en general la tendencia de las últimas décadas ha sido liberal y allí está el resultado: las empresas pequeñas, medianas y grandes han respondido con poder creador, eliminando la mayor parte de la pobreza que alguna vez hizo de España un país de emigrantes y colocándolo a la altura de las grandes naciones de Europa.

SINGAPUR E IRLANDA

El caso de Singapur muestra, mejor que ninguno, dónde estará en el inmediato futuro la clave de la prosperidad. Antigua colonia británica, pobre y sin recursos naturales, su única salida para acabar con un destino de país atrasado y con vastos sectores de su población en los linderos de la miseria la descubrió su presidente Lee Kuan Yew proponiéndose como objetivo central de su gobierno atraer a las más relevantes empresas tecnológicas, formando apresuradamente técnicos en este campo y estableciendo el inglés como idioma oficial del país. Los inaceptables rasgos autoritarios del sistema no quitan el que la orientación económica fuera la adecuada. Gracias a ella, hoy el ingreso per cápita en Singapur es igual al del Reino Unido.

Un caso similar es el de Irlanda. En *Cuentos chinos,* Andrés Oppenheimer nos recuerda con humor los rasgos comunes que los irlandeses tenían con los latinoamericanos hace unos cuantos años. Eran buenos bebedores, amantes del teatro y la poesía, trotamundos, poco disciplinados y nada puntuales y tenían frente a sus vecinos, los británicos, un complejo igual al que muchos latinos abrigan respecto de los estadounidenses, complejo en el cual la pobreza, unida a su talento para las artes y no precisamente para las actividades empresariales, ponía sentimientos encontrados de resentimiento y admiración, una compleja ecuación de odio y de amor. La agricultura era la modesta fuente de ingresos de Irlanda y la emigración a los Estados Unidos la única salida individual para escapar al desempleo, que afectaba al 18 por ciento de la población. Para colmo, tenía una cuantiosa deuda pública, cuyos intereses devoraban el 90 por ciento de los impuestos recaudados, y la inflación llegaba al 22 por ciento.

Pues bien: una nación que hace quince años o algo menos era uno de los más pobres de Europa hoy se ha convertido en un país rico. Ese milagro lo consiguió haciéndose dueño de una tecnología muy avanzada, que en la actualidad le asegura un ingreso per cápita de 32 mil dólares anuales. No fue una salida fácil, pues antes de que se llegara a ella la globalización implicó el cierre de numerosas fábricas, como las de Ford y Toyota, además de empresas de la industria textil y del calzado. Al igual que hoy ocurre en muchos países de América Latina, el único alivio para aquella situación financieramente desastrosa eran las remesas de los inmigrantes.

Varios factores concurrieron para el despegue de la economía irlandesa. El primero, de importancia decisiva, fue un acuerdo entre patronos y trabajadores para facilitar la apertura económica evitando alzas intempestivas de salarios (en una economía abierta los salarios se rigen por la productividad, no por la superstición), seguida de un control severo del gasto público, reducción de impuestos privados y corporativos y en los trámites para el establecimiento de nuevas empresas. Y, como corolario de estas medidas de corte liberal, una fuerte inversión en educación. Pero al lado de estas medidas domésticas, jugó un papel importante la colaboración de la Unión Europea en la tarea de facilitar y hacer menos drásticos los problemas de la infraestructura. Con ello se quebró un aislamiento que confinaba al país a quedarse dentro de los límites modestos de un mercado de tres millones o a lo sumo de tres millones y medio de personas. La vinculación irlandesa con la UE convirtió este mercado en otro de 300 millones de consumidores, lo que sumado a las anteriores reformas económicas permitió a numerosas industrias norteamericanas servirse del país como punto de apoyo para introducir sus productos y servicios en el continente europeo, especialmente en dos áreas: la informática y la farmacéutica. Fue una fantástica inversión encabezada por firmas tales como Microsoft, Intel, Oracle, Lotus, Pfizer, Merck o IBM. En total, desde Irlanda empezaron a exportarse productos por valor de 60 mil millones de dólares. Es el mayor exportador de *software* del mundo, y uno de los más grandes de computadoras en Europa. Ahora su ingreso per cápita es mayor que el de Gran Bretaña y el de Alemania. Un milagro, obtenido gracias a la manera como el país supo afrontar la globalización aun si en los comienzos ella implicó el cierre de industrias tradicionales.

EL MILAGRO ASIÁTICO

Otro deslumbrante fenómeno que sorprende hoy al mundo es el de China. Si el cambio sufrido por este país pudiese ilustrarse con una imagen, habría que encontrar hoy vestido con un traje Armani al ciudadano chino que treinta años atrás estaba uniformado con el traje Mao, como millones de compatriotas suyos, recitando con un respeto ritual las tonterías del Libro

Rojo. Por supuesto no fue suya —la del ciudadano raso— la idea de dar en 1978 un viraje de ciento ochenta grados hacia el capitalismo, sino de los mandarines de la dirigencia comunista que se las arreglaron muy bien para abrir su país al libre mercado sin perder por ello el férreo control político que siempre tuvieron, con partido único y sin las libertades y garantías de una democracia liberal. Un extraño experimento, nunca visto, por cierto, que en la práctica reproducía el ímpetu (y los abusos) del primer capitalismo que conoció el mundo, con una mano de obra barata, jornadas extenuantes de doce y hasta quince horas y sin derecho ni a huelgas ni a protestas de los operarios. Los resultados se hicieron muy pronto visibles y cambiaron el rumbo y las perspectivas del mundo en el nuevo milenio: un crecimiento económico de más del 9 por ciento anual sostenido sin fallas ni desmayos, un ritmo vertiginoso que, de mantenerse —como parece factible— llevará el producto bruto nacional a la fantástica cifra de cuatro billones de dólares (trillion en inglés) y un ingreso per cápita tres veces superior al actual. El panorama social de la nación será radicalmente distinto al que el país tenía bajo el sistema económico propio del comunismo fiel a su ideología. Aparecerá en China una clase media de 500 millones de personas con un ingreso de 18,000 a 36,000 dólares por año; es decir, el mercado más vasto y atractivo que hayan conocido las empresas multinacionales en toda su historia. De esta manera, el mayor polo de atracción del mundo industrial no estará en Occidente, como hasta hoy, sino en el en otro tiempo llamado Lejano Oriente.

Empresarios, ejecutivos y agudos periodistas que recorren la China de hoy se sorprenden de encontrar en Beijing o Shangai enormes centros comerciales visitados diariamente por 80 mil personas, rascacielos, restaurantes de lujo, millonarios, casas de moda con las últimas creaciones de París o de Italia, automóviles de grandes marcas y otros alardes del consumo capitalista más sofisticado que harían dar vueltas en su tumba al propio Mao.

¿El agente secreto de esta espectacular transformación? La privatización, que avanza a un ritmo acelerado, hasta el punto de que hoy existen en China cerca de cuatro millones de empresas privadas que tienen en sus manos el 60 por ciento del producto bruto nacional. A este proceso que prosigue sin límites ni restricciones del Estado habría que agregar las inversiones extranjeras que son hoy las más cuantiosas del mundo gracias a los bajos costos de producción y a los atractivos del mercado interno. El otro factor de desarrollo, tal vez el más decisivo e importante, es la educación. China está preparando una élite de técnicos y científicos que rivaliza con la de Estados Unidos y los países de Europa. Programas masivos de enseñanza de inglés han sido abiertos en los últimos años (el inglés es el segundo idioma oficial) y las horas de clase en universidades y colegios superan las de cualquier otro país. Productos de fabricación china invaden los mercados mundiales y compiten ventajosamente en costo, incluso, con los de la propia América Latina. Al mismo tiempo, el crecimiento de China la ha convertido en esta primera etapa en un mercado privilegiado para las materias primas del continente latinoamericano (no sólo petróleo, cobre, aluminio y zinc, sino también productos agrícolas). El resultado de esta espectacular apertura económica ha sido el de haber logrado sustraer de la pobreza a 250 millones de chinos, aunque aún permanecen en esta condición zonas campesinas apartadas y las desigualdades de nivel de vida de estas regiones con el de los principales centros urbanos son muy grandes.

India, que mantiene su perfil democrático, es el otro país asiático que registra un proceso de crecimiento acelerado y saca partido de la globalización en vez de considerarla un riesgo o un factor de pobreza decretado por países ricos, como suelen pregonarlo nuestros incorregibles idiotas. Su tasa de crecimiento es del 7 por ciento anual y la pobreza ha disminuido en dos décadas del 50 al 25 por ciento. La clave de esta realidad ha sido la apropiación de la tecnología informática que ha hecho de sus famosos *call-centers* un servicio profusamente utilizado por empresas norteamericanas que aprovechan su bajo costo, la ventajosa diferencia horaria y la inmediata comunicación por Internet para tareas administrativas de apoyo. Compañías como Microsoft están invirtiendo masivamente allí en la investigación y desarrollo de nuevos productos. Otras áreas de la economía, como el comercio minorista, han estado expandiéndose a un ritmo espectacular. La atracción de capitales emprendida por India gracias a las ventajas que ofrece es muy efectiva en todas partes, incluso en Asia, con Japón como el principal inversor.

Si bien es cierto que la economía de corte socialista que imperó bajo la dinastía Nehrú-Gandhi ha sido derogada gracias a los sectores liberalizados o privatizados, todavía subsisten cargas laborales y restricciones estatales que al disminuir o desaparecer en beneficio de un modelo totalmente liberal van a permitirle a ese país un crecimiento aún mayor y una disminución más radical de la pobreza.

De su lado, Vietnam sigue los pasos de China. Olvidándose de la ortodoxia que los llevó al poder, los dirigentes comunistas han optado también por la libertad económica aunque desde luego no por la libertad política. Más de 140 mil empresas privadas han surgido allí en la última década con fuerte presencia de capitales extranjeros, gracias a lo cual el país crece a una tasa del 7 por ciento y el ingreso per cápita se ha triplicado.

LOS EMERGENTES EUROPEOS

Aunque las tristes décadas vividas bajo una dictadura comunista dejaron en el país una secuela de burocracia y corrupción, Polonia registra un crecimiento sostenido del 6 por ciento anual. Juegan en su favor los incentivos fiscales mediante la reducción y la simplificación tributaria, y una mano de obra barata y calificada para atraer la inversión extranjera. El hecho de ofrecer costes de producción más bajos que los de Francia, Alemania, Reino Unido, Italia y España, inclusive, ha conducido a firmas tales como Siemens, Volkswagen, Opel, FIAT y otras de igual importancia a trasladar sus fábricas a Polonia. Es un fenómeno que muy probablemente seguirá acentuándose en la medida en que las cargas fiscales, altos salarios y la disminución de horarios semanales de trabajo en la llamada Vieja Europa faciliten este éxodo. El clima de confianza que ofrece el país resulta respaldado por la próxima ayuda de la Unión Europea para obras de infraestructura.

De su lado, República Checa es otro polo de atracción para multinacionales e inversionistas extranjeros, debido no sólo a la apertura económica, al auge del consumo luego de haber vivido una situación de estrechez o penuria debidos al sistema comunista, sino también, y principalmente, al considerable presupuesto destinado por este país a la educación técnica y científica gracias al vertiginoso crecimiento económico y la multiplicación de la actividad empresarial. Un solo plantel de este género —el Instituto Tecnológico Checo— prepara a algo más de 100 mil alumnos. Reducción de trámites, moderados gravámenes, seguridad jurídica y, en general, una política encaminada a demostrar que el país es un *investor friendly*, completan el recetario opuesto al del populista latinoamericano cuyas falsas ideas y prejuicios propios del perfecto idiota ahuyentan a empresarios e inversores.

En este despegue de la Europa emergente se destaca igualmente el caso de Estonia, un pequeño país báltico situado en el Golfo de Finlandia, con sólo un millón y medio de habitantes. Tal vez es el país ex comunista que más vertiginosamente ha crecido desde que dejó de pertenecer al bloque soviético gracias a los cambios producidos entre 1991 y 2000. El mérito es aún mayor si consideramos que, a diferencia de buena parte de los países de Europa Central, Estonia no sólo era comunista sino que sus instituciones estaban insertadas dentro de la asfixiante estructura económica de la Unión Soviética.

Estonia no tenía un pasado liberal que sus reformistas podían invocar. Su independencia había llegado tras la Primera Guerra Mundial, pero había sido nuevamente colonizada en 1940. Los reformistas decidieron invocar un pasado muy antiguo para legitimarse y recordaron que entre la Alta Edad Media y el comienzo de la era moderna Estonia había sido una estación comercial clave de la Liga Hanseática, formando con Alemania, Suecia y Finlandia un área de intercambio sumamente dinámica. También decidieron usar a sus emigrados como «puente» con el mundo exterior. En la época del comunismo, muchos estonios habían partido hacia Finlandia y Suecia. Una vez que se produjeron los cambios, las redes de comunicación entre los emigrados y los estonios del interior facilitaron la globalización de Estonia.

La reforma se hizo en dos etapas. Entre 1989 y 1991, los gobiernos de Indrek Toome y Edgar Savisaar —todavía bajo control soviético aunque en condiciones de mayor autonomía— aplicaron un programa clásico de estabilización monetaria y disciplina fiscal. La liberación de precios fue parte sustancial de esta primera, etapa. Hubo algunas privatizaciones y se permitió el surgimiento de pequeñas y medianas empresas. El número de empresas pasó de 34 a 20 mil en el lapso reformista inicial.

El colapso de la Unión Soviética, de la que dependía el 90 por ciento del comercio estonio, destruyó las mejoras provocadas por la muy tímida reforma del periodo 1989-1991. La renta per cápita cayó en total a $6,000 (calculados con base en la paridad del poder de compra). Pero a partir de 1995 y gracias a una nueva y mucho más radical ola de reformas liberales iniciada en 1992, Estonia empezó a crecer vertiginosamente. Desde entonces ha pasado a ser algo así como el «tigre báltico». La renta per cápita ha aumentado dos veces y media en los últimos diez años y hoy Estonia tiene una economía equiparable a la que en 1995 tenían Grecia o Portugal, cuyos habitantes eran en aquel momento el doble de prósperos que los estonios. Una década más tarde, el PIB per cápita de Portugal supera al de Estonia por sólo 25 por ciento (siempre teniendo en cuenta la paridad del poder de compra). Entre los veinticinco países de la Unión Europea, Estonia es el que ha experimentado el mayor crecimiento real de su economía en lo que va del nuevo milenio y hoy su ritmo de crecimiento supera al de China.

Las reformas arrancaron en 1992 con el abandono definitivo del rublo y la adopción de la corona bajo un sistema casi idéntico a lo que se conoce como la «caja de conversión», mediante la cual toda emisión de moneda tiene que estar respaldada por divisas. El gobierno también liberalizó la cuenta corriente y la cuenta de capitales. La combinación de todos estos factores permitió suscitar una confianza en la transición estonia.

Es esa confianza la que ha hecho que, en la última década, la inversión extranjera directa neta haya equivalido cada año, en promedio, al 9 por ciento del tamaño total de la economía. A diferencia de América Latina, por ejemplo, donde la inversión extranjera decayó una vez que el grueso de las empresas estatales importantes fueron vendidas, en Estonia la inversión extranjera directa aumentó después de las privatizaciones.

En 1992, con el joven Mart Laar a la cabeza, Estonia realizó la reforma comercial más impresionante de los tiempos modernos: eliminó de forma unilateral e inmediata todos sus aranceles (con pequeñas excepciones como el tabaco y el alcohol, productos que más tarde fueron desprotegidos también). La apertura forzó de inmediato una reestructuración industrial que puso a los empresarios grandes o pequeños ante la disyuntiva de competir o sucumbir. Buena parte de ellos sobrevivieron y otros se reinventaron. De una u otra forma, todos o casi todos salieron ganando.

La aplicación del principio «primero liberalizamos luego negociamos», enunciado por Mart Laar, desafió exitosamente el prejuicio de que el comercio es una guerra en la que sólo se gana si se captura territorio enemigo. También decretó privatizaciones y la eliminación radical de interferencias estatales internas. Como consecuencia de todas estas medidas, entre 1996 y 1997 se logró un enorme crecimiento del 20 por ciento, crecimiento que en años posteriores se ha mantenido luego en índices alternativos del 6 y 7 por ciento (últimamente, su economía ha vuelto a crecer por encima del 10 por ciento). Es tal vez el caso más espectacular de desarrollo y de aumento del ingreso per cápita de la Unión Europea.

LIBERTAD ECONÓMICA VS. POPULISMO

Las mismas recetas han facilitado el despegue de Nueva Zelanda, Chile y, en cierta medida, El Salvador. En el primero de estos tres países, luego de tímidas reformas, la gran transformación se produjo en 1984, por cierto, con un gobierno laborista. Fue, pues, la izquierda, una izquierda vegetariana, la que allí impuso una reforma liberal. No resultó sin embargo fácil para una de las economías más estatizadas y reguladas de la Organización para la Cooperación y el Desarrollo Económico (OCDE) convertirse en una de las más libres de los países industrializados. Hoy el ingreso de Nueva Zelanda per cápita se sitúa en los 25 mil dólares, ingreso cercano al de España. Las reformas realizadas valerosamente por Roger Douglas, ministro de Finanzas del gobierno laborista, y posteriormente por Ruth Richardson, ministra de Finanzas del gobierno del Partido Nacional, incluyeron la liberalización del comercio internacional y la desregulación de mercados; reforma del sistema tributario para simplificar y reducir los impuestos; mayor competencia y libre elección por parte de los usuarios en los sistemas de educación y salud; privatización de actividades y servicios que antes estaban en manos del Estado; eliminación de aranceles, restricciones laborales, licencias y trámites. El resultado fue una vistosa reducción del desempleo y un aumento considerable en el nivel de vida de los cuatro millones de neozelandeses.

En el capítulo sobre la izquierda vegetariana recordamos

todo lo que un análogo modelo liberal ha logrado en Chile, el país más estable y mejor situado en el campo económico de América Latina. Menos conocido es hoy el milagro salvadoreño. Para medir el cambio operado en esta región sería necesario evocar la tragedia que padeció en los años ochenta cuando el país se convirtió en el campo de batalla de los dos grandes bloques mundiales, desde el momento en que comunistas y otros radicales de izquierda, auspiciados y apoyados por Cuba y la Nicaragua sandinista, decidieron partir a la toma del poder por la vía armada bajo la sigla FMLN. Armas, equipos y recursos financieros venidos de Nicaragua parecían darles todas las opciones de triunfo, si la junta que gobernaba el país desde el golpe militar de 1979 no hubiese recibido la ayuda del gobierno norteamericano. La polarización entre opciones extremas enfrentadas en el conflicto amordazó a la democracia y dejó abierta la puerta a toda clase de excesos por parte de los alzados en armas o por cuenta de la represión oficial o de grupos paramilitarès. Fue una maraña de horror, un vértigo de sangre y fuego, una desdicha que duró trece años. Las calles de las ciudades se llenaron de gente emigrada de los campos que no tenían más recursos para vivir que la mendicidad. Un tercio de la población abandonó el país en busca de resultados más seguros. Bajo el impacto de la guerra, de los sabotajes, los daños en la infraestructura vial, la economía vivía en una situación agónica.

Pues bien, en la actualidad, doce años después de esta tragedia, el panorama económico y social del país es otro. La pobreza ha descendido, de 1989 a hoy, en un 60 por ciento, el analfabetismo ha pasado del 32 al 12 por ciento y el desempleo es sólo de un 6 por ciento. Las tasas de interés son unas de las más bajas de América Latina. Favorecido por los evaluadores de riesgos, el país es atrayente para la inversión extranjera y parece dispuesto a sacar toda suerte de beneficios de un tratado de libre comercio con Estados Unidos. Esta realidad sólo ha sido oscurecida por las bandas de delincuentes que operan en el país (secuela de la guerra y sus desmovilizados) que siembran terror e inseguridad no sólo en El Salvador sino en parte de Centroamérica: las tristemente célebres «maras».

El despegue económico se debió a varias condiciones muy bien explicadas por el ex presidente Francisco Flores, uno de los artífices del cambio logrado en El Salvador. La primera de ellas fue aceptar la propia responsabilidad en esos males, en vez de endosársela, como suelen hacer nuestros perfectos idiotas, a causas externas: el imperialismo, los términos de intercambio, las multinacionales o el Fondo Monetario Internacional. La segunda condición, según Flores, es una visión a largo plazo. En El Salvador, un equipo de técnicos y profesionales competentes investigó todas las experiencias exitosas que hemos descrito en este capítulo, y sus recetas y soluciones fueron aplicándose en el país a lo largo de los últimos cuatro gobiernos. Para ello fue necesario construir un nuevo instrumento político, distinto al tradicional, capaz de seleccionar los mejores elementos de la sociedad para llevarlos a la política. Es lo ocurrido con el partido Arena, una formación moderna que favorece la promoción de técnicos.

Se trata de una opción opuesta al clásico populismo de los nuevos caudillos latinoamericanos, quienes suelen apartarse de todo concepto de gerencia. Favoreciendo sólo a quienes los apoyan, engordan la burocracia, facilitan la corrupción, y sus revoluciones redentoras, como bien lo vimos en el caso del venezolano Hugo Chávez, se quedan en gestos, diatribas y otras ex-

plosiones retóricas, o en simples formas de una política asistencial, cerrándoles espacios a las inversiones extranjeras y, en general, a la empresa privada. El populismo suele hablar mucho de
la pobreza y las desigualdades, pero nunca se ha tomado el trabajo de indagar dónde y cómo se logró en otras partes del planeta disminuir o erradicar estos males. Es que, como ya lo hemos
dicho, las ideologías son testarudas. De espaldas a la realidad, sobreviven en una latitud teórica a sus propios fracasos. Es uno de
los fenómenos que explican el regreso del idiota a nuestros parajes, con su carga no precisamente de aciertos sino de compro-
bados desaciertos.

Dónde y cuándo surgió la idiotez

Bien, llegamos al final de nuestro libro y se hace inevitable preguntarnos por qué América Latina ha sido un territorio tan fértil para la idiotez política, por qué se repiten los mismos errores una y otra vez, por qué se realizan veinte veces los mismos experimentos con la esperanza de que en algún momento, mágicamente, se producirá un resultado diferente. El texto que sigue va encaminado a desentrañar estos misterios.

Hace ya cierto tiempo, la Cumbre del Mar del Plata, celebrada en Argentina en noviembre de 2005, bajo la dirección de un Néstor Kirchner inexplicablemente interesado en insultar a George W. Bush, fue la consagración de la idiotez latinoamericana. Entonces la prensa destacó la parte pintoresca. Los gestos histriónicos de Hugo Chávez y sus excesos verbales, las declaraciones de ese notable pensador llamado Diego Armando Maradona, y los heroicos ataques a los McDonald's, imagen mítica del imperialismo yanqui, aunque, curiosamente, se trata de restaurantes populares y económicos, notables por sus altos estándares de higiene, preferidos por los jóvenes estudiantes y por personas de bajos ingresos.

Hay que admitirlo: una parte sustancial de los latinoamericanos rechaza las libertades económicas y prefiere acogerse a un modelo de organización social en el que el Estado, administrado por gobiernos populistas poco respetuosos de la legislación vigente, no necesariamente apegado a los métodos democráticos ni al respeto por los derechos individuales, asigne los bienes producidos y tenga una función rectora y proteccionista. No es sólo la voluntad de los políticos clientelistas: tantas décadas de prédica populista, a la derecha y la izquierda del espectro político, han generado una población proclive a esta improductiva y perniciosa manera de organizar las relaciones entre la sociedad y el Estado.

Como en ese momento estableció el presidente Vicente Fox, es cierto que veintinueve naciones respaldaban al ALCA y sólo cinco se oponían, pero entre esas cinco estaban Brasil, Argentina y Venezuela, tres países que totalizan unos 250 millones de habitantes —más de la mitad del censo latinoamericano—, y, pese a la pobreza y las desigualdades que exhiben, poseen los más altos niveles de desarrollo económico y tecnológico de Sudamérica.

También es prudente señalar que los enemigos del mercado y del libre comercio —Hugo Chávez, Lula da Siva, Néstor Kirchner, Tabaré Vázquez y Nicanor Duarte—, para rechazar el libre comercio, lejos de mostrar sus verdaderas preferencias ideológicas, se escudaron contradictoriamente en la existencia de subsidios a los agricultores en Estados Unidos, asumiendo el rol de campeones del librecambismo, pero era evidente que se trataba de una excusa. La verdad profunda es que estos gobernantes y sus electores, muy dentro de la corriente neopulista además de profesar un profundo antiamericanismo, no creen en las virtudes de las libertades económicas, sospechan de las intenciones de las naciones poderosas, especialmente de Estados Unidos, y son intensamente estatistas.

Cuando Estados Unidos elimine los subsidios a la agricultura —y ojalá sea pronto—, los neopopulistas invocarán otros pretextos. Por ejemplo, ya asoma a su tonta cabeza la «asimetría», es decir, esa diferencia en niveles de desarrollo que supuestamente impide cualquier relación comercial equitativa entre Estados desiguales, a lo que habría que agregar la falacia de la «soberanía alimentaria»: la absurda noción de que una nación, para sentirse segura, tiene que producir y controlar los alimentos básicos que consume.

Aunque se trate de construcciones demagógicas sin ningún elemento de seriedad conceptual, en relación con la «asimetría» es justo recordar que ella existe de manera muy notable dentro del propio MERCOSUR, donde Argentina posee un PIB promedio de 12,460 dólares (2004), medido en Paridad de Poder de Compra, frente a los 4,870 que tiene Paraguay, diferencia proporcionalmente similar a la que separa a Estados Unidos de la propia Argentina.

En cuanto a la «soberanía alimentaria», vale la pena subrayar que la mayor parte de las naciones ricas del planeta son importadoras netas de alimentos, pero aún existe otro argumento lógico de más peso: carece de sentido proclamar la voluntad de exportar alimentos, como pretenden Brasil o Argentina, mientras simultáneamente se defienden las virtudes de la autarquía alimentaria. Si todas las naciones lograran la «soberanía alimentaria», el comercio internacional de productos alimenticios quedaría drásticamente reducido. Por otra parte, quien postule el derecho a la «soberanía alimentaria» no puede simultáneamente oponerse a los subsidios de estadounidenses y europeos a la producción agropecuaria: de alguna manera, esas medidas proteccionistas son también una expresión de la pretendida «soberanía alimentaria».

En todo caso, pese a la debilidad de los argumentos de los enemigos del libre intercambio internacional de bienes y servicios, aunque no lo sabemos con certeza, es posible que un segmento quizás mayoritario de los latinoamericanos incluidos en las veintinueve naciones a que aludía Fox tenga una visión de la economía y de las relaciones entre el Estado y la sociedad más cercana a la que suscriben gobernantes neopopulistas como Lula o Kirchner, que la que proponen quienes defienden las libertades de comercio y las responsabilidades individuales, como Felipe Calderón o Álvaro Uribe.

Incluso en una nación como Chile, donde es patente el éxito de la liberalización de la economía, tal vez si el «modelo» chileno fuera discutido en un referéndum, sería derrotado. Aparentemente, lo que ha cambiado en el país es la visión de la clase dirigente, hoy mucho más educada y prudente, pero no la de las grandes masas, que en un alto porcentaje continúan aferradas a los viejos esquemas mentales del populismo y del colectivismo.

EN EL PRINCIPIO ERA DIFERENTE

No obstante, es justo señalar que no siempre ha sido así. En sus inicios, en el primer cuarto del siglo XIX, las repúblicas latinoamericanas partieron de una visión liberal y democrática de las relaciones de poder. El triunfo contra España era la victoria contra el mercantilismo, era el fin de los monopolios y era la apoteosis del mercado. En aquellos años fundacionales, los de Francisco de Miranda y Simón Bolívar, los de José de San Martín y José Gervasio Artigas, las élites criollas progresistas, que fueron las que organizaron la revolución contra España, en el terreno económico defendían las ideas de Jacques Turgot y Adam Smith, mientras los reaccionarios se aferraban al mercantilismo típico de las monarquías absolutistas perfilado en la Francia del siglo XVII por Jean Baptiste Colbert, ministro de Finanzas de Luis XIV, cargo que entonces tenía el más exacto nombre de *controlador general*.

En realidad, nada había de sorprendente en esto. En América Latina se estaba reproduciendo un episodio que formaba parte de la evolución casi natural de la Ilustración ocurrida en el mundo occidental. Simplemente, las ideas que en 1776 habían propiciado la revolución norteamericana y la aparición de la primera república moderna, o que en Francia desataron la revolución de 1789, volvían a expresarse, pero esta vez en el sur del hemisferio americano.

De la misma forma que los estadounidenses, pocos años antes de la insurrección contra Inglaterra, protestaron contra los impuestos abusivos con rebeliones y actos de desobediencia, como la famosa revuelta del té en la bahía de Boston en 1773, los cubanos se insubordinaron en 1720 en defensa del libre comercio y contra el monopolio del tabaco impuesto por la Corona española, los *comuneros* paraguayos lo hicieron poco después, y los *comuneros* colombianos algunas décadas más tarde. En realidad, todos estos episodios del siglo XVIII en demanda de comercio libre y la eliminación de privilegios, aplastados a sangre y fuego por las autoridades coloniales españolas, sirvieron como acicate a las luchas emancipadoras del siglo XIX.

Otro tanto puede decirse de las libertades políticas: al menos desde el punto de vista teórico, el punto de partida de las naciones latinoamericanas fueron las ideas republicanas básicas: soberanía popular, control y límites a la autoridad, protección de los derechos individuales, división de poderes, rendición de cuentas por parte de los servidores públicos y formas democráticas de seleccionar a los gobernantes.

Las clases dirigentes criollas latinoamericanas, aunque nunca redactaron textos como los recogidos en *The Federalist Papers,* también habían leído a Locke y a Montesquieu, conocían al dedillo la constitución americana (el uruguayo José Gervasio Artigas siempre llevaba en su bolsillo una edición pequeña del texto) y pensaban reproducir en suelo latinoamericano el exitoso experimento estadounidense. Alguien como el colombiano Antonio Nariño, protagonista de la lucha por la independencia en su país, tradujo del francés, imprimió y distribuyó profusamente la *Declaración de los derechos del hombre y del ciudadano,* acto «subversivo» que le costó muchos años de cárcel.

LAS MISMAS IDEAS, RESULTADOS DIFERENTES

Sin embargo, los resultados fueron diferentes. Mientras en Estados Unidos los principios de la república liberal consiguieron arraigar exitosamente y han perdurado hasta nuestros días, en América Latina las cosas sucedieron de otro modo. Las razones de este fracaso inicial son múltiples, de muy diferente índole, y quizás se puedan explicar de forma sucinta:

No existía, como en las Trece Colonias, una tradición de autogobierno y *rule of law.* La legislación que imperaba en la América Hispana se dictaba en la metrópoli española y los funcionarios principales que debían aplicarla eran nombrados por la Corona de manera inconsulta.

A fines del siglo XVIII, el inmenso territorio artificialmente dividido en cuatro grandes virreinatos nunca pudo establecer límites territoriales claros, lo que eventualmente dio lugar a la violenta fragmentación del espacio en una veintena de repúblicas, casi todas caprichosamente congregadas en torno a las *Audiencias* creadas por la Corona española para impartir justicia y administrar las colonias.

La comunicación verbal y escrita a principios del siglo XIX era un gran problema. En 1820, de cada tres habitantes de América Latina, sólo uno hablaba español, y esos hispanohablantes, la mayor parte de ellos analfabetos, se concentraban en las ciudades. Las zonas rurales solían ser territorios sin otro centro que las haciendas, donde los propietarios actuaban casi como señores feudales.

El peso demográfico de la población autóctona era enorme en territorios como México, Centroamérica y la región andina. Estos pueblos autóctonos, dispersos en lugares remotos, o hacinados en caseríos paupérrimos llamados «pueblos indios» que rodeaban los centros urbanos, no tenían conciencia de formar parte de una entidad política nacional de origen cultural europeo, pero constituían casi toda la fuerza de trabajo y un porcentaje mayoritario del censo.

El lazo más estrecho que unía a los pueblos autóctonos con las raíces culturales europeas era de carácter religioso y no político, dado que el catolicismo, traducido a las lenguas americanas y mezclado con elementos de las religiones precolombinas, había fomentado una cierta identidad cristiana (o mariana, por la Virgen María) que nada o muy poco tenía que ver con los ideales de las repúblicas liberales que sostenían los criollos ilustrados.

Esta incomunicación esencial y la mal forjada articulación

de los nuevos países dio lugar a la aparición de caudillos y a frecuentes guerras civiles que, a falta de instituciones, servían para edificar un poder político fundado en la fuerza.

Los valores predominantes en las sociedades que se fueron formando en medio de la violencia no eran los más propicios para cimentar repúblicas liberales funcionales. Ni la tolerancia, ni la búsqueda de compromisos, ni el respeto a la ley eran singularmente apreciados. Se admiraba, en cambio, la valentía, la audacia, el primitivo vínculo regional y la solidaridad con los amigos. Los caudillos fomentaban el clientelismo para crear sus zonas de respaldo.

En esa atmósfera, muy poco hospitalaria con las actividades empresariales serias, el poder político se convirtió en una fuente de enriquecimiento personal para los gobernantes y sus allegados. Como sucedía durante el mercantilismo, que nunca desapareció del todo en América Latina, la cercanía al poder les sirvió y sirve a los empresarios cortesanos para obtener ventajas. Les resulta más rentable sobornar a los políticos que arriesgarse a competir en el mercado.

EL ANTECEDENTE POSITIVISTA
DEL IDIOTA LATINOAMERICANO

¿Cuándo comenzó esta nefasta tendencia, luego convertida en la más rancia y persistente tradición política latinoamericana? Suele decirse que a principios del siglo XX con el arribo del fascismo y el comunismo a Occidente, pero el ensayista brasileño Jusino Moraes propone otra explicación probablemente más acertada: el origen del estatismo, el colectivismo y, en suma, de esa idiotez latinoamericana que subordina el hombre al Estado, borra sus rasgos individuales y lo deja a merced de unos burócratas indolentes y todopoderosos, comenzó con el positivismo, una especie de estrafalaria religión laica, con su santoral cívico incluido, que era el colmo del dirigismo y una muestra depurada de la ingeniería social, ideología que se apoderó de la imaginación política de las élites latinoamericanas durante varias décadas clave en la historia del continente.

En efecto, el positivismo fue una fuerza absolutamente dominante en Brasil y México en el último cuarto del siglo XIX y la primera década del XX. Su máximo teórico fue Augusto Comte (1798-1857), un pensador francés que jamás fue tomado en serio en su patria, un personaje desequilibrado y delirante que alguna vez tuvo que ser internado en un manicomio. Comte, ex secretario en su juventud del Conde de Saint-Simon, estaba persuadido de que la humanidad había pasado por tres fases —la teológica, la metafísica y la científica, también llamada «positiva»— y murió convencido de que había dado con la fórmula para conseguir el progreso acelerado de los pueblos. Naturalmente, ni la democracia ni la búsqueda del consentimiento de los gobernados eran preocupaciones fundamentales de Comte y de sus improbables seguidores latinoamericanos, puesto que negaban la existencia de derechos individuales, dado que las únicas preocupaciones éticas que les parecían aceptables eran las referidas a la colectividad: estaban mucho más interesado en rescatar a la abstracta Humanidad de sus miserias que a los hombrecitos de carne y hueso. Así las cosas, tanto en Brasil, que en 1889 se convirtió en república bajo el lema de «Orden y Progreso», como durante la larga dictadura mexicana de Porfirio Díaz (1876-1911), la mano dura y el dirigismo económico fueron acostumbrando a la sociedad a un clima de falta de libertades que luego engarzaría muy bien con los socialismos del siglo XX: tanto el que adoptara el camino del comunismo como el que se identificaba con el fascismo.

LA MODERNIDAD Y LOS SOCIALISMOS LLEGAN JUNTOS

Grosso modo, a fines del siglo XIX y durante el primer tercio del XX ya se alcanzó cierta estabilidad política y fronteriza. Algunas naciones, como Argentina, parecían encaminarse hacia el desarrollo y la prosperidad crecientes, pero, simultáneamente, las ideas estatistas y el rechazo a los fundamentos morales y jurídicos de las repúblicas liberales llegaban con gran fuerza de la mano de la amplia familia socialista.

Por una parte, desde la Revolución Mexicana de 1910 comenzó a arraigar el socialismo colectivista que le asignaba al Estado como su primera responsabilidad la función de distribuir la riqueza de manera supuestamente equitativa, algo que ya aparece consignado en la Constitución de Querétaro (México) de 1917. Incluso antes de esa fecha, de la mano de José Batlle y Ordóñez surge en Uruguay una forma benigna y democrática de socialismo, acaso muy influida en el plano teórico por el *fabianismo* de los británicos y en el práctico por la experiencia de la república suiza. Por la otra, el socialismo de derecha o fascismo, mezclado con el nacionalismo xenófobo, se convierte en una fuerza importante en países como Brasil (Getulio Vargas) y Argentina (Juan Domingo Perón).

A la izquierda y a la derecha del espectro político casi todas las fuerzas dominantes coinciden en el autoritarismo como fórmula de gobierno —usualmente representado por *hombres fuertes*—, el populismo para procurar legitimidad y respaldo social, y en diversas expresiones del colectivismo para conseguir el desarrollo. Prácticamente ninguna agrupación se atreve a defender la responsabilidad individual, el acatamiento de la ley, los derechos de propiedad y el mercado. De acuerdo con la mentalidad latinoamericana, ésas son causas antiguas, reaccionarias, propias de los viejos regímenes liberales que desaparecieron con los tiempos revolucionarios.

La palabra clave es precisamente ésa: *revolución*. Todos los grupos reclaman el adjetivo *revolucionario* como sinónimo de justicia, progreso y modernidad. Y la revolución, generalmente dirigida por personas iluminadas, tocadas por un componente mesiánico, consiste en el decreto de políticas públicas populistas e inflacionarias, aparentemente encaminadas a establecer el reino de la justicia y la equidad. De ahí surge la pasión por las reformas agrarias, los controles de precios y salarios, y la legislación cargada de «conquistas sociales» que gravan peligrosamente la capacidad de ahorro de las empresas, comprometiendo su crecimiento futuro. De ahí surgen, también, las constituciones llenas de intenciones generosas que se convierten en imposibles obligaciones del Estado: el supuesto «derecho» a una vivienda digna, a un puesto de trabajo razonablemente remunerado y a las bondades de la educación, los cuidados sanitarios y una jubilación suficiente. Prácticamente nadie repara en que todos esos bienes y servicios irresponsablemente prometidos deben ser sufragados con excedentes producidos por la sociedad. Nadie se plantea que antes de la repartición copiosa hay que crear riquezas. Era de mal gusto hacer esa observación pequeñoburguesa.

Es verdad que los latinoamericanos no son los únicos habitantes de Occidente que incurren en estos errores, como demuestra la historia de Europa, de donde proceden en el plano teórico estas equivocaciones, pero es en Latinoamérica donde se hace más difícil corregir el rumbo, al menos por dos razones fundamentales: primero, al no haber vivido la experiencia directa del fascismo, de su auge y de su derrota aplastante, no se experimentó la consecuencia de su descrédito y eliminación. El nacionalismo, cierta xenofobia y el estatismo, mezclados con el militarismo, siguieron vivos en América Latina, unas veces trenzados con una visión revolucionaria de izquierda próxima a los soviéticos, mientras otras encarnaban en regímenes militaristas de derecha.

La segunda razón que explica la resistencia de esa visión tiene que ver con la debilidad del clima democrático. Tras le Segunda Guerra Mundial, Europa occidental pudo desterrar el fascismo y desprenderse de muchas ideas socialistas colectivistas por medio de instituciones democráticas, la alternancia en el poder y el libre examen de los problemas nacionales. Por medio de la alternancia en el poder y de tanteo y error, en elecciones sucesivas se corregían o aliviaban los conflictos generados por la convivencia y el desarrollo económico. Si una nación como Inglaterra podía llegar a tener un líder laborista como Tony Blair, ideológicamente mucho más cerca de Margaret Thatcher que de Clement Atlee, es porque el continuo debate democrático permitía una sana evolución de las ideas, fenómeno que no encontraba paralelo en América Latina.

Más aún: incluso las ideas pro mercado, aparentemente paridas en Occidente para fortalecer la economía capitalista tras la crisis de entreguerras, como es el caso del *keynesianismo,* en América Latina provocaron resultados contraproducentes. La convicción de que el modo de impulsar el desarrollo y de evitar la recesión y el desempleo consistía en retocar el presupuesto general del Estado, con aumentos en el gasto público como instrumento para estimular la demanda, se convirtió en América Latina en una fuente incontrolable de inflación, corrupción, clientelismo, ineficiencia y capitalismo de Estado.

Todas las teorías del desarrollo, pues, coincidían en el mismo punto: más Estado, menos mercado, más dirigismo y un invencible temor a los poderes extranjeros, supuestamente siempre culpables de los desastres que afligían a los latinoamericanos. Acerquémonos a ese fenómeno en su expresión más notable: el antiamericanismo.

EL ANTIAMERICANISMO

Exportar las responsabilidades siempre fue una especialidad de la clase dirigente latinoamericana. La culpa de los males latinoamericanos que comenzaron a verse desde el principio mismo de las repúblicas, desde la perspectiva de los criollos ilustrados —que fueron los artífices de la independencia y quienes definieron el discurso político—, fue siempre atribuida a la herencia perjudicial dejada por los extranjeros o a la influencia nefasta de otros grupos étnicos. En el principio, naturalmente, los españoles resultaron señalados como los primeros culpables. Se les imputaba el atraso económico y cultural de Hispanoamérica. Pero casi enseguida se responsabilizó a los indios, donde los había, por poseer hábitos, valores y costumbres refractarios al progreso y a la disciplina, o a los negros, por las mismas razones, donde la densidad de esclavos era grande.

Durante casi todo el siglo XIX, sin embargo, los estadounidenses no comparecieron como villanos. En 1823 la Doctrina Monroe fue vista como lo que realmente fue: un intento diplomático, más retórico que efectivo, de impedir que España, ayudada por las monarquías reaccionarias de Europa, intentara recuperar los territorios que habían logrado independizarse o estaban a punto de hacerlo en América Latina. En esa época, en general, la visión que los latinoamericanos tenían de Estados Unidos era positiva, y ni siquiera se vio empañada cuando, primero Texas y luego toda la porción norte de México, pasaron a formar parte del territorio estadounidense, en medio del espasmo imperial que vivió el país a mediados del XIX bajo el influjo de lo que entonces se llamara el «destino manifiesto».

Pero a fines del siglo XIX esa percepción benévola de Estados Unidos comenzó a cambiar drásticamente. En 1898, a las pocas semanas del estallido del acorazado *Maine* en la bahía de La Habana, se desató la guerra entre Estados Unidos y España, y las élites culturales latinoamericanas mostraron sus simpatías por Madrid y no por Washington. En el 1900 el uruguayo José Enrique Rodó publicó su ensayo *Ariel,* el primer *bestseller* internacional de toda Sudamérica, donde caracterizaba a los latinoamericanos como Ariel, la parte alada y superior del espíritu, anclada en la tradición humanista del mundo latino, mientras representaba a los norteamericanos como *Calibán,* el ser groseramente materialista, cercano a sus bárbaros orígenes anglosajones.

En América Latina la obra se convirtió inmediatamente en una bandera antiimperialista, y poca gente reparó en que se trataba de una variante de los viejos estereotipos de la España católica y conservadora frente a la Europa protestante y reformista de los siglos XVI y XVII. Al fin y al cabo, el libro de Rodó de alguna manera reforzaba una visión antinorteamericana que comenzaba a cobrar fuerza gracias a los argumentos aportados por Karl Marx en su análisis de las relaciones coloniales de Gran Bretaña con sus colonias. De acuerdo con la valoración de Marx —quien, por cierto, había sido un feroz crítico de Simón Bolívar y un defensor enérgico de las conquistas norteamericanas a expensas de México por las ventajas que ello traía a la clase trabajadora—, la India había sido deliberadamente empobrecida por Inglaterra al convertir Londres a sus colonias en mercados cautivos a los que asignaba la superproducción industrial británica.

Era, pues, muy fácil tomar el argumento marxista y extrapolarlo a las relaciones entre Estados Unidos y América Latina. Y, en efecto, ya a principios del siglo XX, tan temprano como a partir de 1901, el socialista argentino Manuel Ugarte reúne multitudes en diversas capitales latinoamericanas en las que predica el rechazo a la influencia extranjera, prescribe la unidad latinoamericana como un amuleto contra las potencias imperiales, especialmente Estados Unidos, país al que de forma vehemente responsabiliza por las intervenciones militares en el Caribe y por el saqueo sistemático de las riquezas nacionales mediante tratos comerciales leoninos. Sus libros *El porvenir de América Latina* (1910) y *El destino de un continente* (1923) serán lectura obligada para varias generaciones de latinoamericanos que irán adquiriendo una visión de las relaciones internacionales profundamente antinorteamericana y aislacionista.

Con la creación en Moscú de la Tercera Internacional o Comitern en 1919, las ideas comunistas se expandieron por América Latina de una manera organizada y sistemática, con lo cual el ataque a la imagen de Estados Unidos se tornó mucho más metódico y razonado. La idea de fondo, formulada por Lenin en un famoso aunque superficial trabajo, repetida hasta el cansancio, era que el imperialismo constituía una fase superior (y final) del capitalismo. El capitalismo, en su etapa imperial, era un desalmado sistema, triturador del proletariado, que desataba las guerras como forma de asegurarse el enriquecimiento sin fin de los poderosos, de manera que destruir esos poderes imperiales era el objetivo primordial de los comunistas, vanguardia de la clase obrera.

Naturalmente, la política de las «cañoneras» practicada profusamente por republicanos y demócratas en Centroamérica y el Caribe a lo largo del primer tercio del siglo XX tampoco favorecía la imagen de Estados Unidos. Era obvio que el objetivo de esta docena de intervenciones militares estuvo fundamentalmente encaminado a mantener un cierto orden y proteger ciertos intereses en una zona de influencia norteamericana caracterizada por la turbulencia política, pero fue en esa época y lugar donde se fortaleció el mito del revolucionario bueno que luchaba contra el imperialismo norteamericano empeñado en saquear a los países pobres. Es entonces cuando en Nicaragua surge la figura de Augusto César Sandino, precursor mediático del Che Guevara. Unos años más tarde, otro episodio, esta vez perteneciente a la Guerra Fría, reforzará esa percepción negativa de Estados Unidos: el derrocamiento del presidente guatemalteco Jacobo Arbenz en 1954 como resultado de una conspiración organizada por la CIA.

Así las cosas, desde casi todas las trincheras políticas, académicas e intelectuales se atacaba a Estados Unidos sin descanso: nacionalistas, católicos conservadores, socialistas, fascistas, comunistas y revolucionarios de todo pelaje acusaban a Washington de las peores fechorías imperiales y a sus capitalistas de ser verdaderos depredadores de las riquezas latinoamericanas. Desde Moscú, sin pausa ni tregua, se estimulaban estas campañas hasta lograr que calaran muy hondo, incluso entre quienes no eran comunistas, pero se consideraban «progresistas». Ser «progresista» era mucho más que procurar el progreso: era ser antiyanqui por encima de todo.

En la década de los sesenta y setenta del siglo pasado esas acusaciones adquirieron un respetable tinte académico cuando dos profesores universitarios, Fernando Henrique Cardoso y Enzo Faletto, publicaron una obra errada pero muy exitosa: *Dependencia y desarrollo en América Latina* (1969), dentro de la llamada «teoría de la dependencia», donde retoman el análisis marxista de las relaciones económicas entre la colonia y la metrópoli y formulan una hipótesis parecida: de acuerdo con estos investigadores (luego Fernando Enrique Cardoso se convirtió en político y renegó de sus escritos), los países de la «periferia», como sucede en América Latina, históricamente han sido designados por el «centro» —Estados Unidos, Inglaterra, Francia, España— como economías subsidiarias que deben producir o consumir lo que determinan los países imperiales.

La teoría de la dependencia, pues, redactada en la jerga académica, les daba armas a los intelectuales latinoamericanos en las universidades para vestir y reforzar su antiamericanismo con un disfraz prestigioso. No importaba que países como Corea del Sur o Singapur, ex colonias pertenecientes a la supuesta «periferia», hubieran demostrado que era posible abandonar el subdesarrollo con la colaboración de las naciones del «centro» sin que nadie tratara de impedirlo. Y no importaba, porque la tradición universitaria latinoamericana estaba más cerca del dogma socialista y de la repetición mecánica que del análisis ponderado.

Pero tal vez más grave que impulsar el antiamericanismo universitario latinoamericano fue la consecuencia moral que la teoría de la dependencia tuvo entre los católicos radicales cuando una parte del clero la hizo suya y desde ese punto, a partir del Concilio Vaticano II, formuló la «Teología de la Liberación», así llamada por un libro escrito por el teólogo peruano Gustavo Gutiérrez. La parte más censurable de esa obra y de la actitud de quienes la suscribieron fue la justificación de la violencia, pero, dada la premisa sembrada por la teoría de la dependencia, la lógica que la sustentaba era impecable. Si el gran problema de América Latina era la miseria extrema de las gentes, y si el modelo económico ni siquiera se podía modificar por procedimientos democráticos porque había sido dictado desde fuera, principalmente por Estados Unidos, no quedaba más remedio que acudir a la insurrección armada para cambiar este destino cruel que condenaba a la indigencia a millones de seres humanos. Fue entonces cuando las guerrillas en Centroamérica y en Colombia comenzaron a ser auxiliadas por sacerdotes extremistas que eran, por supuesto, profundamente antinorteamericanos.

EN QUÉ PUNTO ESTAMOS

Este panorama, sin duda deprimente, quizás explique por qué América Latina es la región más pobre y conflictiva de Occidente. Si no se entienden las razones por las que se crea o se destruye la riqueza, no es de extrañar que la región viva en medio de la miseria y el desasosiego político.

En general, los latinoamericanos, o una porción considerable de ellos, mantienen que la función principal del gobierno es repartir las riquezas para lograr unas sociedades más justas y equitativas. Les han hecho creer, tras muchas décadas de populismo, que son sociedades pobres que viven en países ricos en los que algunos se roban o acaparan la riqueza. Casi nadie predica la necesidad de trabajar responsablemente para crear riqueza en beneficio propio y de la colectividad.

Simultánea y contradictoriamente, los latinoamericanos suelen tener la peor opinión de la clase política y del método democrático de gobierno, pues éstos no les han dado ni la prosperidad ni la estabilidad, y ni siquiera una seguridad mínima, dado que la región se ha convertido en una de las más peligrosas del planeta.

Las instituciones republicanas no funcionan. Como regla general, el Poder Legislativo sufre el mayor descrédito, seguido del judicial. Salvo en contados países, como Chile, Uruguay y Costa Rica, en América Latina es muy difícil obtener un juicio justo.

En América Latina existe un profundo divorcio entre la sociedad y el Estado, lo que explica el sorprendente apoyo que obtienen los golpistas cuando toman el poder por la fuerza o cuando intentan tomarlo. Los latinoamericanos, sencillamente, no sienten que les han quitado algo que les pertenece o beneficia.

Ese divorcio también implica la existencia de compartimentos estancos entre las distintas esferas del quehacer ciudadano. Las universidades, en las que apenas se investiga, generalmente son focos de desorden público, y tienen una mínima relación con las empresas o con la sociedad que paga el presupuesto de educación. Gradúan una multitud de profesionales vinculados a las Ciencias Sociales y a las Humanidades, pero relativamente muy pocos ingenieros o empresarios.

La filantropía es escasamente practicada por los grupos pudientes. Tampoco es frecuente la participación voluntaria de la ciudadanía en organizaciones de la sociedad civil.

En general, la enseñanza pública latinoamericana es un desastre, según se demuestra en las pruebas internacionales de contraste. Los países latinoamericanos que participan suelen quedar al final de la lista.

En esta atmósfera, en medio de la mayor inseguridad jurídica, donde las reglas son cambiadas arbitrariamente al antojo de los gobernantes, es muy difícil el desarrollo de un sistema capitalista eficiente.

En la región se entiende mal que la prosperidad creciente es la consecuencia del trabajo realizado en empresas que aumentan gradualmente su producción y su productividad, lo que quiere decir que deben generar beneficios, investigar y realizar inversiones constantes. Se piensa, erróneamente, que el desarrollo es la consecuencia de la elección de ciertos «modelos» económicos o que deriva de la manipulación de las tasas de cambio o los tipos de interés.

Los fracasos periódicos conducen al desencanto con el capitalismo. Esto refuerza la perniciosa idea de quienes creen en la excentricidad cultural de América Latina y, en consecuencia, predican el debilitamiento o la ruptura de los lazos con el Primer Mundo.

Estas creencias, cerradas a la evidencia de que las inversiones extranjeras y las transferencias de tecnología son parte del éxito de las naciones que han conseguido desarrollarse en las últimas décadas, dan lugar a un creciente aislamiento y al empobrecimiento no sólo económico, sino cultural de la región.

A largo plazo, lo que sobrevendrá, lo que ya se observa, es

un proceso de «descivilización», en la medida en que los latino-americanos recortan prácticamente sus vínculos con Occidente. A principios del siglo XX los latinoamericanos comprendían y podían reproducir todos los elementos clave de la civilización de entonces: el tren, la electricidad, la telegrafía y, posteriormente, la radio y la televisión. Hoy, con la carrera espacial, la cibernética, los estudios sobre el genoma, la nanotecnología y otras veinte disciplinas, cada vez es mayor la distancia intelectual que separa a los latinoamericanos de sus raíces culturales. Si vivimos en la «civilización o la era del conocimiento», es posible que se llegue a un punto en el que América Latina habrá perdido los vasos comunicantes que la unen al universo del cual procede.

Amén.

Los diez libros
que le quitarán la idiotez

La idiotez política no es una enfermedad incurable. Los autores de este libro, humildemente, podemos dar testimonio personal de ello. Es verdad que la idiotez política puede tener momentos de gran virulencia. Virulencia viene de virus, que es la forma en que se propagan algunas ideas absurdas. Los accesos a veces son tan fuertes que hasta hay idiotas que se curan y luego padecen recaídas. Gentes que abandonan el comunismo juvenil, pero luego, durante la madurez, suscriben con entusiasmo el sandinismo y el zapatismo, o comprenden dulcemente las razones de las guerrillas narcoterroristas de las FARC. ¿Quién los entiende? Sin embargo, hay cura. ¿Cómo? Observando la realidad y examinando argumentos racionales. Ésa es la terapia. La medicina no es infalible, porque hay muchas personas indiferentes a la realidad o a los razonamientos bien fundamentados, pero generalmente da resultado.

Naciones Unidas ha clasificado metódicamente a los países más ricos y más pobres del mundo. Se trata de un índice de desarrollo económico y social, de calidad de vida, que tiene en cuenta desde el per cápita hasta la existencia verificable de derechos humanos. La realidad coloca ante nuestros ojos a las treinta naciones más prósperas del planeta y en todas ellas vemos propiedad privada y libertades económicas y políticas sumadas a notables síntomas de apertura y vinculación internacional: la vilipendiada globalización. En el otro extremo, en el de la pobreza, la realidad exhibe a las treinta naciones más pobres del mundo, e invariablemente vemos estatismo, torpes burocracias públicas empeñadas en dirigir la economía y gobernantes que restringen paranoicamente los lazos exteriores.

La realidad, por ejemplo, nos muestra el enorme contraste entre las dos Coreas. La del norte, la colectivista, es un manicomio empobrecido en el que lo único que abunda es el hambre. La del sur, la de la empresa privada y el mercado, en cambio, es una vibrante sociedad del Primer Mundo. La realidad nos enseña que el socialismo africano, también basado en premisas colectivistas, destruyó la ya muy frágil economía de ese continente. Por la otra punta, la realidad probó que cuando Chile, Irlanda, Nueva Zelanda o la India abandonaron la vieja visión intervencionista e inflacionista heredera de diversas supersticiones socialistas, dieron un notable salto hacia la disminución de la pobreza. Hay docenas de ejemplos parecidos.

Pero a la realidad hay que hacerla comprensible. No basta con observar que las semillas germinan cuando llueve. Hay que explicar por qué y cómo sucede ese «milagro». Por eso este libro culmina con la recomendación de diez libros que aportan precisamente eso: una mirada inteligente y profunda al fenómeno de la creación y la destrucción de la riqueza. Podían ser cien, o mil, pues es muy abundante la literatura de la libertad, pero bastan estos diez. Si hace una década, en el *Manual* reseñamos los diez libros que conmovieron a nuestros idiotas latinoamericanos y contribuyeron a cimentar sus insensateces, nos parece

314

justo y constructivo que esta nueva obra aporte un antídoto capaz de curarlos, o de «desasnarlos», como dicen en España. El orden en que aparecen mencionados, por cierto, no es importante. Pueden leerse como mejor le plazca al lector.

Camino de servidumbre

En 1944, en plena Segunda Guerra Mundial, el economista austriaco Friedrich A. Hayek publicó en Inglaterra, donde vivía, un libro de divulgación sobre las nefastas consecuencias de la planificación socialista. La obra, escrita para el gran público, se titulaba *The road to serfdom* o *Camino de servidumbre,* y fue un éxito instantáneo que lanzó a la fama a quien, hasta entonces, había sido un brillante teórico apenas leído por especialistas. La tesis del libro se podía resumir en pocas palabras: la planificación socialista de la producción y el consumo conducía inevitablemente a la tiranía.

En ese momento la obra de Hayek resultaba tremendamente atrevida por, al menos, dos razones fundamentales: se enfrentaba a los muy populares planificadores económicos que durante la guerra habían dirigido la producción de bienes y servicios de todos los países involucrados en el conflicto, y, lo que era más importante, colocaba en la misma balanza a los enemigos nazis y a los aliados comunistas, pues ambas formaciones ideológicas, variantes de la misma tonada socialista, mucho más próximas de lo que casi nadie entonces aceptaba, participaban del culto a los Estados centralizados, el control de precios y la planificación.

Desaparecida la unidad nacional forjada por las necesidades de la guerra, era predecible que surgieran conflictos entre agentes económicos que poseían intereses encontrados. Lo que resultaba conveniente para los granjeros acaso no lo era para los obreros, lo que pretendían los industriales (intereses bajos) era contrario a lo que deseaban los financieros, mientras exportadores e importadores jamás se pondrían de acuerdo sobre la tasa adecuada de aranceles. Y si, en lugar de depender de las fuerzas del mercado, el planificador intentaba imponer su criterio, aunque éste estuviera teñido de buena voluntad, acabaría recurriendo a la fuerza y a la coacción para lograr sus objetivos, dando lugar a la aparición de dictadores y déspotas que construían partidos dogmáticos y, mediante la violencia, se apropiaban de todos los recursos del poder para poder someter a la obediencia a sociedades inconformes con la escasez, la arbitrariedad y la ineficiencia inherentes al socialismo.

Lo que sucedió después de la guerra le dio la razón a Hayek. En todas las latitudes y en todas las culturas, el socialismo, al menos en su variante comunista, derivó en tiranía. Los esclavos de Polonia y Checoslovaquia, los alemanes del Este, los coreanos del norte de la Península, los chinos de Mao, posteriormente la Cuba de Castro y la Nicaragua sandinista, pese a sus diferencias, desembocaron en los mismos calabozos. Igual sucedía en el mosaico yugoslavo, hecho de retazos cristianos e islámicos, en la Rumanía latina y en la Albania de cultura turca. Ocurría siempre, independientemente de la cultura o de la raza de la sociedad, y no sólo por designio leninista, sino porque el sistema comunista resultaba tan contrario a la razón y al sentido común que sólo se podía imponer con el terror y los paredones de fusilamiento.

Otras dos ideas de Hayek, muy relacionadas con el contenido de *Camino de servidumbre*, son la del «orden espontáneo», cercana a «la mano invisible» Adam Smith, y la de «la fatal arrogancia», muy influenciada por su maestro Ludwig von Mises. Con su «orden espontáneo» Hayek establece, convincentemente, que las acciones de los seres humanos, libremente realizadas en el mercado, generan resultados generales mucho mejores que las diseñadas por los planificadores. Para Hayek, los precios, cuando los determina el mercado, constituyen una suerte de lenguaje que resume el conocimiento disperso en la sociedad y hace posible un cálculo racional para guiar los procesos productivos. La «fatal arrogancia», por el contrario, es esa necia creencia de los planificadores colectivistas en que ellos pueden sustituir la creatividad y acumular todo el conocimiento sobre necesidades y deseos de la sociedad, y pueden calcular costos y asignar precios, sustituyendo artificialmente al mercado, sin admitir que la experiencia demuestra que esa ingeniería económica artificial tradicionalmente ha conducido al desastre.

Friedrich A. Hayek fue testigo de la Primera y Segunda guerras mundiales y luego la Guerra Fría. Nació en Viena, Austria, en 1899, y murió en Friburgo, Alemania, en 1992. Forma parte de lo que se conoce como «escuela austriaca». Se doctoró en Derecho y Ciencias Políticas, pero se formó como economista junto a su maestro Mises. La mayor parte de su vida intelectual transcurrió en Gran Bretaña y Estados Unidos. Sus trabajos técnicos más sobresalientes en el terreno de la economía estuvieron relacionados con los ciclos económicos y con la refutación de las teorías de Keynes, pero su enorme influencia en el mundo político proviene de su carácter de pensador y filósofo liberal, especialmente por dos de sus libros: *Camino de servidumbre* y *La constitución de la libertad,* obra esta última que se convirtió en el libro de cabecera de Margaret Thatcher. En 1974, tras décadas de desdén académico por su oposición al socialismo y su defensa del «orden espontáneo» surgido del mercado, recibió el Premio Nobel de Economía. A partir de ese momento su prestigio fue ascendiendo. Poco antes de morir vio enterrar a la Unión Soviética bajo el peso de los inmensos errores y crímenes de los comisarios y planificadores.

El cero y el infinito

En 1940 el húngaro Arthur Koestler, exiliado en Inglaterra, publicó una impactante novela que en inglés llevaba el título de *Darkness at noon,* algo así como oscuridad al mediodía, pero en francés optaron por llamarla *Le zero et l'infini,* y de ahí se tradujo al español como *El cero y el infinito.* No obstante, ésa no fue la única rareza lingüística que nos depararía la obra. Koestler la escribió originalmente en alemán, una de las lenguas que dominaba, y enseguida se tradujo al inglés, de donde luego se llevó al resto de los numerosos idiomas en que se publicara, incluido el alemán.

El cero y el infinito explora brillantemente la vida, las contradicciones y la muerte del camarada comunista Nicolás Salamanovich Rubashov, personaje de ficción que encarna a una de las tantas víctimas de las purgas estalinistas de los años treinta. El viejo bolchevique, tras varias décadas de militancia, se ve confinado a una celda solitaria, acusado de crímenes que no cometió, pero la injusticia de que es víctima no es suficiente para hacerlo romper con la doctrina, aunque la constante introspección a que se somete consigue proporcionarle algo más importante: descubre que su «yo» individual vale más que el «nosotros» en que las personas se disuelven dentro del comunismo. El cero es ese individuo que el partido intenta transformar en una multitud infinita sin rostro ni convicciones propias. Finalmente, Rubashov reconoce sus falsos crímenes (como sucedió con miles de víctimas de los procesos estalinistas), y encuentra en esa fraudulenta admisión cierta paz interior, hasta que es ejecutado.

La importancia literaria de esta obra no puede separarse de la cuestión ideológica. Koestler hace en ella un profundo alegato contra el comunismo, pero no desde el punto de vista de las ideas de Marx, y ni siquiera de los planteamientos de Lenin, sino desde la perspectiva psicológica. El comunismo es perverso porque va contra la esencia de los seres humanos. Ese pobre hombre, torturado porque su razón le dice que las ideas con las que ha vivido son erróneas, pero, simultáneamente, no puede evitar un profundo sentimiento de culpa por ello, es la más triste de las víctimas. Alguien que prefiere morir porque la lucidez es demasiado dolorosa, física y espiritualmente devastadora. Alguien que encuentra en la muerte un alivio a sus contradicciones.

La novela no era el primer alegato contra el comunismo escrito por un ex comunista —ya existían los extraordinarios testimonios y memorias de André Gide y Víctor Serge, como después vendrían los de Valentín González (el Campesino), Jorge Semprún, entre muchos otros—, pero fue uno de los más exitosos, con cientos de miles de ejemplares vendidos en poco tiempo. Por otra parte, llegaba en un momento muy especial, cuando los nazis y los soviéticos habían pactado la agresión a Polonia y los comunistas de todo el mundo, disciplinadamente, apoyaban con entusiasmo el abrazo de Hitler y Stalin, aunque unos meses más tarde los dos gobiernos totalitarios se enfrentarían en un duelo a muerte. En esa atmósfera, enardecida por el sectarismo, Koestler, comunista que había sido un probado luchador antifascista, daba un testimonio demoledor contra sus antiguos patrones ideológicos: el comunismo era la antítesis de la vida racional e inteligente.

La vida de Arthur Koestler es tan interesante como su obra. Nació en Budapest en 1905 en el seno de una familia judía. En su juventud fue un sionista convencido y marchó a Palestina, primero a trabajar en una granja y luego como corresponsal de un diario alemán en Jerusalén. En 1929 se fue a París y un par de años más tarde a Alemania. Fue en Alemania, a partir de 1932, donde formalizó su ingreso en el Partido Comunista y pronto, por cuenta de Moscú, se convirtió en un agente internacional al servicio del Comitern. Fue capturado por los nacionales de Franco durante la Guerra Civil española —en la que figuraba con credenciales de corresponsal de un diario alemán—, encarcelado en Sevilla y condenado a muerte, pero la embajada británica consiguió excarcelarlo y trasladarlo a Londres, donde adquiriría la ciudadanía inglesa y residiría de forma permanente.

Curiosamente, la trama y el conflicto de *El cero y el infinito*, pese a referirse a una anécdota soviética (aunque no se menciona a la URSS), fueron inspirados por esa experiencia en la cárcel española y la condena a muerte que entonces pendía sobre su cabeza. Ésa fue la circunstancia material, pero la espiritual era otra: el sórdido mundo de la militancia comunista, la entrega del alma al partido. Una vez absorbido por la implacable maquinaria, el comunista militante abdicaba de su racionalidad y de su afectividad. Lo que debía pensar, o lo que debía querer o abominar, era decidido por la infalible organización colectiva.

Tras el éxito de *El cero y el infinito,* Koestler publicó otros dos libros de combate ideológico, *El yogui y el comisario* y *El dios que nos falló*. Sin embargo, desde mediados de la década de los cincuenta se interesó más en temas científicos y en fenómenos parasicológicos. Koestler, que era un activo defensor del suicidio, fundador de Exit, una organización concebida para ayudar a morir por propia mano, se quitó la vida en 1983 cuando le diagnosticaron un cáncer incurable junto al Parkinson que padecía. Su tercera mujer, Cynthia Jefferies, mucho más joven, tomó la trágica decisión de matarse junto a él, pese a no estar enferma. Es posible que la fuerte personalidad de Koestler y su carácter dominante la hayan impulsado a creer que no podía vivir sin el soporte de su marido. Una biografía de Koestler publicada en 1998, *The Homeless Mind,* describe a un hombre violento en la intimidad, al que acusan de varias violaciones.

Del buen salvaje al buen revolucionario

Cuando publicamos el *Manual del perfecto idiota latinoamericano,* hace más de diez años, se lo dedicamos a dos personas: al venezolano Carlos Rangel y al francés Jean-François Revel, quienes, a ambos lados del Atlántico, batallaron incesantemente contra las absurdas ideas colectivistas y antidemocráticas, causantes, en gran medida, del atraso y la miseria en nuestro mundillo.

Quisimos homenajear a Rangel por un libro fundamental: *Del buen salvaje al buen revolucionario,* publicado en 1975, antecedente directo y brillante de nuestro *Manual,* luego reeditado en numerosas ocasiones. Se trataba de un valiente ensayo en el que Rangel, quien en su juventud, como casi todo el mundo, había tenido una visión moderadamente socialista o socialdemócrata de los problemas de la sociedad, se enfrentaba inteligentemente a los principales sofismas instalados en el discurso de casi todo el espectro político latinoamericano.

El libro llevaba un título que resumía la esencia de la obra: desde fuera del continente, y muy especialmente desde Europa, a los latinoamericanos se les había visto, primero, como «salvajes buenos» que vivían en un mundo idílico destruido y contaminado por los codiciosos poderes colonizadores. Pero esa mirada condescendiente, basada en una interpretación utópica de las culturas precolombinas, eventualmente había generado una compasiva interpretación de los modernos enemigos de las libertades y del Estado de Derecho, adversarios casi siempre de los valores occidentales: eran los «buenos revolucionarios». Esos tipos, como Che Guevara y Tiro Fijo, insurgidos contra la libertad en nombre de la justicia y el igualitarismo, que la izquierda carnívora adora en todas partes del planeta.

Al popularizar esta percepción de América Latina como una «civilización víctima», las élites culturales de Europa y Norteamérica reforzaron una de las más disparatadas explicaciones del subdesarrollo latinoamericano: la llamada «teoría de la dependencia». América Latina estaba condenada al atraso por designio de los poderes imperiales dominantes, siniestras entidades supranacionales que les asignaban el rol de abastecedores de materias primas a las naciones de la «periferia», mientras el «centro» dominante continuaba su veloz carrera hacia la prosperidad. Ante esa terrible conspiración del Primer Mundo, concebida para subyugar al Tercero, sólo cabían dos respuestas: o salir a combatir con el fusil en la mano o amurallar y aislar al Tercer Mundo y cortar los lazos que lo unían al Primero, con el objeto de protegerlo.

Rangel se opuso resueltamente a esta grave distorsión intelectual. América Latina pertenecía a la tradición y a la cultura occidentales. No tenía excusa para no haber alcanzado el mismo éxito que Canadá y Estados Unidos, dos naciones del mismo tronco. No era verdad que el Primer Mundo impidiera el desarrollo de las naciones pobres. El origen del subdesarrollo latinoamericano estaba en nuestras propias faltas, en nuestros errores, en haber elegido formas improductivas de crear riqueza, en nuestro caudillismo y militarismo. Rangel no disculpaba las acciones negativas de Estados Unidos o Inglaterra, pero daba al César lo que era del César.

El libro fue una bomba. Súbitamente se desvanecían los pretextos y se rechazaba el victimismo. Naturalmente, la respuesta no se hizo esperar: en mil tribunas de la izquierda, tanto de la vegetariana como de la carnívora, Rangel fue acusado de haberse vendido al imperialismo yanqui, de ser un agente de la CIA y del gran capital. Alguna vez, cuando acudió a la universidad estatal a dictar una conferencia, tuvo que abrirse paso en medio de una lluvia de escupitajos, insultos y empujones.

Carlos Rangel nació en Caracas en 1929 y en esa misma ciudad se quitó la vida cincuenta y nueve años más tarde, en 1988. Estudió en Nueva York y París. Fue diplomático, profesor universitario y, por encima de todo, un muy efectivo periodista en un programa mañanero de la televisión nacional venezolana en el que se debatían opiniones encontradas y se efectuaban entrevistas y análisis. El programa rompió todas las marcas mundiales de duración: más de veinticinco años consecutivos en antena. Ese programa lo hizo, codo a codo, junto a su esposa Sofía Imber, otra combativa periodista que fue, además, la fundadora del Museo de Arte Contemporáneo de Caracas, tal vez el mejor de América Latina mientras ella lo dirigió, hasta poco después de la llegada al poder de Hugo Chávez, quien la expulsó del cargo por sus ideas liberales. Por el programa de Carlos y Sofía pasó la historia de las primeras décadas de la democracia venezolana, y en él se defendieron todas las ideas que luego aparecieron, muy bien hilvanadas, en *Del buen salvaje al buen revolucionario* y en *El tercermundismo*, otro libro en el que Rangel continúa sus reflexiones antitotalitarias y anticolectivistas. Aparentemente, la razón por la que se suicidó de un pistoletazo fue una aguda depresión. Su último gesto antes de matarse fue dedicarle a Sofía una carta amorosa de despedida. Comenzado el siglo XXI, tras la llegada de Chávez al poder, miles de venezolanos han comenzado a releer ávidamente a Rangel. Es una lástima que en vida no le hicieran caso.

La acción humana

En 1920, cuando el mundo hervía de emoción con el experimento de la revolución bolchevique de 1917, en el momento en que se prometía una sociedad planetaria próspera y desarrollada porque, finalmente, desaparecería la codicia capitalista, un joven economista austriaco publicó un breve ensayo titulado *Cálculo económico en la comunidad socialista*. Su tesis era muy simple: en sociedades modernas, con aparatos productivos complejos, la planificación central fijada por el gobierno elimina los precios dictados por el mercado y la competencia, lo que conduce a lo que el propio Mises llamara «el caos planificado». Para Mises los precios surgidos de la competencia eran el único elemento válido que tenían los productores para tomar decisiones racionales, dado que la información era demasiado grande y dispersa para que nadie pudiera abarcarla. Si se suprimían, se iría produciendo gradualmente una creciente distorsión en el aparato productivo. Dos años después, Mises incluiría ese ensayo en un libro más amplio titulado *Socialismo*. Desgraciadamente, la URSS y el resto de las naciones comunistas no lo tomaron en cuenta y acabaron empantanadas en medio del desabastecimiento y la miseria. Cuando se hundió la URSS, el Comité Estatal de Precios —miles de economistas— fijaban arbitrariamente decenas de miles de precios en el país más grande del mundo. No mucha gente se dio cuenta de la relación que existía entre la labor de estos planificadores y el desastre que causaron.

Pero el gran libro de Mises es otro: *La acción humana*. Es un voluminoso tratado de economía, escrito con propósitos didácticos, pero sin complicadas fórmulas matemáticas. Es una aproximación a la economía desde la psicología, la sociología, la historia y el derecho. Cualquier liberal que desee profundizar en la visión que sostiene esta escuela de pensamiento debe leerlo o estudiarlo. Cualquier persona educada, aunque no tenga formación como economista, puede entenderlo y aprender exactamente por qué hay naciones pobres y naciones ricas. Eso tiene que ver, entre otras razones, con la libertad de las personas. Para Mises no se puede explicar el funcionamiento económico de una sociedad mediante cabriolas estadísticas, flujos de capital o balanzas comerciales. Esa descripción es siempre un *flash* sobre la economía en un momento dado, pero la economía es un proceso dinámico en constante movimiento. En definitiva, la producción de bienes y servicios y la comercialización de los mismos es el resultado de la «acción humana». La acción humana da lugar a los cambios. Esa acción humana suele ser el fruto de una decisión racional sólo conocida por quien la tomó a partir de la información de que disponía en un momento dado. Es un acto libre y espontáneo realizado por un individuo que genera un cambio. El intercambio es inestabilidad, pero la inestabilidad es la atmósfera natural del progreso. La estabilidad es, precisamente, el estancamiento. Para Mises el surgimiento de la propiedad privada es lo que propicia el progreso. No hay progreso sin propiedad privada y sin mercado libre, donde productores y consumidores intercambian dinero o mercancías en beneficio mutuo. Según Mises, Hayek, y el resto de la llamada escuela austriaca, entre los mayores enemigos del desarrollo y el progreso están los ingenieros sociales y económicos, esas personas que sustituyen a la acción humana individual con planes diseñados por expertos.

Ludwig von Mises nació en 1881 en Lemberg, un pueblo que entonces pertenecía al imperio Austro-Húngaro y hoy está bajo bandera ucraniana. Provenía de una ilustre familia judía. Estudió en Viena con Eugen von Böhm-Bawerk, uno de los principales creadores de la llamada escuela austriaca de economía (y quien demostrara los errores de Marx sobre la teoría del valor en *El Capital*). En 1913 se convirtió en «docente privado» de la Universidad de Viena, lo que quiere decir que no recibía salario de la institución, sino el pago de los asistentes al seminario que dictaba. Un año más tarde, cuando estalla la guerra se convierte en artillero, pero en las postrimerías del conflicto el Ejército lo utiliza como economista. En 1934, con el triunfo del nazismo en Alemania opta por trasladarse a Suiza. Hizo bien: en 1938 Alemania se engullía a Austria en nombre del pangermanismo. En 1942 dicta unas conferencias en México. En 1945 se traslada a la Universidad de Nueva York y allí estará hasta 1969 en calidad de profesor visitante.

Mises escribió mucho y, generalmente, a contracorriente. Le interesaron temas técnicos como el crédito y la moneda, pero lo más importante de su pensamiento estuvo orientado a encontrar las causas de las crisis económicas y las claves del desarrollo. Como su perspectiva era totalmente liberal, prácticamente libertaria, y le tocó vivir en la era de John Maynard Keynes, sus ideas no fueron tomadas en cuenta por el mundo académico. Su muerte ocurrió en 1973, un año antes de que Hayek, su más distinguido discípulo, recibiera el Premio Nobel de Economía, y cuando su visión de esta ciencia comenzaba a cobrar prestigio tras medio siglo de descrédito.

La sociedad abierta y sus enemigos

En 1943, en plena guerra, Karl Popper escribió un libro muy importante para el análisis de los problemas políticos: *La sociedad abierta y sus enemigos.* Entonces estaba en Nueva Zelanda, exiliado de su Viena natal. La tesis central de la obra postula que el origen del totalitarismo radica en la superstición de ciertas ideologías que parten de dos falsedades relacionadas: primero, que la historia se mueve en una cierta dirección de acuerdo con leyes naturales; y, segundo, que ellos, los ideólogos, conocen esa dirección. A partir de esas certezas, basadas en el determinismo histórico, se construye la utopía: dotados de esa tremenda información, se edifica un mundo maravilloso en el que los seres humanos serán felices porque el modelo de sociedad se adapta milimétricamente al sentido natural de la historia. Obviamente, quien se oponga a la construcción de esa sociedad perfecta, una sociedad cerrada que remite a la tribu, puede ser considerado un canalla y debe ser extirpado invocando razones morales, como ha sucedido en todos los Estados totalitarios. Marx era, sin duda, un pensador cargado de buenas intenciones —Popper lo trata con guantes de seda—, pero su lectura de la historia y su propuesta, como la de todos los utopistas, conducía a la opresión.

Popper sitúa el origen de este nefasto determinismo histórico en la obra de Platón. *La República* es el primer gran modelo utópico en Occidente y su influencia gravita hasta nuestros días. Hegel, a caballo de los siglos XVIII y XIX, y luego Marx, son sus herederos directos. Creyeron que ellos habían descubierto no sólo ese sentido, sino las claves que explicaban cómo evolucionaba el conjunto de la humanidad. Creyeron que la historia tenía un sentido. Creyeron que habían desentrañado las leyes dialécticas, motor de la historia. Pero esta visión mecanicista resultaba, a todas luces, demasiado esquemática y elemental para ser cierta. Frente a esa sociedad cerrada que defendían los deterministas, había otra opción: la sociedad abierta. Quienes creían en las virtudes de la sociedad abierta no admitían la cientificidad del determinismo histórico. Las personas, utilizando libremente su racionalidad y su juicio crítico, son las que construyen la historia, y lo hacen en direcciones imprevistas, con marchas y contramarchas, porque tampoco es cierto que la humanidad se mueva en una dirección rectilínea. La salvaguarda de la libertad y del progreso están, precisamente, en sociedades abiertas en las que las personas deciden con sus acciones el curso de la historia, porque ni hay sociedades perfectas, ni, por lo tanto, un camino ideal para alcanzar lo que sólo existe en la imaginación de unos pensadores trasnochados.

Curiosamente, la gran importancia intelectual de Popper, pese a que *La sociedad abierta y sus enemigos* fue su gran éxito editorial, radica en su condición de filósofo de la ciencia, gran pensador de lo que se llama el «racionalismo crítico», y en sus agudas reflexiones en torno a las teorías ciertas o falsas. Sin embargo, se encuentra una perfecta coherencia entre el Popper filósofo de la ciencia y el que participa en el gran debate político. La refutación de Popper al marxismo llegó de la mano de su particular epistemología: el marxismo (o el freudianismo), nada tenían de científicos. Eran fallidas construcciones intelectuales basadas en profecías, mitos y leyendas, escritas en un lenguaje ambiguo y vago que las ponía a salvo de refutaciones. Y si el marxismo o el psicoanálisis eran acientíficos, también lo eran, necesariamente, las escuelas de ellos derivados, y muy especialmente el espeso parloteo cobijado en la llamada Escuela de Frankfurt.

Karl Popper nació en Viena en 1902 y allí vivió treinta y cinco años hasta que el auge del nazismo, dada su condición de judío, le llevó a emigrar a Nueva Zelanda y, más tarde, a Inglaterra, donde enseñó durante décadas en la London School of Economic and Political Science. En realidad, hizo muy bien Popper en emigrar: prácticamente toda su familia, que permaneció en Austria, fue exterminada por los nazis. En su primera juventud, Popper fue socialista, y por un periodo muy breve militó en el Partido Comunista. Tuvo una buena formación en matemáticas y física, lo que contribuyó a la redacción de su obra fundamental: *La lógica de la investigación científica*. También fue un notable músico aficionado. Durante su larguísima experiencia académica fue amigo de Hayek, aunque no siempre coincidían en el análisis económico ni en el fervor por el mercado. No obstante, se acercaban en la condena sin paliativos a los dogmas socialistas. Murió en Londres en 1994.

El nacimiento del mundo occidental:
una nueva historia económica

En 1973 dos historiadores de la economía, Douglass North y Robert Paul Thomas, publicaron un breve libro extremadamente persuasivo. Se titulaba *El nacimiento del mundo occidental: una nueva historia económica* y en él trataban de explicar por qué fue Europa y no China o la civilización árabe la región del mundo que consiguió despegar en el terreno económico, comenzando a poner fin a la larguísima historia de miseria y hambre que había acompañado a los seres humanos a lo largo de la evolución de la especie.

El periodo historiado era necesariamente extenso. La obra abarcaba los mil años transcurridos entre el siglo IX y el XVIII. La respuesta general era la siguiente: para desarrollarse, como paulatinamente lo habían hecho ciertas regiones de Europa, era necesario contar con un sistema económico eficiente. ¿Cuál era la condición esencial de un sistema económico eficiente? Fundamentalmente, contar con un buen sistema jurídico de protección de los derechos de propiedad. Ese sistema debía, además, estimular la creatividad, la invención tecnológica y la protección de los contratos. Por la otra punta, era importante evitar el favoritismo en beneficio de los cortesanos, el fraude y la presión fiscal excesiva. Al margen de los agravios morales que esos comportamientos conllevan, todos esos factores contribuían a encarecer los costos de transacción, se trasladaban a los precios, perjudicaban a los consumidores, y, por lo tanto, retrasaban el desarrollo.

Esta obra, además del valor que tiene por sí misma, es una buena representación de una muy influyente corriente de la economía que se engloba bajo el nombre general de los «institucionalistas», y en ella participan, en sus orígenes, no sólo historiadores de la economía, sino también sociólogos como Thorstein Veblen. Sin embargo, es en la segunda mitad del siglo XX, y muy especialmente a partir de la década de los setenta, cuando aparecen nombres descollantes dentro del institucionalismo, y entre ellos algunos que alcanzarán una enorme relevancia mundial, como el Premio Nobel Ronald Coase o los economistas Kenneth Arrow y Mancur Olson, y en América Latina los peruanos Hernando de Soto, Enrique Ghersi y Mario Gibellini, coautores de *El otro sendero*.

El institucionalismo era una mirada penetrante sobre el comportamiento de las sociedades exitosas y fallidas. Proporcionaba ciertas explicaciones racionales sobre por qué unas naciones como Holanda o Inglaterra habían logrado colocarse a la cabeza de Europa. Y no sólo se trataba de la existencia de derechos de propiedad fuertemente tutelados por el Estado. Era más que eso: la existencia de leyes que estimulaban la competencia, de un sistema judicial rápido y de jueces eficientes que velaran por el cumplimiento de la ley y la validez de los contratos. Los institucionalistas, pues, estudiaron el entorno jurídico general en el que las personas realizaban sus transacciones y, con criterio económico, midieron las consecuencias de ese entorno jurídico. Una sociedad, por ejemplo, que fomenta la creación de empresas, y en donde la presión fiscal no dilapida el capital destinado a las inversiones, es mucho más propensa al progreso. Una sociedad que toma el camino contrario está condenada al atraso relativo y, a veces, a la miseria.

Los hallazgos de los institucionalistas son, naturalmente, una refutación prácticamente imbatible a los argumentos de los victimistas. Si asumimos ese punto de observación, inmediatamente debemos descartar la hipótesis de que el atraso del Tercer Mundo y la existencia de grandes masas de personas que no pueden ganarse la vida decentemente es la consecuencia de la explotación exterior o de la codicia imperialista. Ese espectáculo deprimente es, por el contrario, el resultado de unas deficientes estructuras jurídicas y la ausencia de instituciones adecuadas que garanticen el florecimiento de la creatividad intelectual.

Douglass North nació en Massachusetts en 1920 en una familia razonablemente acomodada. Durante la Segunda Guerra sirvió en la marina de su país. Ha tenido una vida académica distinguida y ascendente, hasta culminarla con el Premio Nobel de Economía en 1993.

Capital humano

En 1975 apareció un libro esencial para entender cómo y por qué se desarrollan los pueblos, más allá del incesante parloteo «antiimperialista» de los idiotas de todas las latitudes, preferentemente los latinoamericanos. En inglés se titulaba *Human Capital: a Theoretical and Empirical Analysis with Special Reference to Education*. Su autor era Gary Becker, un brillante economista de la Universidad de Chicago quien, al sumar una visión sociológica a su indagación, agregaba un componente esencial a la fórmula tradicional de capital, más tierra, más trabajo. Existía otro factor cualitativo: las características intelectuales y académicas de quienes realizaban el trabajo: el capital humano. Las sociedades en las que existía una dosis abundante de capital humano tenían muchas más probabilidades de desarrollarse.

Los datos que aportaba Becker eran incontrovertibles: en Estados Unidos, pero probablemente en casi todos los países del mundo, se podía establecer una clarísima relación entre el nivel de educación y el grado de éxito económico personal. En su país, los graduados universitarios ganaban en torno a un 50 por ciento más que los que no habían conquistado el bachillerato o segunda enseñaza. De la misma manera, la educación continuada y el readiestramiento de los trabajadores que ya ocupaban un puesto de trabajo solían redundar en un aumento de la producción y de la productividad, factor que a su vez se reflejaba en el aumento de los ingresos del trabajador. Al aumentar el capital humano crecía el bienestar general. Y la única manera que tenían las sociedades atrasadas de incorporarse a un mundo desarrollado que cada vez dependía más de una tecnología refinada era si contaba con una masa de ciudadanos capaz de dominar esos complejos saberes.

Por supuesto, la educación y las destrezas laborales por sí solas no eran la panacea definitiva. Eran fundamentales los valores familiares, los hábitos y las costumbres sociales de los seres humanos. Para estudiar el éxito o el fracaso de las personas (y, por ende, de las sociedades), era necesario entender cómo se relacionaban las personas. ¿Cómo extrañarse de que estadísticamente podía comprobarse que los hogares monoparentales regidos por madres solteras con poca educación eran más propensas a la pobreza y perpetuar esos rasgos de generación en generación? Por la otra punta, ¿cómo extrañarse de que los hijos de hogares estructurados, con dos padres educados que trabajaban, tendieran a ser más prósperos y, a su vez, a transmitir estas ventajas comparativas a sus descendientes?

No parece haber duda de que hay culturas que albergan valores morales conducentes al desarrollo y otras que remiten al fracaso a un porcentaje notable de las personas. Esto es obvio en las sociedades islámicas, en las que las mujeres, nada menos que la mitad de la especie, son relegadas a un plano de inferioridad que prácticamente las elimina como creadoras potenciales de riqueza. Algo parecido se observa en la civilización hindú, donde la estratificación en castas cerradas hace prácticamente imposible el ascenso individual de aquel que tuvo la desgracia de nacer en uno de los grupos considerados inferiores. Pero incluso en Occidente, dentro de la tradición cultural hispana, y luego iberoamericana, todavía existe un rechazo clasista a las actividades manuales, y hasta cierta censura al comercio, por tratarse de una profesión a la que no deben dedicarse los caballeros. No puede olvidarse que no fue hasta la segunda mitad del siglo XVIII cuando el rey Carlos III emitió un decreto real aboliendo oficialmente el carácter indigno del trabajo manual.

Gary S. Becker era tal vez la cabeza más notable y reconocida de los «culturalistas». Es decir, de esos pensadores y analistas que continuaban la vieja tradición puesta en boga por el sociólogo y economista Max Weber en su famosísimo libro *La ética protestante y el espíritu del capitalismo,* publicado en 1905, en el que el polígrafo alemán trataba de explicar el éxito de ciertas comunidades del norte de Europa que abrazaron el protestantismo, en contraste con las que permanecieron en el ámbito católico, como consecuencia de las actitudes de unos y otros en relación con el éxito personal y la acumulación de riquezas. Para los protestantes, el triunfo personal, evidenciado por la adquisición de bienes, lejos de estar reñida con la teología cristiana, era una muestra de la predilección de Dios. Para los católicos, en cambio, la riqueza, la culpa y el pecado se trenzaban peligrosamente generando obstáculos a la formación de capital y al desarrollo.

La lista de los «culturalistas» es ya enorme, y entre algunos de los más distinguidos pensadores y académicos de esa tendencia se puede mencionar a figuras como Edward Banfield, acaso el precursor del culturalismo contemporáneo con su estudio sobre la pobreza en cierta región de Italia, Samuel Huntington, Lawrence Harrison, el argentino Mariano Grondona, Michael Novak —quien ha hecho un espléndido estudio sobre la visión católica del capitalismo—, Francis Fukuyama (estudioso, tras las huellas de Banfield, del papel de la confianza y del culto por la verdad en el desarrollo de la prosperidad), Michael Porter, Ronald Inglehart, Seymour Martin Lipset, Lucian, W. Pye y, en general, los autores de un libro singularmente valioso: *Culture matters*, editado por Harrison y por Huntington en el año 2000. Dos décadas antes, Lawrence Harrison había publicado un libro singularmente provocador: *El subdesarrollo está en la mente*.

Gary S. Becker nació en Pensilvania en 1930, forma parte desde hace décadas de la Escuela de Chicago. En 1992 obtuvo el Premio Nobel de Economía. Mantiene una columna periodística semanal en la que divulga muy eficazmente su visión de los problemas económicos.

Libertad para elegir

Generalmente, los buenos libros dan lugar a películas y series de televisión, pero en este caso sucedió al revés. La televisión pública norteamericana (PBS) contrató al profesor Milton Friedman de la Universidad de Chicago, Premio Nobel de Economía en 1976, para que en una serie de diez capítulos explicara las claves del éxito y del fracaso económico. Simultáneamente, los guiones de esa serie, comenzada a emitirse en 1980, se convirtieron en uno de los mayores éxitos editoriales obtenidos por este tipo de libro de divulgación de la economía. La obra se llamó en inglés *Free to choose* y en español *Libertad para elegir.* La firmaba el matrimonio Friedman: Rose y Milton.

El libro y la serie, que comenzaban con una elocuente explicación de cómo funciona el mercado, exaltaban la libertad para producir y consumir como el elemento fundamental en la producción de riquezas. Para Friedman, esa libertad constituía un derecho, y cada vez que el Estado interviene y limita o coarta ese derecho, lo que consigue es reducir la capacidad productiva de la sociedad. Como la intención de la obra era esencialmente pedagógica, Friedman utilizó ejemplos muy atinados para ilustrar sus puntos de vista. En aquel momento, principios de los ochenta, Hong Kong era la muestra del poder enriquecedor de la libertad económica, mientras la India, estrictamente regulada por un gobierno dirigista, podía exhibirse como lo contrario: un Estado fabricante de miseria. Pero sus reflexiones también abarcaban al mundo estadounidense: según Friedman, fueron las torpes manipulaciones de la masa monetaria efectuadas por la *Federal Reserve* las que provocaron la depresión comenzada en 1929.Y era el *Welfare State* el principal responsable de que muchos individuos se acogieran al paternalismo asistencial en lugar de asumir una actitud responsable ante la vida y el trabajo.

Al margen de las medidas de gobierno o «políticas públicas», como se suele decir en mal castellano, que Friedman critica, hay algo aún más importante que vale la pena destacar: la defensa del mercado y de la «libertad para elegir» conlleva un mensaje moral y jurídico. Esa libertad para elegir es o debe ser un derecho fundamental. El Estado no tiene por qué imponerles a los ciudadanos lo que éstos pueden o no comprar con su dinero. El estado no debe prohibirles a los ciudadanos que escojan lo que libremente deseen, incluidos los estupefacientes, porque esa decisión, fumar marihuana o aspirar cocaína, por estúpida y nociva que sea, pertenece al ámbito de la ética individual. Existe el derecho del ciudadano como consumidor, y las normas de gobierno que obstaculicen o nieguen el ejercicio de ese derecho debe ser denunciado o rechazado.

El mercado, además, de acuerdo con la visión de Friedman, es un instrumento magnífico para perfeccionar los quehaceres de la sociedad. La educación pública, por ejemplo, se vería beneficiada si el gobierno introduce los *vouchers*. El *voucher* es un instrumento de pago, dado por el gobierno, con el que los padres, en lugar de educar a sus hijos en malas escuelas públicas, podrían inscribirlos en buenas escuelas privadas. Pero hay algo aún más importante que castigar a las malas escuelas y premiar a las buenas: por medio de los *vouchers* se introduciría en el medio educativo un factor de competencia que obliga a mejorar la calidad de la enseñanza. A Friedman no se le escapa que la competencia y el mercado generan ganadores y perdedores, pero la búsqueda de la igualdad le parece terriblemente nociva para el progreso de la especie. El desarrollo está en la competencia y en el mercado, no en el igualitarismo.

La defensa a ultranza del mercado, del libre comercio y el rechazo a las medidas de gobierno contraproducentes colocan a Friedman, tanto por la fuerza de sus razonamientos como por su notoriedad, a la cabeza de la corriente liberal que muy bien pudiera calificarse como «economicista». En esa corriente se inscriben una legión de buenos pensadores y promotores ibero-americanos del liberalismo del calibre de Alberto Benegas Lynch (h), Rigoberto Steward, Ian Vasquez, Carlos Rodríguez Braun, Pedro Schwartz, Andrés Oppenheimer, Gerardo Bon-giovanni, Guillermo Yeatts, Martin Simonetta, Gustavo Lazzari, Pablo Guido, Manuel Ayau, Armando de la Torre, Jesús Huerta de Soto, Cristián Larroulet, por sólo mencionar quince nombres entre varios centenares que merecerían aparecer en la lista.

Milton Friedman, hijo de una familia húngara, nació en 1912, obtuvo su *master* en la Universidad de Chicago, donde comenzó a familiarizarse con las ideas liberales, pese a que su juventud transcurrió bajo el influjo general de las ideas keynesianas y del *New Deal* lanzado por F. D. Roosevelt. Terminó sus estudios doctorales en Columbia University en 1946, y a partir de ese año y durante las tres décadas siguientes trabajó en la Universidad de Chicago, convirtiéndose en el centro intelectual de lo que se ha dado en llamar la «Escuela de Chicago», un núcleo de pensadores y académicos partidarios de la libertad económica y de limitar el peso del gobierno es este ámbito. Sus grandes trabajos científicos se relacionan con el control de la inflación y la masa monetaria (por ello lo sitúan entre los «monetaristas»). Sus adversarios han tratado de desacreditarlo por la influencia de sus ideas en la dictadura de Augusto Pinochet, y por el hecho de que en 1975 dictó en Chile unas conferencias que contribuyeron a reconducir la economía del país en la dirección del mercado y la reducción de las interferencias gubernamentales, pero ocultan que algo similar hizo en China comunista, ayudando a la apertura del país al inspirar una reforma que ha sacado de la miseria a 300 millones de personas.

El conocimiento inútil

«He leído este libro de Revel —escribió Mario Vargas Llosa— con una fascinación que hace tiempo no sentía por novela o ensayo alguno [...] No todo debe estar perdido para las sociedades abiertas cuando en ellas hay todavía intelectuales capaces de pensar y escribir libros como éste de Jean-François Revel.»

Publicado en 1988, *El conocimiento inútil* se inicia con una frase que es a la vez una alarmante comprobación y una de las grandes paradojas de nuestro tiempo: «La primera de todas las fuerzas que dirigen el mundo es la mentira». Paradoja, en efecto, porque nunca, como hoy, el conocimiento dispuso de tantos, profusos y rápidos medios de información capaces de llevarlo a todos los confines de la opinión pública. Sin embargo, Revel demuestra que sobre la simple lectura de la realidad o de los elementos de juicio que suministra el conocimiento, se interponen distorsiones ideológicas para eludir la evidencia, cuando ésta contradice sus creencias, preferencias o simpatías. En otras palabras, la necesidad de creer es más fuerte que la necesidad de saber.

La primera fuente de creencias erróneas, según Revel, es la ideología. O las ideologías, cualquiera que sea su signo, porque son construcciones teóricas *a priori* que buscan, ante todo, retener sólo los hechos favorables a las tesis que sostienen y omiten los que las contradicen. Todo ideólogo, en efecto, cree y consigue hacer creer que tiene un sistema explicativo global fundado sobre pruebas objetivas. A esta dispensa intelectual se suma una dispensa práctica porque les impide a sus fracasos todo valor de refutación. La tercera, aún más peligrosa, es la dispensa moral, pues deroga las nociones del bien y del mal al justificar cualquier medio en busca de un fin. Purgas, fusilamientos, destierros, *gulags* y muchas otras formas de terror fueron convertidas por la ideología comunista en necesidades del proceso revolucionario. Lo que es un crimen para el ciudadano común, no lo era —y no lo es aún— para quien comulga con esta ideología.

Revel demuestra en su libro que la política está aún impregnada de mitos y mentiras por cuenta de estas fabricaciones teóricas. La propia palabra izquierda —dice— es una mentira. «Al principio designaba a los defensores de la libertad, del derecho, de la felicidad y de la paz. Hoy es ostentada por la mayoría de regímenes despóticos, represivos e imperialistas, en los cuales todos los que no pertenecen a la clase dirigente viven en la pobreza o en la miseria. A despecho de esta situación, se conserva por costumbre la idea de que la izquierda […] es una frágil, débil y minúscula llama de justicia, resistiendo ante el apagavelas de una derecha gigantesca, omnipresente y omnipotente.»

La actualidad que revisten éste y otros cuantos textos de Revel es la de mostrarnos cómo se intenta dar vida de nuevo a la utopía socialista y las nuevas formas que adopta hoy un pensamiento todavía impregnado de los desechos ideológicos del marxismo. Nada escapa a su análisis: la mentira tercermundista, el antiimperialismo o antiamericanismo, el anticapitalismo, la teoría de la dependencia, el procastrismo y su última variante, el populismo y el indigenismo que resurgen en América Latina, todo ello con eco en una izquierda cultural europea convencida de estar todavía a la vanguardia en el campo de las ideas. *El conocimiento inútil* refuta los últimos subterfugios de los que ella se vale. Por ejemplo, el de hablar de una vuelta de la derecha —o peor, de la extrema derecha— con motivo del éxito obtenido por el liberalismo económico en diversas latitudes del mundo. «Es un puro eslogan polémico —afirma—. El neoliberalismo no procede de una batalla ideológica ni de un complot preconcebido, sino de una banal e involuntaria comprobación de los hechos: el fracaso de las economías de mandato, la nocividad latente del exceso de dirigismo y los callejones sin salida, reconocidos, del Estado-providencia.»

El miedo al liberalismo y el rechazo a la globalización son para Revel maneras de esquivar realidades, a tiempo que los viejos dogmas se mantienen en un discurso reiterativo de la antigua izquierda radical. De él extrae siempre Revel un risueño catálogo de infundios en expresiones tales como «los países ricos son cada vez más ricos y los pobres más pobres», «cada día hay más miseria en el Tercer Mundo», «pillaje de las materias primas», «intercambio desigual», «las compañías multinacionales manejan en su provecho los recursos mundiales», «el Fondo Monetario Internacional es culpable del hambre en el Tercer Mundo», etc. A estos lugares comunes, que acompañan al regreso del idiota en nuestros parajes, el libro del pensador francés les opone la realidad, que con frecuencia los invalida. El suyo es esencialmente un necesario trabajo de demolición en ésta y otras obras de su autoría.

Jean-François Revel nació en Marsella en 1924 y murió el 26 de abril de 2006 cerca de París. Filósofo, escritor, periodista, miembro de la Academia francesa, fue a lo largo de su vida un combativo *Radio Television Luxembourg* polemista en defensa de sus ideas liberales y en contra de cualquier forma de totalitarismo. Antes de darse a conocer con su primer libro, *Porquois des Philosophes?*, fue profesor en Argelia, en la Ciudad de México y en Florencia. Como periodista, fue redactor de la revista *France*

Observateur, director de *L'Express,* columnista de *Le Point* y comentarista en la radio Europa I. Cercano amigo de los liberales latinoamericanos y españoles, participó en numerosos foros organizados por ellos. Además de *El Conocimiento inútil* y *Ni Marx ni Jesús,* fue autor, entre otras, de *La tentación totalitaria, El renacimiento democrático, La gran mascarada, La obsesión antiamericana, El ladrón en la casa vacía (Memorias), El monje y el filósofo.*

La rebelión de Atlas

A mediados del siglo XX dos extrañas novelas se convirtieron en unos notables *bestsellers: El Manantial* (1943) y *La rebelión de Atlas* (1957). Antes de esos títulos, en 1936, con poco éxito, había aparecido *Los que vivimos.* Sus caracteres centrales eran unas criaturas con fuertes personalidades, rebeldes, individualistas, seguras de sí mismas, decididas a no dejarse avasallar por sus adversarios. Evidentemente, más allá del hilo argumental había en esos libros un propósito didáctico, una intención filosófica y una ética claramente definida.

En efecto, la autora de estas narraciones, la rusoamericana Ayn Rand quería algo más que entretener a sus lectores: pretendía cautivarlos con su particular visión de la realidad. Como muchos de los autores de la Ilustración —época que reverenciaba— colocaba la literatura al servicio de una causa a la que, en su momento, llamaría el «objetivismo». ¿Qué era el objetivismo? Fundamentalmente, se trataba de una particular visión de la naturaleza humana. Para Rand, el hombre era, por encima de todo, un ser racional. Esa razón le permite escoger libremente. El hombre sólo se realiza cuando elige. No hay un dios que controle o exija nada a las personas. No hay un destino prefijado. No hay vida más allá de la muerte. No hay barreras sociales o inconvenientes que no puedan ser vencidos por la voluntad del individuo y por el poder de la razón.

Su filosofía es «objetiva» porque sólo toma en cuenta los hechos que observa o percibe. No hay espacio para lo sobrenatural ni para las interpretaciones colectivas. No hay sitio para el misticismo. El hombre puede saber, pero sólo por medio de la razón, y la razón, o eso a lo que llamamos conciencia, es inevitablemente individual e intrasferible. Como por aquellos años, o un poco antes, diría Ortega y Gasset: «Donde está mi pupila no puede haber otra». El objetivismo de Ayn Rand es eso: la realidad es ese mundo exterior que percibe un individuo dado. Y ese individuo está solo en el universo porque no forma parte de ningún plan divino.

No hay sorpresa en que esa visión de la naturaleza humana conduzca al desarrollo de una cierta ética: la primera responsabilidad del individuo es consigo mismo y su tarea fundamental es la búsqueda de la autoestima. No hay que justificar la existencia con explicaciones trascendentes. El hombre es un fin en sí mismo y a cada uno le toca la responsabilidad de cuidar y alimentar ese saludable egoísmo. El altruismo impuesto desde fuera, por coerción social, es inmoral. Lo moral, y para eso existen las criaturas racionales, es procurar la mayor satisfacción posible para uno mismo.

Por el hilo de esas reflexiones, Ayn Rand llegó a apreciar el capitalismo, la propiedad privada y la economía de mercado. Ella no tenía un interés especial en la economía, pero sostenía que el capitalismo les permitía a los individuos luchar por definir y conquistar un modo de vida propio y mejor. No era una economista: era una filósofa. Una filósofa que, pese a su ateísmo militante y su rechazo a las religiones organizadas, debido a su magnética personalidad, fue capaz de nuclear en torno a ella y a sus ideas a un grupo notable de personalidades —entre los que estaba el entonces joven Alan Greenspan, luego jefe de la Reserva Federal norteamericana—, quienes constituyeron una verdadera escuela que, paradójicamente, algo tenía de secta espiritual.

Ayn Rand nació en San Petersburgo, Rusia, en 1905 dentro de una acomodada familia judía —su nombre al nacer fue Alisa Zinovyevna Rosenbaum— dedicada a la farmacia. En medio de los desórdenes ocurridos tras la desaparición de la monarquía rusa y la llegada al poder de los bolcheviques, la familia huyó a Crimea. Pocos años después regresó a San Petersburgo, donde Ayn comenzó a estudiar filosofía y cinematografía. En 1926 consiguió una visa norteamericana y marchó a Estados Unidos dispuesta a quedarse en un país que admiraba sin conocerlo. En su nueva patria de adopción logró escribir y vender guiones de cine. Eventualmente, sus propias novelas, verdaderos *bestsellers,* fueron llevadas a la gran pantalla con cierto éxito, lo que le permitió alcanzar una cierta fortuna personal. Sin embargo, como le tocó vivir y participar en los años de la guerra fría en una atmósfera en la que ser anticomunista, pronorteamericana y procapitalista no era la mejor imagen dentro del mundillo intelectual de Occidente, padeció el rechazo de las vanguardias literarias y el menosprecio de las élites intelectuales. No obstante, su prestigio internacional ha ido en aumento tras su desaparición. Murió en 1982.

El regreso del idiota, de Plinio Apuleyo Mendoza,
Carlos Alberto Montaner y Álvaro Vargas Llosa
se terminó de imprimir en marzo de 2007 en
Gráficas Monte Albán, S.A. de C.V.
Fracc. Agro Industrial La Cruz
El Marqués, Querétaro
México